Oswald von Wolkenstein: Lieder

Oswald von Wolkenstein: Lieder

―

Text, Übersetzung, Melodien, Kommentar

Herausgegeben von
Horst Brunner und Burghart Wachinger

DE GRUYTER

ISBN 978-3-11-134214-6
e-ISBN (PDF) 978-3-11-134231-3

Library of Congress Control Number: 2023952307

Bibliografische Information der Deutschen Nationalbibliothek
Die Deutsche Nationalbibliothek verzeichnet diese Publikation in der Deutschen Nationalbibliografie;
detaillierte bibliografische Daten sind im Internet über http://dnb.dnb.de abrufbar.

© 2024 Walter de Gruyter GmbH, Berlin/Boston
Einbandabbildung: Grabplatte Oswalds von Wolkenstein, Brixen. Foto: Eva Locher.
Druck und Bindung: CPI books GmbH, Leck

www.degruyter.com

Vorbemerkung

Die vorliegende Ausgabe erschien zuerst 2007 in Reclams Universalbibliothek, sie ist dort mittlerweile vergriffen. Der Verlag De Gruyter erklärte sich bereit, sie zu übernehmen. Melodien, Texte, Übersetzungen, Nachwort sind in der neuen Ausgabe unverändert, lediglich einige kleine Versehen wurden berichtigt, in den Kommentaren wurde neuere Forschungsliteratur nachgetragen. Auf den heutigen Stand gebracht und erweitert ist die Auswahlbibliographie. Der Mitherausgeber Burghart Wachinger verstarb während der Vorbereitung der Neuedition am 29. 9. 2023 in Tübingen.

H. B.

Inhalt

Texte und Melodien

Die zweite Zählung der Lieder bezieht sich auf die maßgebliche Gesamtausgabe der Lieder und Reimpaarsprüche Oswalds von Wolkenstein von Karl Kurt Klein/Burghart Wachinger (= Kl., vgl. S. 331)

1	Kl. 57	Ain mensch von achzehen jaren klueg	3
2	Kl. 120	Freu dich, du weltlich creatur	6
3	Kl. 90	Ach got, wer eck ein belgerin	13
4	Kl. 53	Frölich, zärtlich, lieplich und klärlich	17
5	Kl. 37	Des himels trone	23
6	Kl. 50	Der mai mit lieber zal	33
7	Kl. 64	Gar wunniklich hat si mein herz besessen	45
8	Kl. 131	Mir dringet, zwinget, frau, dein güet	50
9	Kl. 101	Wach auf, mein hort, es leucht dort her	59
10	Kl. 49	Los, frau, und hör des hornes schal	62
11	Kl. 48	Stand auf, Maredel, liebes Gredel	68
12	Kl. 92	Treib her	75
13	Kl. 83	Ain jetterin, junk, frisch, frei, fruet	80
14	Kl. 79	Fro, fröleich so wil ich aber singen	86
15	Kl. 70	Her wiert, uns dürstet also sere	93
16	Kl. 84	Wol auf, wir wellen slaffen	97
17	Kl. 51	Ach senleiches leiden	102
18	Kl. 18	Es fuegt sich, do ich was von zehen jaren alt	106
19	Kl. 87	Rot, weiss ain frölich angesicht	114
20	Kl. 33	Ain tunkle farb in occident	120
21	Kl. 75	Wol auf, wol an	125
22	Kl. 1	Ain anefangk	132
23	Kl. 60	Es nahent gein der vasennacht	142
24	Kl. 3	Wenn ich betracht	148
25	Kl. 5	Ich sich und hör	154
26	Kl. 85	›Nu huss!‹ sprach der Michel von Wolkenstain	161
27	Kl. 44	Durch Barbarei, Arabia	164
28	Kl. 26	Durch abenteuer tal und perg	173
29	Kl. 23	Wie vil ich sing und tichte	184
30	Kl. 45	Wer machen well den peutel ring	194
31	Kl. 103	Wer die ougen wil verschüren mit den brenden	202
32	Kl. 116	Zergangen ist meins herzen we	207
33	Kl. 95	O rainer got	215
34	Kl. 32	Durch toren weis so wird ich greis	222
35	Kl. 39	Mein sünd und schuld eu, priester, klag	228

36	Kl. 14	Benedicite: Gesegent sei die frucht —— **234**
	Kl. 15	Gracias: Wol auf, als das zue himel sei —— **234**
37	Kl. 35	In Suria ain braiten hal —— **240**
38	Kl. 38	Keuschlich geporen —— **245**
39	Kl. 34	Es leucht durch grau die fein lasur —— **252**
40	Kl. 31	Der oben swebt und niden hebt —— **257**
41	Kl. 118	Wol auf und wacht, acht, ser betracht —— **260**

Anhang

Kommentar: Allgemeines —— 269

Kommentar zu den einzelnen Liedern —— 274

Literaturhinweise —— 331

Nachwort —— 335
    Das Leben Oswalds von Wolkenstein —— **335**
    Oswald von Wolkenstein und die Liedkunst des späten Mittelalters —— **340**

Alphabetisches Verzeichnis der Liedanfänge —— 348

Konkordanz der Zählung nach Klein und Brunner/Wachinger —— 349

Die Lieder

1   Ain mensch von achzehen jaren klueg

1

I Ain mensch von achzehen jaren klueg
das hat mir all mein freud geswaigt.
dem kund ich nie entwinnen gnueg,
seit mir ain aug sein wandel zaigt.
5 An underlass hab ich kain rue,
mich zwingt ir mündlin spat und frue,
das sich als lieblich auf und zue
mit worten suess kan lenken.

II Wie ferr ich bin, mir nahent schir
ir rains gesicht durch alle lant.
ir zartlich plick umfahent mir
mein herz in rechter lieb bekant.
5 Ach got, und west si mein gedankh,
wann ich vor ir senlichen krankh
hert stan und tar in kainem wankh
mich desgeleichen renken.

III Weiplicher weib nie mensch gesach,
so liederlich an tadels punt.
ir schön geper tuet mir ungemach.
von höch der schaitl über ab den grunt
5 Wenn ich bedenk so gar die mass,
kürz, leng, smal, prait, zwar tuen und lass,
wer möcht der lieben sein gehass?
o wolt si mich bedenken!

1

I Ein junges Ding von achtzehn Jahren, hübsch,
   hat meine Freude ganz verstummen lassen.
   Von ihr konnte ich mich nie mehr ganz losreißen,
   seit ich mit meinem einen Auge sehe, wie sie ist.
5 Unruhe treibt mich immerzu;
   von spät bis früh verfolgt ihr Mündlein mich,
   das gar so herzig auf- und zugeht,
   wenn sie's beim Reden süß bewegt.

II Bin ich weit weg von ihr, tritt überall sogleich
    ihr schönes Gesicht nah vor mich hin,
    und dann umfangen ihre süßen Blicke
    mein Herz, das sie erkennt in wahrer Liebe.
5   Ach Gott, wenn sie nur wüßte, was ich denke,
    wenn ich vor ihr, vom Sehnen schwach,
    erstarrt dastehe und mit keiner Geste
    mich so zu regen wage, wie ich wollte.

III Eine weiblichere Frau hat niemand je gekannt,
     so anmutig, so gänzlich ohne Fehl.
     Wie sie sich schön bewegt, das setzt mir zu.
     Wenn ich vom Scheitel bis hinunter
5   bedenke ihre ganze Gestalt, wo kurz, wo lang,
     wo schmal, wo breit, und all ihr Tun und Lassen,
     wer könnte da der Lieben böse sein?
     Ach, wollte sie doch freundlich an mich denken!

2 Freu dich, du weltlich creatur

2 Freu dich, du weltlich creatur — 9

A 34v/35r. B 15v/16r

Des   hi - mels   tro - ne
Die   vog - lin   scho - ne

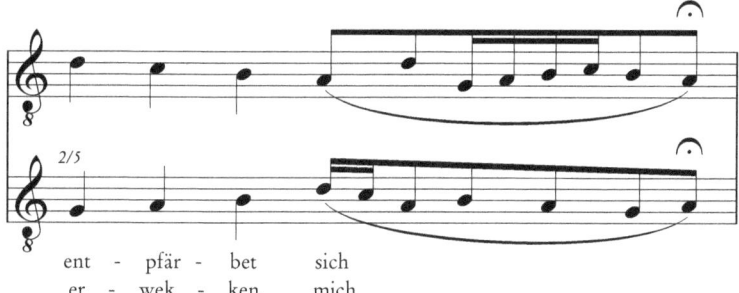

ent - pfär - bet   sich
er - wek - ken   mich

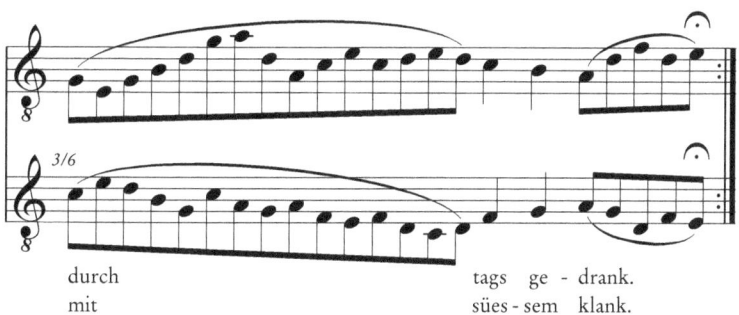

durch   tags ge - drank.
mit   sües - sem klank.

2

I Freu dich, du weltlich creatur,
das dir nach maisterlicher kur
gemessen ist rain all dein figur,
verglanzt ze tal nach der mensur
5 an tadel,   adel   kreftiklich dar inn verslossen.
der possen   gossen   ist an mail.
dem er sich geben hat zu tail,
der mag sich des erfreuen wol von herzen.

II Ain häubtlin klain des nam ich war,
dar auf kraus, plank, krumliert das har,
zwo smale pra, die euglein clar,
ain mündlein rubein-, rösleinvar,
5 nas, kinn und kel,   das vel blaich, weiss mit wenglin prinnen;
die tinnen   sinnen   volgestackt,
von jungen jaren dar inn verstrackt.
dankh hab ain man, der es schon wurcht an smerzen.

III Wann ich durch all mein sinn betracht
des bildes form, leib, schön und macht,
wie es der maister hat bedacht,
und darnach genzlich wirt volbracht,
5 das kain   so rain   ir geleich auf erd müg simulieren,
regnieren,   pulchrieren,   wie man wil:
gewalticlich behalt sie das spil.
mit eren zwar tar sie wol ernsten und scherzen.

2

I   Freu dich, du irdisches Geschöpf,
daß dir, ganz wie ein Meister es ersann,
deine Gestalt so schön gebildet ist,
glänzend gemacht von oben bis unten, untadelig
5 nach rechtem Maß, und Adel unauflöslich eingefügt.
Dies Bildwerk ist gegossen ohne Makel.
Wem es sich hingegeben hat,
der darf sich dessen herzlich freuen.

II   Ein zierliches Köpfchen habe ich gefunden,
darauf in Locken schimmernd, kraus das Haar,
zwei feine Brauen, blanke Augen,
ein Mündlein wie Rubin und Rosen,
5 Nase, Kinn, Hals, die Haut hell weiß, dazu der Wangen Feuer;
die Stirn mit Klugheit angefüllt,
die sich seit früher Jugend da entfaltet hat.
Dank sei dem, der das freudenreich geschaffen hat!

III   Betrachte und bedenke ich dies Bild,
Gestalt und Leib, Schönheit und Herrlichkeit,
wie es der Meister ersonnen hat
und wie nach seinem Plan es dazu kommt,
5 daß keine auf der Welt ihr gleich, ihr ähnlich werden,
so thronen, prangen kann und was auch immer:
dann wird sie jeden Wettstreit leicht gewinnen.
In Ernst und Scherz weiß sie sich zu benehmen.

Denkstein am Brixener Dom
Vgl. S. 273 und S. 335f.

3 Ach got, wer eck ein belgerin

B 37rv

Ach,

ach got, wer eck ein bel-ge-rin, als ick vor ti-ten ei-ne was,
So walt ick tu den sö-stern min gar brü-der-lik-ken a-ne hass.

Vil a-ven-tü-wer nü-wer mer wolt eck in lo-sen,

gscharp in dat ö-ri-gin an ge-ver frünt-lik-ken ko-sen.

Refrain
Twai stä-bik-kin hiet ick pald ge-nät up ei-nen höug-gen, wier ick tät

da-run-der klö-ster-lick ver-drät gschon als ein bru-der,

der si-ne sö-stern lie-fer suck-te wan die mu-der.

3

I   Ach got, wer eck ein belgerin,
   als ick vor titen eine was,
   So [ ] walt ick tu den söstern min
   gar brüderlicken ane hass.
5 Vil aventüwer nüwer mer
   wolt eck in losen,
   gscharp in dat örigin an gever
   früntlicken kosen.
     Twai stäbickin hiet ick pald genät
10 up einen höuggen, wier ick tät
   darunder klösterlick verdrät
   gschon als ein bruder,
   der sine söstern liefer suckte wan die muder.

II Wo herten lif binander ist,
   da durt die nacht ein ougenblick.
   Wie künd ick mick der kurten frist
   benügen, der ick nicht ergschrick?
5 Und die min hert beseden hat
   gscharp mit gewalde,
   Ick kan ir nimmer werden sat,
   die wil ick alde.
     Twai stäbickin hiet ick pald genät
10 up einen höuggen, wier ick tät
   darunder klösterlick verdrät
   gschon als ein bruder,
   der sine söstern liefer suckte wann die muder.

III Senlickes gscheiden mick ermart,
   mit groter klag ick dat verdol.
   Iedoch mick dar nach panget hart,
   dat ick mick selden gescheiden sol
5 Und mir undecke wonet bi,
   die mick tut frouwen
   für aller werlde stampani.
   dat mut mick ruwen.
     Twai stäbickin hiet ick pald genät
10 up einen höuggen, wier ick tät
   darunder klösterlick verdrät,
   gschon als ein bruder,
   der sine söstern liefer suckte wan die muder.

3

I   Ach Gott, wär ich ein Pilger doch,
wie ich vorzeiten einer war!
Wallfahrten wollte ich zu meinen Schwestern
so wie ein Bruder, gar nicht böse.
5 Mit vielen unerhörten Neuigkeiten
wollt ich sie dann umschmeicheln,
spitz in das Öhrchen ganz gewiß
was Freundliches flüstern.
     Zwei Stäbchen hätt ich schnell genäht
10 auf eine Kotze. Unter der, wie wollt ich dann
mich zeigen, klösterlich verwandelt,
hübsch wie ein Bruder,
der seine Schwestern lieber suchte als die Mutter!

II   Wo Herzenslieb beisammen ist,
da dauert die Nacht einen Augenblick.
Wie könnte mir die kurze Zeit genügen,
in der ich nicht aufschrecken muß?
5 Sie, die mein Herz erobert hat
rasch mit Gewalt,
von ihr kann ich niemals genug bekommen
bis in mein Alter.
     Zwei Stäbchen hätt ich schnell genäht
10 auf eine Kotze. Unter der, wie wollt ich dann
mich zeigen, klösterlich verwandelt,
hübsch wie ein Bruder,
der seine Schwestern lieber suchte als die Mutter!

III Schmerzliches Scheiden bringt mich um
und nur mit bittern Klagen überleb ich es.
Und doch verlangt mich sehr danach,
weil ich nie Abschied nehmen kann,
5 weil sie erst gar nicht bei mir ist,
die mich froh macht
weit mehr als alle Lustbarkeit der Welt.
Das tut mir weh.
     Zwei Stäbchen hätt ich schnell genäht
10 auf eine Kotze. Unter der, wie wollt ich dann
mich zeigen, klösterlich verwandelt,
hübsch wie ein Bruder,
der seine Schwestern lieber suchte als die Mutter!

4 Frölich, zärtlich, lieplich und klärlich

A 32v. B 23r

Frö - lich, zärt - lich, liep - lich und klär - lich,

lust - lich, stil - le, lei - se, in

senf - ter, sües - ser, keu - scher, sai - ner wei - se

wach, du min - nik - li - ches, schö - nes

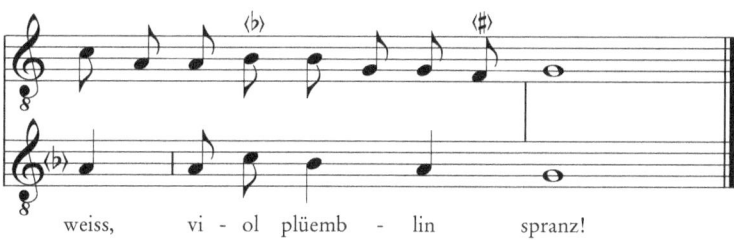

4

I   Frölich, zärtlich, lieplich und klärlich,
     lustlich, stille, leise,
     in senfter, süesser, keuscher, sainer weise
     wach, du minnikliches, schönes weip!
5   reck,   streck,   preis dein zarten, stolzen leip!
     Sleuss auf dein vil liechte euglin klar!
     taugenlich nim war,
     wie sich verschart   der sterne gart
     in der schönen, haitren, claren sunnen glanz!
10 Wol auf zu dem tanz!
     machen einen schönen kranz
     von schaunen,   praunen,   plauen,   grauen,
     gel,   rot, weiss,   viol plüemblin spranz!

II   Lünzlocht, münzlocht, klünzlocht und zisplocht,
     wisplocht, freuntlich sprachen
     aus waidelichen, gueten, rainen sachen
     sol dein pöschelochter roter mund,
5   der   ser   mein herz tieflich hat erzunt
     Und mich fürwar tausend mal erweckt,
     freuntlichen erschreckt
     aus slaffes traum,   so ich ergaum
     ain so wol gezierte, rote, enge spalt,
10 Lächerlich gestalt,
     zendlin weiss darin gezalt,
     tr*ie*lisch,   m*ie*lisch,   vöslocht,   röslocht,
     hel   zu fleiss   waidelich gemalt.

III Wolt si, solt si, tät si und käm si,
     näm si meinem herzen
     den seniklichen, grossen, herten smerzen,
     und ein brüstlin weiss darauf gesmuckt,
5   secht,   slecht   wer mein trauren da verruckt.
     Wie möcht ain zart seuberliche dirn
     tröstlicher gezirn
     das herze mein   an allen pein
     mit so wunniklichem, lieben, rainen lust?
10 Mund mündlin gekusst,
     zung an zünglin, brüstlin an brust,
     bauch   an beuchlin,   rauch   an reuchlin
     snell   zu fleiss   allzeit frisch getusst.

4

I Fröhlich, zärtlich, anmutig und hell,
   lustvoll, still und sanft,
   ruhig, süß, rein und gemächlich:
   so wach auf, du liebenswerte schöne Frau!
5 Recke, strecke dich und kleide deinen feinen, herrlichen Leib!
   Öffne deine strahlend blanken Äuglein!
   Nimm verstohlen wahr,
   wie sich auflöst der Sternengarten
   im Glanz der schönen, heiteren, klaren Sonne!
10 Auf zum Tanz!
   Machen wir einen schönen Kranz
   aus dem Schimmer beiger, brauner, blauer, grauer,
   gelber, roter, weißer, violetter Blüten!

II Schlaflich, küßlich, schmeichlerisch,
   flüsterlich, wisperlich, herzlich reden
   aus gutem, köstlichem, schönem Grund
   soll dein üppiger roter Mund,
5 der mein Herz tief drin heftig entzündet hat
   und mich sicher tausendmal aufweckt,
   liebevoll aufschreckt
   aus Schlaf und Traum, wenn mir erscheint
   solch eine schön geformte rote feine Öffnung,
10 zum Lächeln geschaffen,
   Zähnlein weiß darin in Reihe,
   lippenschön, lächelnd, blühend, rosig,
   leuchtend, ein trefflich gemaltes Bild.

III Wollt sie, würd sie, tät sie's und käm sie,
    nähm sie mir vom Herzen
    den schweren, bitteren Sehnsuchtsschmerz
    und ein weißes Brüstlein drauf gedrückt –
5   schaut, da wäre gleich mein Leid vertrieben.
    Wie könnt ein zartes, hübsches Mädchen
    mein Herz heilsamer schmücken,
    vom Schmerz befreien,
    als mit so süßer, wonniger, so reiner Lust?
10 Mund Mündlein geküßt,
    Zung an Zünglein, Brüstlein an Brust,
    Bauch an Bäuchlein, Pelz an Pelzlein,
    frisch und eifrig, nimmermüd gestoßen.

5 Des himels trone

A 34v/35r. B 15v/16r

Des hi - mels tro - ne
Die vog - lin scho - ne

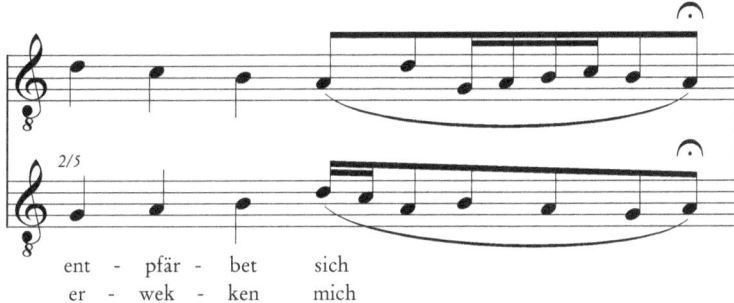

ent - pfär - bet sich
er - wek - ken mich

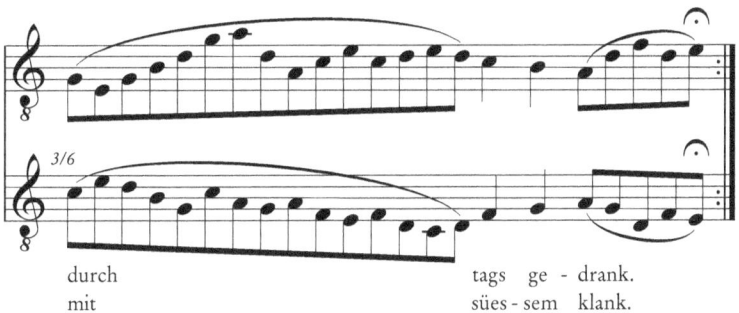

durch tags ge - drank.
mit sües - sem klank.

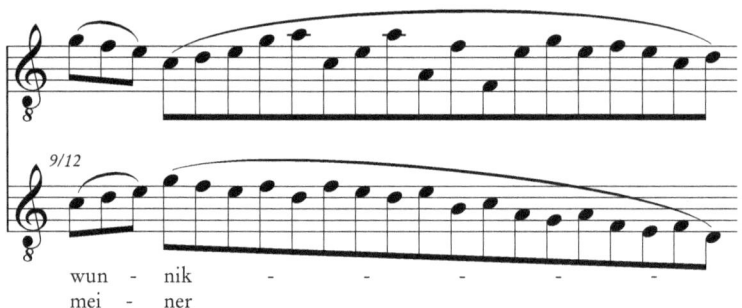

5

I   Des himels trone
       entpfärbet sich
       durch tags gedrank.
       Die voglin schone
5   erwecken mich
       mit süessem klank.
       Verswunden ist der sne;
       laub, gras, kle
       wunnikleich entspringen.
10   Des wil ich von herzen
       an smerzen
       meiner frauen singen,
       Die mir kan wenden   als mein senden,
       trauren plenden   mit den henden   minnikleich.
15   freudenreich
       macht mich die raine;   klaine   ist mein ungemach.
       Wenn ich gedenk   an ir gelenke
       sunder wenke,   freuntlich schrenke,   die si kan,
       undertan
20   so ist mein leip   dem zarten weip,   neur wo ich gach.

II   Pfeif auf, lass raien!
       die lind ist grüene,
       der wald entsprossen.
       Gen disem maien,
5   herzlieb, pis küene
       und unverdrossen.
       Schau an die plüemblin clar,
       wolgevar,
       zierlich ir gepflänze.
10   Darin well wir prangen.
       enphangen
       sind die liechten glänze.
       Von manger farbe,   junk und marbe,
       smelchlin garbe,   würzlin harbe   manigvalt,
15   neu und alt,
       hand sich gesüesset.   grüesset   sei ir sprinz und spranz.
       Gezwait, gevieret,   scharlich tieret,
       schrailich gieret,   kurzlich schieret   alle gnucht.
       woiplich zucht,
20   gedenk an mich,   wenn ich   kom zu dir an den tanz.

5

I   Der Thron des Himmels
wird blaß
vom Herandringen des Tags.
Die Vöglein
5 wecken mich sanft
mit süßen Tönen.
Verschwunden ist der Schnee.
Laub, Gras, Klee
sprießen köstlich.
10 Drum will ich von Herzen
und fröhlich
meiner Geliebten singen.
Sie, die mir all mein Sehnen enden kann
und mein Trauern betäuben mit zärtlichen Händen,
15 glücklich
macht mich die Schöne; mein Kummer zergeht.
Wenn ich an ihre Anmut denke,
unablässig, an das herzliche Umarmen, das ihr eigen ist,
so bin ich ganz ergeben
20 dieser reizenden Frau, wohin ich auch eile.

II   Pfeif auf, laß den Reigen gehen!
Die Linde ist grün,
der Wald hat ausgeschlagen.
In dieser Maienzeit,
5 Herzlieb, sei munter
und unbeschwert!
Schau die leuchtenden Blümlein an:
schön farbig,
zierlich ihr Wuchs.
10 Damit wollen wir uns schmücken.
Entzündet ist
der helle Glanz.
Von bunten Farben, jung und zart,
ausgewachsene Gräslein, herbe Kräutlein, vielerlei,
15 neu und alt,
alle sind sie schöner und süßer geworden. Gegrüßt sei ihr Sprießen und Sprossen.
Zu zweit, zu viert, in Scharen lebt und webt,
schreit voll Verlangen, tummelt sich bald alle Welt.
Edle Frau,
20 denk an mich, wenn ich zum Tanzen zu dir komme.

III Fliehet, scharpf winde,
     lat uns an not!
     ir seit genidert,
     Die meinem kinde
  5 sein mündlin rot
     han durchfidert.
     Ir anplick, hendlin weiss
     sol mit fleiss
     von eu versichret sein,
 10 Wenn si *durch* die aue
     mit taue
     benetzt ir schüechlin klain.
     Wol auf die lassen,   an die gassen,
     die vor sassen   als die nassen   auf der bank
 15 plöd und krank!
     freut euch der sunne,   küeler brunne   clar geflinst.
     Mai, du kanst machen   allen sachen
     ein erwachen.   des wir lachen.   fraget, wes?
     alles des,
 20 das neur ain got   an spot   uns solche gnad verzinst.

III   Geht fort, scharfe Winde,
belästigt uns nicht mehr!
Ihr seid überwunden,
die ihr meinem Mädchen
5 sein rotes Mündlein
rissig gemacht habt.
Ihr Gesicht und ihre weißen Hände
sollen vor euch
sicheren Frieden haben,
10 wenn sie durch die Au geht
und ihre zierlichen Schühchen
mit Tau benetzt.
Auf, ihr Trägen, hinaus auf die Gasse!
Ihr wart wie begossen auf der Bank gehockt,
15 dösig und müde,
jetzt freut euch an der Sonne, am klaren Schimmern kühler Quellen!
Mai, du kannst allen Dingen ein Erwachen bereiten.
So jauchzen wir. Fragt ihr, worüber?
Einfach weil uns wahrhaftig
20 der einige Gott mit solcher Gnade überhäuft.

Wien, ÖNB, Cod. 2777, fol. 19ᵛ
(Lied 6, erste Hälfte), Handschrift A

Wien, ÖNB, Cod. 2777, fol. 20ʳ
(Lied 6, zweite Hälfte), Handschrift A

6 Der mai mit lieber zal

A 19v/20r. B 21v

6 Der mai mit lieber zal — 39

6

    Der mai mit lieber zal
    die erd bedeck*et* überal,
    pühel, eben, perg und tal.
    aus süesser vogelein schal
5   erklingen,   singen   hohen hal
    galander, lerchen, droschel, nachtigal.
    der gauch fleucht hinden nach
    mit grossem ungemach
    klainen vogelein   gogeleich.   höret, wie er sprach:
10 cucu, cucu, cu*cu*,   den zins gib mir,
    den wil ich han von dir.
    der hunger   macht lunger   mir
    den magen schir.‹
    ›ach ellend!   nu wellent   sol ich?‹,
15 so sprach das klaine vich.
    ›küngel, zeisel, mais, lerch, nu kum, wir singen: 'oci
    und tu ich, tu ich, tu ich, tu ich,
    oci oci oci oci oci oci fi,
    fideli fideli fideli fi,
20 ci cieriri ci-ri cieriri ci-ri civik
    civik, fici, fici.'
    so sing der gauch nur 'kawa wa cu cu'.‹

    ›Raco‹, so sprach der rab,
    ›zwar ich sing auch wol.
25 vol   muess ich sein.
    das singen mein:
    scheub ein!   her ein!   vol sein!‹
    ›liri liri liri liri liri liri lon‹,
    so sang die lerch,
30 so sang die lerch,
    so sang die lerch.
    ›ich sing hel ain droschelein,
    ich sing hel ain droschelein,
    ich sing hel ain droschelein,
35 das in dem wald erklingt.‹
    ir lieret,   zieret,   gracket [ ] und wacket
    hin und her   recht als unser pfarrer.
    ›zidiwick, zidiwick, zidiwick,
    zificigo   zificigo

6

Der Mai bedeckt mit schöner Fülle
die ganze Erde,
Hügel, Ebene, Berg und Tal.
Aus dem Gezwitscher süßer Vöglein
5 tönen heraus und singen hohe Melodien
Kalander, Lerchen, Drosseln, Nachtigallen.
Der Kuckuck fliegt hinterdrein
und bedrängt
die kleinen lustigen Vöglein. Hört, wie er redete:
10 ›Ku ku, ku ku, ku ku, zahl mir die Steuer,
die will ich von dir haben.
Der Hunger macht mir schon
den Magen gierig.‹
›O je, wo soll ich nun hin?‹,
15 rief das kleine Getier.
›Zaunkönig, Zeisig, Meise und Lerche, kommt nur,
wir singen: 'oci und tu ich, tu ich, tu ich, tu ich,
oci oci, oci oci, oci oci, fi,
fideli fideli fideli fi,
20 ci cieriri ci-ri cieriri ci-ri civik civik,
fici, fici.'
Dann mag der Kuckuck singen 'kawa wa ku ku'.‹

›Rako‹, rief der Rabe,
›ich kann doch auch schön singen.
25 Aber satt muß ich sein.
Mein Singen ist:
schieb rein, herein, voll sein!‹
›Liri liri liri liri liri liri lon‹,
so sang die Lerche,
30 so sang die Lerche,
so sang die Lerche.
›Ich, das Drosselein,
ich, das Drosselein,
ich, das Drosselein, ich singe laut,
35 daß es durch den Wald ertönt.‹
So tiriliert und zwitschert ihr, kräht und hüpfet
hin und her, grad wie unser Pfarrer.
›Zidiwick, zidiwick, zidiwick,
zificigo zificigo

40 zificigo.‹ nachtigal!
    die selb mit irem gesang behüeb den gral.

    ›Upchahi‹, so sprach das fül,
    ›lat uns auch dar zue!
    frue   vert die kue.‹
45 der esel lue:
    ›her, sack,   auf meinen nack!
    'rigo rigo rigo rigo rigo rigo kum!',
    so rueft die mül,
    so rueft die mül,
50 so rueft die mül.‹
    ›ker ab!‹, [ ] sprach die mülnerin,
    ›heb auf‹, schrei die päuerin,
    ›nu trag hin, mein eselein!
    da, da!   prusta: i-a.
55 nu leir,   nicht veir,   bis dir der geir
    die haut abziehen wirt bei dem *w*eir!‹
    wol auf, wol auf, wol auf!
    wol auf, sai*l a*n,   pint auf, schint dich,
    Walpurg! rügel dich, guet waidman,
60 mit jagen, paissen, rogken in de*m* tan.

40 zificigo.‹ Die Nachtigall!
   Die erwürbe wohl mit ihrem Singen den Gral.

   ›Upchahi‹, rief das Füllen,
   ›laßt uns auch mitmachen!
   Die Kuh zieht schon früh los.‹
45 Der Esel schrie:
   ›Nur rauf, Sack, auf meinen Nacken!
   'Rigo rigo rigo rigo rigo rigo, komm!',
   ruft mir die Mühle,
   ruft mir die Mühle,
50 ruft mir die Mühle.‹
   ›Hau ab‹, sagte die Müllerin.
   ›Heb auf‹, schrie die Bäuerin,
   ›trag's nur hin, mein Eselchen!
   Da, da! Und schnaub nur dein I-A.
55 Mach Musik, sei nicht faul, bis daß dir der Geier
   am Teich die Haut abziehen wird.‹
   Nur zu, nur zu, nur zu!
   Nur zu, spann ein, lad auf, plag dich,
   Walburg! Tummel dich, Jägersmann,
60 im Wald mit Jagen, Beizen, Vogelstellen!

7 Gar wunniklich hat si mein herz besessen

A 25r. B 27v

7 Gar wunniklich hat si mein herz besessen — 47

7

I   Gar wunniklich hat si mein herz besessen.
     in lieb ich ir gevangen   bin mit stetikait,
     verslossen gar   in der vil zarten ermlin strick.
     mein höchstes hail, ich bin dein aigen,
5   zwar des gib ich dir meinen brief.

II   ›In welcher main hastu dich freud vermessen
     gen mir? doch unergangen   so bin ich berait.
     herzlieb, nim war,   das uns nicht vach der melder rick!
     als ungevell behüet die faigen,
5   jo und geschech in nimmer lief.‹

III In aller treu, weib, du solt nicht vergessen,
     teglich ist mein belangen   dir zu dienst berait.
     der freuden schar   ich wart von liechten öuglin blick.
     dein mündlin rot mit süessem naigen
5   schon mich beroubt der sorgen tief.

7

I   Zu meiner Freude hat sie mir das Herz besetzt.
      In Liebe bin ich ihr Gefangener, in Treue,
      fest eingeschlossen in den Fesseln ihrer zarten Arme.
      Mein höchstes Glück, ich bin dein Eigentum,
   5 das kann ich dir verbriefen.

II   ›In welchem Sinn erwartest du dir von mir Freude?
      Doch wenn du nicht zu weit gehst, so bin ich bereit.
      Herzlieb, gib acht, daß uns die Schlinge der Verräter
      nicht fängt! Nur Unheil komme über die Verwünschten, ja,
   5 und niemals möge ihnen Liebes widerfahren.‹

III   In aller Treue, Frau, das sollst du nicht vergessen,
      ist Tag für Tag mein Sehnen dir zu dienen willig.
      Ich hoff auf Freudenfülle aus den Blicken heller Augen.
      Wenn sich dein rotes Mündlein süß mir zuneigt,
   5 nimmt es mir alle tiefe Traurigkeit.

8 Mir dringet, zwinget, frau, dein güet

Quelle: siehe Kommentar

8 Mir dringet, zwinget, frau, dein güet — 51

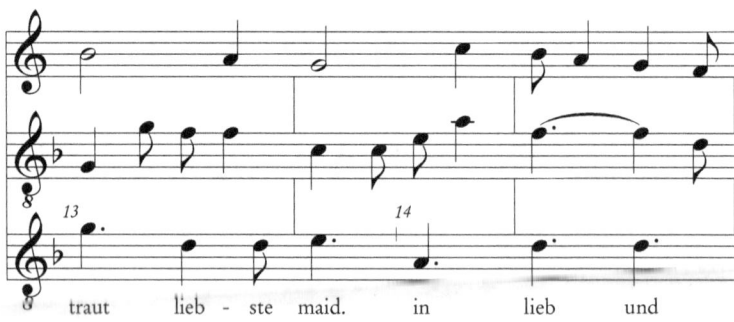

8 Mir dringet, zwinget, frau, dein güet — 53

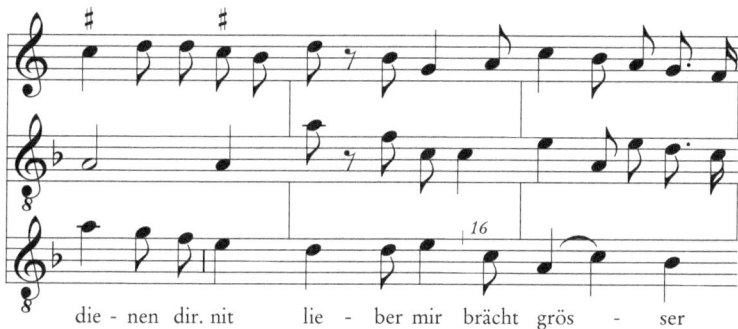

8

I ›Mir dringet,   zwinget,   frau, dein güet
mein gemüet,   traut liebstes ain,
an eren reich.
gleich   so muess ich loben, frau dein guet gestalt.‹
5 »Deins herzen   scherzen   mich ser wundert,
sundert   von dir, traut geselle rain.
dein höflich schimpf,
glimpf   mit freuden mich be*t*raget manigfalt.«
›Mein schallen, frau, zu diser frist
10 ainfaltig ist.   fürwar, du pist,
der ich meins herzen gan.
darumb gepeut an underschaid,
traut liebste maid.
in lieb und laid   pin ich berait
15 ze dienen dir.   nit lieber mir
brächt grösser zier,   wenn dastu schier
gepeutest *heint* mir tuen und lan.‹

II »Dein senen,   wenen   ich nit püessen
kan, volsüessen   deiner ger.
mein weiplich zucht,
frucht   mag klain erfreuen dich zu kainer stund.«
5 ›Mein willen   stillen   du wol kündest
und enpündest   all mein schwär.
dein wort und weis
leis   lieblich erkücken möcht meins herzen grunt.‹
»Gesellschaft du solt abelan.
10 dein gueter wan   nach meim verstan
an mir nit freuden vint,
davon dein leiden wurd entricht.
wie mir geschicht,
so kan ich nicht   mit *k*ainer pflicht
15 dir wünschen hail,   davon an mail
mein leib so gail   dir wurd ze tail.
schweig still, die liebe die ist plint.«

III ›Dein handel,   wandel   mich entzündet
und durchgründet   hie und dort.
darumb gedenk:
lenk   mich, frau, beleiben stät in deiner huld.‹

8

I ›Daß du so gut bist, liebe Frau, bedrängt
   und überwältigt mir das Herz, einzig Geliebte,
   reich Geehrte,
   und deine Schönheit muß ich ebenso hoch rühmen.‹
5 »Daß du so scherzen kannst, erstaunt mich sehr
   und trennt mich, lieber guter Freund, von dir.
   Dein gewandtes Muntersein
   und fröhliches Schöntun wird mir oft zur Last.«
   ›Was ich da heute singe, liebe Frau,
10 ist ganz aufrichtig. Du bist es, auf mein Wort,
   der ich mein Herz gern schenken möchte.
   Darum verfüge über mich in allen Dingen,
   du allerliebstes Mädchen.
   Ich bin willens, dir in Freud und Leid
15 zu dienen. Nichts wär mir lieber,
   nichts eine größere Auszeichnung, als wenn du bald,
   noch heute abend, mir gebötest, was ich tun und lassen soll.«

II »Was du ersehnst, erwartest, kann ich nicht erfüllen,
   nicht süß dir stillen dein Verlangen.
   Als weibliches Geschöpf, das weiß, was sich gehört,
   kann ich dich nie beglücken.«
5 ›Du könntest wohl willfahren meinem Wunsch
   und würdest mich damit von allem Leid befreien.
   Dein Wort, dein Singen
   könnte mich sanft neu beleben tief im Herzen drin.‹
   »Du sollst nicht meine Nähe suchen.
10 Dein schönes Hoffen wird bei mir,
   das weiß ich sicher, nicht die Freude finden,
   von der dein Leid geschlichtet würde.
   Was mir auch widerfährt,
   ich kann doch nicht, so viel du auch einsetzen magst,
15 ein Glück dir wünschen, von dem ich,
   noch unberührt und unbeschwert, dir preisgegeben würde.
   Schweig still, diese Liebe ist blind.«

III ›Dein ganzes Wesen läßt mich glühen
    und dringt tief in mich ein.
    Darum bedenke: Leite du mich so,
    daß ich beständig bleiben kann in deiner Huld.‹

5 »Mein munde   kunde   dir muess helen
sunder quelen,   traut liebst*er* hort.
ganz state treue
neue   von dir nit wei*ch* umb kainerlai händel schuld.«
›Mit freuden ich das widergilt
10 dein eren mild.   von mir n*u* hilt
gein dir kain ungewin,
davon dein er dir wurd *ver*sert.
mein herz begert
dich unverkert,   des gleich mich nert
15 dein stolzer leib,   traut senlich weib.
mein laidvertreib.   dein aigen bleib
ich immer auf die gnade dein.‹

5 »Mein Mund muß eine Antwort dir verschweigen
und will dich doch nicht quälen, liebster Schatz.
Vollkommne, immer neue Treue
darf dir nicht fehlen, was auch kommen mag.«
›Mit Freuden will ich das vergelten
10 deiner Ehre, die mir so viel schenkt. Nie wird von mir
etwas zu hören sein, was dir schaden könnte.
Mein Herz verlangt nach dir
ganz unentwegt, denn deine Schönheit
hält mich am Leben, du liebe und ersehnte Frau.
15 Du meine Freude, ich bleib immer dein
und hoff auf deine Gnade.‹

9 Wach auf, mein hort, es leucht dort her

9

I   Wach auf, mein hort,   es leucht dort her
        von orient der liechte tag.
        blick durch die brau,   vernim den glanz,
        wie gar vein blau   des himels kranz
   5 sich mengt durch grau   von rechter schanz.
        ich fürcht ain kurzlich tagen.

II   ›Ich klag das mort,   des ich nicht ger:
        man hört die voglin in dem hag
        mit hellem schal   erklingen schon.
        o nachtigal,   dein späher don
   5 mir pringet qual,   des ich nicht lon.
        unweiplich muess ich klagen.‹

III   Mit urloub fort!   deins herzen sper
        mich wunt, seid ich nicht bleiben mag.
        schidliche not   mir trauren pringt.
        dein mündli rot   mich senlich twingt,
   5 der bitter tod   mich minder dringt.
        dorumb muess ich verzagen.

9

I Wach auf, mein Schatz, es leuchtet dort
vom Osten her der helle Tag.
Blick durch die Wimpern, schau den Glanz,
wie ganz fein blau des Himmels Rund
5 sich in das Grau mengt, das uns günstig war.
Ich fürchte, es wird gleich tagen.

II ›Ich beklag's wie den Tod, was ich nicht wünsche:
Man hört die Vöglein im Gebüsch
mit hellem Klang schön tönen.
O Nachtigall, dein kunstreiches Lied
5 bringt mir nur Leid, dafür belohn ich dich nicht.
Mein Klagen ist größer als Frauenkraft.‹

III Erlaub mir zu gehen! Dein Herz ist ein Speer,
der mich verwundet, weil ich nicht bleiben kann.
Der Schmerz des Scheidens macht mich traurig.
Dein rotes Mündlein bedrängt mich mit Sehnen.
5 Der bittere Tod macht mir weniger Angst.
Das läßt mich verzagen.

10 Los, frau, und hör des hornes schal

A 17v/18r. B 21r

10 Los, frau, und hör des hornes schal — 63

10

Tenor

    Los, frau, und hör des hornes schal
    perg und tal   ane qual   überal.
    auch hör ich die nachtigal.
    des liechten morgen röte sich vor der pleu her dringt. plas schon,
5 wachter! ich spür dein zoren michel gross.
    Mich rüert ain wint von orient,
    der entrent   auch plent   das firmament
    und der uns die freud hie went.
    zart minnikliche diren, das horen polret grimmiklich.
10 ich hör dich wol, du trüebst die frauen mein.
    Los!   los, los, los!
    senliche klag,   mordlicher tag,
    wie lang sol unser not mit dir bestan?
    hab urlaub, höchster schatz, kurzlich herwider ruck!

[Er:] [1]Horch, Frau, und hör den Ton des Horns, [2]unbekümmert über alle Berge und Täler. [3]Auch höre ich die Nachtigall. [4]Die Röte des hellen Morgens drängt sich vors Blau. Blas nur, [5]Wächter! Ich merke schon, wie grausam du bist. [6]Ich fühle den Wind, der vom Orient kommt, [7]der vertreibt und überblendet den Sternenhimmel [8]und zerstört uns hier die Freude. [9]Mein liebes, liebenswertes Mädchen, das Horn dröhnt bedrohlich. [10]Ich hör dich schon, du betrübst mir die Geliebte. [11]Horch! Horch, horch, horch! [12]Klage der Liebe, tödlicher Tag, [13]wie lang wirst du dauern und mit dir unser Schmerz? [14]Lebe wohl, höchstes Gut, rück kurz nochmal her zu mir!

Discantus
>   *[Hornquinten]*
>   Sag an, herzlieb, nu was beteutet uns so gar schricklicher hal
>   mit seinem don?
>   ›aahü, aahü,
> 5 wol auf, die nackenploss!‹
>   *[Hornquinten]*
>   Ainiger man, sol uns der gast erstören hie so ach elend?
>   wem lastu mich?
>   ›*aahü, aahü,*
> 10 *her gat des tages schein.*
>   *Pald ab dem weg,   die geren läg!*
>   *hör, hör, hör, gesell,   klüeglichen geschell!*
>   *stand up, risch up, snell up!   die fogel klingen in dem hard,*
>   *amsel, droschel, der vinkh und ain zeiselin, das nennet sich kukuck.*‹

¹*[Hornquinten]* ²*[Sie:]* Mein Liebster, nun sag mir, was bedeutet für uns dieser schreckliche Ton ³mit seiner Musik? ⁴*[Wächter:]* Aahü, aahü, ⁵auf, wer noch nackt und bloß! ⁶*[Hornquinten]* ⁷*[Sie:]* Mein einziger Mann, soll dieser fremde Mensch uns hier ⁸so unselig aufstören? Wem lieferst du mich aus? ⁹*[Wächter:]* Aahü, aahü, ¹⁰es naht das Tageslicht. ¹¹Schnell nur hinweg, auch wenn sie gerne liegen bliebe! ¹²Hör, hör, hör, mein Freund, wohlbedachtes Tönen. ¹³Steh auf, spring auf, schnell auf! Die Vögel singen schon im Wald, ¹⁴Amsel, Drossel, der Fink und ein Zeisiglein, das nennt sich Kuckuck.

11 Stand auf, Maredel, liebes Gredel

A 14v/15r. B 20v

11 Stand auf, Maredel, liebes Gredel

11

Tenor

    Stand auf, Maredel,   liebes Gredel,
    zeuch die rueben aus!
    kint ein, setz zu flaisch und kraut! eil, bis klueg!
    get, ir faule tasch,   die schüssel wasch!
5 wer wett, Küenzel knecht   der diren flecht?
    aus dem haus, ir verleuchter dieb!
    Gret, louff gen stadel,   suech die nadel,
    nim den rechen mit!
    gabel, drischel, reiter, sichel vindstu dort.
10 *Jans, Katrei nim mit dir;   der Kuenz bleib mir!*
    sweig, du faige haut,   und schrei nicht laut!
    dein schand werd brait und er sicherlichen smal.
    Pfäch dein,   Gretl*ein*,
    spinn, ker,   dich ner,
15 nicht verzer   deinen rock!
    pock,   so wirstu ain lock.
    dock,   vir schock
    gib ich dir   ze ainem manne vil schir.

[Bäuerin:] [1]Steh auf, Maredel, liebe Gretel! [2]Zieh die Rüben raus! [3]Mach Feuer, setz Fleisch und Kraut an! Schnell, sei gescheit! [4]Nur zu, faule Tasche, spül die Schüssel ab! [5]Wetten, daß Kunz der Knecht das Mädchen umarmt? [6]Aus dem Haus, heiliger Dieb! [7]Gret, lauf zum Schuppen, such die Nadel, [8]nimm den Rechen mit! [9]Gabel, Dreschflegel, Kornsieb, Sichel findest du dort. [10]Nimm Hans und Kathrin mit! Der Kunz soll bei mir bleiben. [11]Schweig, du schlechte Haut, und mach kein Geschrei! [12]Deine Schande wird sich ausbreiten, und um deine Ehre wird es sicher eng. [13]Pfui doch, Gretlein, [14]spinn, kehr, tu was für dich! [15]Beul deinen Rock nicht aus! [16]Lauf nur dem Bock nach, bald hast du ein Kind im Arm. [17]Mädchen, vier Schock Kreuzer [18]geb ich dir, sobald du heiratest.

Discantus

    Frau, ich enmag,   wann es ist verre gen dem tag.
    nu wol,   wenn sol   ich vol
    slaffen mir genueg?
    zue, lat euch der weil!   ja trag wir ouch ein peil.
5   bleib hie, nit eil!
    mein trauter Khünzel-   smünzel   ist mir werlich lieb.
    Wer kumpt hernach,   der mir went meinen ungemach
    so schain   und rain   allain?
    arbait ist ain mort.
10   Kathrei ist unnutz,   Jänsleins pin ich urdrutz.
    mit liebem smutz
    bin ich   genzlich   des Khüenzleins aus dem edlen Zilerstal.
    Frau, eur straffen ist enwicht.
    spinnen, keren mag ich nicht.
15   phlicht
    trag ich zu dem Khüenzelein,
    wann er ist wol mein.
    sein leib geit freuden vil, darnach sich sent mein gir.

[Magd:] ¹Frau, ich kann nicht, bis zum Tag ist's ja noch lang. ²Wann denn soll ich endlich einmal ³wirklich ausschlafen dürfen? ⁴Geht, laßt Euch Zeit! Wir holzen hier doch auch. ⁵Bleib da, mein Schatz, lauf nicht weg! ⁶Meinen lieben Künzel-Schmünzel hab ich gar zu gern. ⁷Wer kommt denn sonst, der mir meinen Kummer vertreibt ⁸so schön, so sauber, so heimlich? ⁹Arbeit ist eine Schinderei. ¹⁰Kathrein taugt nichts, und den Hansel hab ich satt. ¹¹Mit einem Herzensschmatz ¹²gehör ich ganz und gar dem Künzlein aus dem edlen Zillertal. ¹³Frau, Euer Schelten hilft doch nichts. ¹⁴Spinnen, kehren mag ich nicht. ¹⁵Zugetan ¹⁶bin ich dem Künzlein, ¹⁷weil er mir gehört. ¹⁸Er schenkt mir viel Lust, zu ihm treibt es mich hin.

12 Treib her

12

I ›Treib her,
   treib überher, du trautes Bärbeli das mein,
   zu mir   ruck mit den schäffgin dein,
   kom schier,   mein schönes Bärbelein!‹

II »Ich merk,
    ich merk dich wol, aber ich entuen sein wärlich nicht.
    dein waide   die ist gar enwicht,
    mein haide   stat in grüener pflicht.«

III ›Mein waid,
     mein waid die ist wol aus der massen kürlich guet
     mit kle,   laub, gras, vil plüemlin pluet.
     der snee   get ab in meiner huet.‹

IV »So hör,
    so hör ich hie vil süesser vogelein gesangk.
    da bei   ist mir die weil nicht langk,
    gar frei   ist aller mein gedank.«

V ›So han,
   so han ich hie wol ainen küelen klaren brunn,
   darum   ein schatten für die sunn.
   nu kum,   meins herzen höchste wunn!‹

VI »Von durst,
    von durst so han ich kainerlaie hendlin not.
    ja keut   ich nie das käs und brot,
    das heut   mein mueter mir gebot.«

VII Vil swammen,
     swämmelein die wachsen hie in disem strauch,
     darzu   vil junger voglin rauch.
     kämstu   zu mir, ich gäb dir auch.‹

VIII »Wiltu,
      wiltu mich sichern genzlichen mit gemache lan,
      villeicht   so treib ich zu dir hnan.
      sust weicht   mein vich verrlich herdan.«

12

I ›Treib her,
   treib herüber, Bärbeli, du mein Liebes,
   zu mir her zieh mit deinen Schäfchen,
   komm schnell, mein schönes Bärbelein!‹

II »Ich verstehe,
    ich versteh dich wohl, doch tu ich es bestimmt nicht.
    Deine Weide taugt ja nichts,
    meine Heide steht in vollem Grün.«

III ›Meine Weide,
     meine Weide ist besonders gut, ganz ausgesucht,
     voll Klee, Laub, Gras und vielen blühenden Blumen.
     Der Schnee schmilzt weg hier, wo ich hüte.‹

IV »Dafür hör ich,
    dafür hör ich hier ganz viele süße Vögel singen.
    Dabei wird mir die Zeit nicht lang,
    und ich hab einen freien Kopf.«

V ›Dafür hab ich,
   dafür hab ich hier eine kühle, klare Quelle
   und um sie herum auch Schatten vor der Sonne.
   So komm, du größte Freude meines Herzens!‹

VI »Durst,
    nein, Durst plagt mich in keiner Weise.
    Ich hab den Käse und das Brot noch nicht gegessen,
    die meine Mutter mir heut mitgegeben hat.«

VII ›Viele Pilze,
     viel Pilzlein wachsen hier in dem Gebüsch,
     auch gibt es Flaum von den ganz jungen Vöglein.
     Kämst du zu mir, so gäb ich dir davon.‹

VIII »Willst du,
      willst du mir fest versprechen, mich in Ruh zu lassen,
      vielleicht treib ich dann hin zu dir.
      Wenn nicht, dann ziehen meine Tiere ganz weit weg.«

IX ›Nu fürcht,
    nu fürcht dich nicht, mein auserwelte schöne tock!
    ja flicht   ich dir deinen weissen lock
    und slicht   dir deinen roten rock.‹

X   »Das hast,
    das hastu mir so dick versprochen bei der wid,
    vest stät   zu halden einen frid;
    noch tät   du mir an meim gelid.«

XI ›Der schad,
    der schad ist klaine, der deinem leib allda beschach,
    in mass   als es dein swester sprach.
    ich lass   dich fürbas mit gemach.‹

XII »Das wirt,
    das wirt sich sagen erst, so ich werden sol ein braut,
    ob sich   verrucket hat mein haut.
    pfüg dich!   du tetst mirs gar zu laut.«

XIII ›Bis wil-,
    bis wilkomen, mein auserwelter schöner hort!
    du bist   mir lieber hie wann dort.
    nu lisp   mir zue ein freuntlich wort!‹

XIV »Und wär,
    und wär ich dort, wer wär dann, lieb, bei dir allhie?
    mein herz   dich genzlich nie verlie
    an smerz,   du waisst wol selber, wie.«

XV ›Des wol,
    des wol mich ward vil mer wann hundert tausent stund.
    mich tröst   dein rosenfarber mund,
    der löst   auf swäres herzen punt.‹

XVI Vil freud,
    vil freud und wunne ir baider lib alldo betrat,
    bis raid   der abent zueher jat.
    an laid   schied sich ir baider wat.

IX ›Nun fürchte,
    fürcht dich nicht, mein einzig schönes Kind!
    Ich flechte dir doch deine hellen Locken
    und streich dir glatt den roten Rock.‹

X   »Das hast du,
    hast du mir schon oft versprochen hoch und heilig,
    daß du mir sicheren Frieden halten wolltest;
    und doch hast du mir dann was angetan.«

XI ›Der Schaden,
    der Schaden ist gering, der dir dort widerfuhr,
    so wie auch deine Schwester sagte.
    Ich laß dich künftig ganz in Ruhe.‹

XII »Es wird,
    es wird sich erst dann zeigen, wenn ich eine Braut bin,
    ob meiner Haut da was passiert ist.
    Pfui dir, du triebst es gar zu heftig.«

XIII ›Sei will-,
     sei mir willkommen, du mein einzig schöner Schatz!
     Du bist mir lieber hier als dort.
     Nun flüstre mir was Liebes zu.‹

XIV »Und wär ich,
    wär ich dort, wer wär dann, Liebster, hier bei dir?
    Mein Herz war nie von dir gewichen,
    Voll Freude war's bei dir, du weißt wohl selber, wie.«

XV ›Drum wohl mir,
    wohl ist mir geschehen mehr als hunderttausendfach.
    Es tröstet mich dein rosenfarbner Mund,
    der löst die Fesseln eines bedrückten Herzens auf.‹

XVI Viel Lust,
    viel Lust und Freude kam da über beide,
    bis rasch der Abend näher eilte.
    Da trennten sich dann leidlos ihre Wege.

13 Ain jetterin, junk, frisch, frei, fruet

13 Ain jetterin, junk, frisch, frei, fruet

13

I   Ain jetterin, junk, frisch, frei, fruet,
auf sticklem perg in wilder höch
die geit mir freud und hochen muet
dort umb die zeit, wenn sich die löch
5 mit grüenem laub verreuchen.
So wart ich ir recht als ain fuxs
in ainem hag mit stiller lauss –
gugg aus der stauden, smeug dich, luxs!
pis das ich ir die preun ermauss,
10 auf allen vieren kreuchen
gar sunder scheuchen.
    Ir roter mund   von adels grund
    ist rain versüesst gar zuckerlich.
    füesslin klaine,   weiss ir baine,
15   brüstlin herte,   wort, geferte
    verget sich piergisch, waidelich.

II   Der amsel tuen ich ungemach
und mancher droschel auserwelt
ze öbrist auf dem Lenepach
mit ainem kloben, der si fellt,
5 wenn ich das schnüerlin zucke
In ainer hütten, wolgedeckt
mit rauchen esten lustlich grüen.
leicht kompt zu mir, die mich erweckt
mit ganzen freuden trostlich küen
10 gesloffen durch die lucke
schon mit getucke.
    Ir roter mund   von adels grund
    ist rain versüest gar zuckerlich.
    füesslin klaine,   weiss ir baine,
15   brüstlin herte,   wort, geferte
    verget sich piergisch, waidelich.

III   Wenn ich das vöglen zuegeschöck
und aller zeug pei ainander ist,
so hört man zwar ain süess gelöck
durch gross gesneud in kurzer frist.
5 des möcht die schön gelachen,
Das si mir all mein kunst abstilt,

13

I   Eine Jäterin, jung, munter, frei und hübsch,
auf steilem Berg hoch oben, wo es wild ist,
die läßt das Herz mir höher schlagen
dort um die Zeit, wenn sich der Wald
5 einen Pelz aus grünem Laub anlegt.
Dann schau ich aus nach ihr wie ein Fuchs,
still auf der Lauer im Gebüsch –
lug aus dem Dickicht, duck dich, laure!
Bis ich ihr Braunes erhaschen kann,
10 heißt es auf allen vieren kriechen,
sie nicht verschrecken.
    Ihr roter Mund, uradlig schön,
    der ist ganz süß, ganz zuckerig.
    Hübsche Füßlein, weiß die Beine,
15   feste Brüstlein, wie sie redet, sich bewegt,
    das kommt so prächtig berglerisch daher.

II   Hoch oben überm Lehnbach
stell ich der Amsel nach
und mancher edlen Drossel
mit einem Kloben, der sie packt,
5 wenn ich am Schnürchen reiße,
versteckt in einer Hütte, zugedeckt
mit schönen, frischen grünbelaubten Ästen.
Vielleicht kommt dann ja sie zu mir,
die mich zu schönsten Freuden munter, mutig macht,
10 kommt durch das Loch hereingeschlüpft,
geschickt sich duckend.
    Ihr roter Mund, uradlig schön,
    der ist ganz süß, ganz zuckerig.
    Hübsche Füßlein, weiß die Beine,
15   feste Brüstlein, wie sie redet, sich bewegt,
    das kommt so prächtig berglerisch daher.

III Wenn ich's zum Vögeln aufgerichtet hab
und alles vorbereitet ist,
dann hört man bald darauf bestimmt
bei großem Schnaufen süßes Locken.
5 Da könnte wohl die Schöne lachen,
daß sie all meine Kunst beschämt,

was ich zu vöglen hab gelert.
von irem kloben mich pevilt,
des gümpels er ze dick pegert.
10 das macht die hütten krachen.
lass frischlich bachen!
    Ir roter mund   von adels grund
    ist rain versüesst gar zuckerlich.
    füesslin klaine,   weiss ir baine,
15   brüstlin herte,   wort, geferte
    verget sich piergisch, waidelich.

was ich vom Vögeln je gelernt hab.
Von ihrem Kloben krieg ich dann zu viel,
zu oft verlangt er nach dem Gimpel.
10 Da wird die Hütte krachen.
Nur munter beim Brötchenbacken!
    Ihr roter Mund, uradlig schön,
    der ist ganz süß, ganz zuckerig.
    Hübsche Füßlein, weiß die Beine,
15   feste Brüstlein, wie sie redet, sich bewegt,
    das kommt so prächtig berglerisch daher.

14 Fro, fröleich so wil ich aber singen

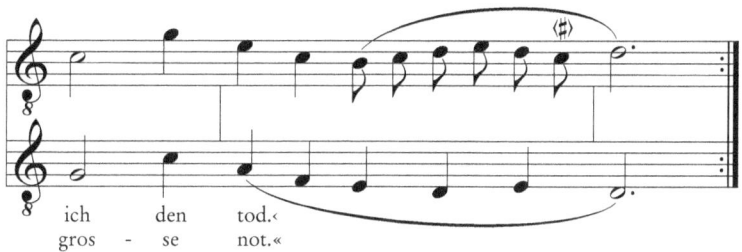

14

I ›Fro, fröleich   so wil ich aber singen
   der edlen frauen suess.‹
   »Hainz, Hainreich,   erst wirt mir wol gelingen,
   seit du mir haltst deinen gruess.«
5 ›Ja, frau, und wer das nicht eur spot?‹
   »Sim nain es, Hainreich, sammer got!«
   ›We heut, wol e.   solt ich eur huld erwerben,
   darumb litt ich den tod.‹
   »Ist dir so we?   dannoch soltu nicht sterben
10 und leiden grosse not.«

II ›Mich freut eur leip   darzue die guldin spangen
   vor an den ermel*n* zart.‹
   »Ich pin ain weip   mit gürtel umbefangen
   von adeleicher art.«
5 ›Ir secht recht als ain volkenkel.‹
   »Nu kan ich doch nicht fliegen snel.«
   ›Vergieng das pau,   ich verwäg mich zwaier oxen,
   und wurd mir neur ain smutz.‹
   »Was spräch dein sau,   mein Hainzel Ungeloxen,
10 und brächstu disen trutz?«

III ›Eur falbes har   dar zue die weissen hende
    mir geben hohen muet.‹
    »Du laichst mich zwar,   des wett ich umb dein zende,
    deucht es dich wesen guet.«
5   ›Mit meinen zenden so fräss ich wol drei.‹
    »Simm wenstu, Hainzel Trittenbrei?«
    ›Mich näm unnider,   oder ich sprung in ain wasser
    von zorn in ainer gäch.‹
    »Kämstu herwider   dann für mich also nasser,
10 wie geren ich das säch.«

IV ›Ir edle mait,   mich dunkt, ir welt mein spotten.
   neur wurd ich schir so frais.‹
   »Zwar unversait   ist dir ain dicker schotten
   von meiner roten gaiss.«
5 ›Sim, topfen hab ich ott selber gnueg.‹
   »Dank hab, ain Hainzel Richtdenpflueg.«

14

I ›Ganz fröhlich will ich wieder singen
und süß der edlen Frau zu Ehren.‹
»Heinz, Heinrich, jetzt werd ich gewiß Glück haben,
da du mir so treu aufwartest.«
5 ›Ach Herrin, sagt Ihr das wirklich nicht im Spott?‹
»Aber nein doch, Heinrich, nein, bei Gott.«
›Heut weh und gestern wohl. Doch sollte ich
Eure Gunst gewinnen, gäb ich gern mein Leben hin.‹
»Ist dir so weh? Du sollst doch noch nicht sterben,
10 nicht große Not erleiden.«

II ›Mich freut Eure Schönheit und die goldnen Spangen
an Euren zarten Handgelenken.‹
»Ich bin eine Frau, die noch den Gürtel trägt,
und bin aus adligem Geschlecht.«
5 ›Ihr seht grad wie ein Falkenkehlchen aus.‹
»Dabei kann ich doch gar nicht fliegen.«
›Ging auch die Ernte drauf, zwei Ochsen setzte ich
aufs Spiel, wenn ich nur einen Kuß bekäme.‹
»Was tät deine Sau da sagen, Heinzel Ungeschlacht,
10 wenn du im Trotz das fertigbrächtest?«

III ›Euer blondes Haar und auch die weißen Hände
die lassen mein Herz höher schlagen.‹
»Du foppst mich, da wett ich um deine Zähne,
wenn du drauf eingehen willst.‹
5 ›Meine Zähne sind gut, mit denen fräße ich wohl drei.‹
»Hm, glaubst du, Heinzel Tritt-in-Brei?«
›Mich nähme manche Hochgeborne, und wenn nicht,
spräng ich vor Zorn sofort ins Wasser.‹
»Wenn du dann so begossen wieder vor mich kämst,
10 das würde ich gern sehen.«

IV ›Ach edles Fräulein, ich glaube, Ihr verspottet mich.
Dann würde ich gleich ganz wild.‹
»Nicht abschlagen will ich dir 'nen dicken Quark
von meiner roten Ziege.«
5 ›Ach, Topfen hab ich doch selber genug.‹
»So sei bedankt, mein Heinzel Richt-den-Pflug.«

›Ich wil es klagen   ott meiner lieben mueter,
das ir mich also smächt.‹
»Ge, smirb dein wagen   und drisch den rossen fueter
10   als ander dein geslächt!«

›Das will ich aber meiner lieben Mutter sagen,
daß Ihr mich so beleidigt.‹
»Geh, schmier den Wagen, drisch den Rössern Futter
10 wie andre deinesgleichen.«

15 Her wiert, uns dürstet also sere

15

I Her wiert, uns dürstet also sere,
   trag auf wein,   trag auf wein,   trag auf wein!
   Das dir got dein laid verkere,
   pring her wein,   pring her wein,   pring her wein!
5 Und dir dein sälden mere,
   nu schenk ein,   nu schenk ein,   nu schenk ein!

II Gretel wiltu sein mein treutel?
    so sprich, sprichs,   so *sprich*, sprichs,   so sprich, sprichs!
    ›Ja, koufst du mir einen beutel,
    leicht tuen ichs,   leicht tuen ichs,   leicht tuen ichs.
5   Und reiss mir nit das heutel,
    neur stich, stichs,   neur stich, stichs,   neur stich, stichs!‹

III ›Sim, Jensel, wiltus mit mir tanzen?
     so kom auch,   so kom auch,   so kom auch!
     Böckisch well wir umbhin ranzen.
     Jans, nit strauch,   Jans, nit strauch,   Jans nit strauch!
5   Und schon mir meiner schranzen!
     dauch schon, dauch,   dauch nach, dauch,   dauch, Jensel dauch!‹

IV Pfeif auf, Hainzel! Lippel, snäggel!
    frisch fro frei,   frisch fro frei,   frisch fro frei!
    Zwait eu, rüert eu (snurra, bäggel),
    Jans, Lutzei,   Kuenz, Kathrei,   Benz, Clarei!
5   Spring kelbrisch, *h*urta, Jäckel!
    ju haij haij,   ju haij haij,   ju haij haij!

V Hin get der raie. seusa, möstel!
   nu reckt an,   nu reckt an   nu reckt an!
   Gump auf, Hainreich, noch ein jöstel!
   rüer, biderbman,   rüer, biderbman,   rüer, biderbman!
5 Metz, Diemuet, döut das köstel!
   dran dran dran,   dran dran dran,   dran dran dran!

VI Nu füdert eu, man isst im dorfe,
    nempt kain weil,   nempt kain weil,   nempt kain weil!
    Nachhin, Kuenrat, fauler tschorfe,
    du lempeil,   du lempeil,   du lempeil!
5   Lueg umb dich als ein orte!
    eil, held, eil,   eil, held, eil,   eil, eil, eil!

15

I   Herr Wirt, wir sind so furchtbar durstig,
trag Wein auf, trag Wein auf, trag Wein
auf! Damit Gott von dir wende alles Leid,
bring Wein her, bring Wein her, bring Wein her!
5 Und damit er dein Glück dir mehre,
schenk ein jetzt, schenk ein jetzt, schenk ein jetzt!

II   Gretel, willst du mein Schätzchen sein?
Dann sag's nur, dann sag's nur, dann sag's nur!
›Ja, wenn du mir ein Täschlein kaufst,
tu ich's vielleicht, tu ich's vielleicht, tu ich's vielleicht.
5 Aber zerreiß mir nicht mein Häutchen,
stich's nur an, stich's nur an, stich's nur an!‹

III ›He, Jensel, willst du mit mir tanzen?
Dann komm nur, dann komm nur, dann komm nur!
Wie Böcke wollen wir ringsrum hopsen.
Nicht stolpern, Jans, nicht stolpern, Jans, nicht stolpern, Jans!
5 Und laß mir meinen Schlitz heil!
Schieb schön, schieb! Schieb tiefer, schieb! Schieb, Jensel, schieb!‹

IV Pfeif auf, Heinzel! Lippel, schnalze!
Frisch froh frei, frisch froh frei, frisch froh frei.
Faßt euch in Paaren und los – das Becken soll dröhnen –,
Jans und Lutzei, Kunz und Kathrei, Benz und Klarei!
5 Spring wie ein Kälbchen, renn los, Jäckel!
Juchei-hei, juchei-hei, juchei-hei!

V   Da läuft der Reigen. Braus nur, Möstchen!
Nun faßt an, nun faßt an, nun faßt an!
Spring nur, Heinrich, noch ein Jöstel!
Los, Mannsbild, los, Mannsbild, los, Mannsbild!
5 Metze und Diemut, schluckt nur den Leckerbissen!
Nur ran, ran! Nur ran, ran! Nur ran, ran!

VI So schickt euch doch, man ißt schon im Dorf,
keine Zeit verlieren, keine Zeit verlieren, keine Zeit verlieren!
Nichts wie hin, Konrad, fauler Krüppel,
du Schafskopf, du Schafskopf, du Schafskopf!
5 Schau dich nur um wie ein Karpfen!
Mach schnell, Kerl! Mach schnell, Kerl! Mach schnell, schnell!

16 Wol auf, wir wellen slaffen

16

I Wol auf, wir wellen slaffen!
hausknecht, nu zünd ain liechtel,
wann es ist an der zeit,
Da mit wir nicht verkaffen
5 (der letzt sei gar verheit!),
Das laien, münch und pfaffen
zu unsern weiben staffen,
sich hüeb ein böser streit.

II Heb auf und lass uns trinken,
das wir also nicht schaiden
von disem gueten wein.
Und lämt er uns die schinken,
5 so müst er doch herein.
Her kopf, nu lat eu winken!
ob wir zu bette hinken,
das ist ain klainer pein.

III Nu sleich wir gen der türen.
secht zue, das wir nicht wenken
mit ungeleichem tritt.
Was gilt des stoubs ein üren?
5 her wirt, nu halt es mit!
Wir wellen doch nit züren,
ob ir eu werdt beküren
nach pollanischem sitt.

IV Her tragt den fürsten leise,
da mit er uns nicht felle
auf gottes ertereich!
Sein lob ich immer breise,
5 er macht uns freuden reich.
Ie ainr den andern weise!
wiert, schlipf nit auf dem eise,
wann es gat ungeleich.

V Hin slaffen well wir walzen.
nu fragt das hausdierelin,
ob es gebettet sei.

16

I Nun los, wir wollen schlafen.
   Hausknecht, jetzt zünd ein Licht an,
   denn es ist an der Zeit,
   damit wir nicht zu lange gaffen
 5 (den letzten hole der Teufel),
   daß dann etwa Laien, Mönche und Pfaffen
   zu unsern Weibern gehen –
   das gäb einen bösen Krach.

II Heb auf und laß uns trinken,
   daß wir uns nicht so schnell trennen
   von diesem guten Wein.
   Und wenn er uns die Haxen lähmt,
 5 rein müßte er doch.
   Herr Becher, laßt Euch grüßen!
   Wenn wir ins Bett hinken,
   macht uns das wenig aus.

III Jetzt gehn wir ganz ruhig zur Türe!
    Paßt auf, daß wir nicht torkeln
    mit schwankendem Schritt!
    Was kostet ein Fäßlein von dem Sauser?
  5 Herr Wirt, haltet mit!
    Wir werden doch nicht zürnen,
    wenn Ihr Euch übergebt,
    wie man's in Polen macht.

IV Tragt unsern Fürsten sanft einher,
   daß er uns nicht
   auf Gottes Erdreich wirft.
   Sein Lob will ich immer singen,
 5 er macht uns froh und glücklich.
   Einer soll den andern führen!
   Wirt, rutsch nicht aus auf dem Eis,
   da ist es holperig.

V Zum Schlafen wollen wir tapsen.
   Nun fragt das Hausmädchen,
   ob ihr das Bett gerichtet ist.

Das kraut hat si versalzen
5 darzu ain gueten brei.
Was soll wir darzue kalzen?
es was nicht wolgesmalzen.
der schäden waren drei.

Sie hat das Kraut versalzen
5 und einen guten Brei.
Was sollen wir viel drüber schimpfen?
Es war auch nicht gut geschmälzt,
so war es gleich dreimal verpatzt.

17 Ach senleiches leiden

17

I   Ach senleiches leiden,
     meiden, neiden, schaiden, das tuet we.
     besser wer versunken in dem se.
     Zart minnicleiches weib,
  5 dein leib   mich schreibt   und treibt   gen Josaphat.
     herz, muet, sin, gedank ist worden mat.
     Es schaid der tod,
     ob mir dein treu nicht helfen wil,
     aus grosser not;
 10 mein angst ich dir verhil.
     dein mündlein rot
     hat mir   so schir   mein gir   erwecket vil.
     des wart ich genaden an dem zil.

II   Mein herz in jamer vicht,
     erbricht. bericht   und slicht   den kummer jo!
     frau, schidlicher freuntschaft wart ich so
     Recht als der delephin,
  5 wenn in   der sinn   füert hin   zu wages grunt
     vor dem sturm, und darnach wirt erzunt
     Von sunnen glast,
     die im erkückt all sein gemüet.
     herzlieb, halt vast
 10 durch all dein weiplich güet!
     lass deinen gast
     nicht sterben,   serben,   werben   in unfrüet!
     in elenden pein ich tob und wüet.

III Mein haubt das ist beclait
     mit waffen,   slaffen,   straffen   die natur,
     das mich zwingt ain stund für tausent ur.
     Wenn ich mein lait betracht
  5 die nacht,   so wacht   mein macht   mit klainer kraft,
     und ich freuden ganz wird sigehaft.
     Mich niemant tröst,
     und ist mein leiden sicher gross.
     mein herz das wirt geröst
 10 mit manchem seuftenstoss.
     ach we, wann wirt erlöst
     mein trauren? tauren,   lauren   negt und posst,
     damit ich der sinn wird gar enplosst.

17

I   Ach schmerzliches Sehnen,
Meiden, Streiten, Abschiednehmen, das tut weh.
Besser wär im Meer versunken sein.
Liebe, liebenswerte Frau,
5   du verbannst mich, treibst mich fort nach Josaphat.
Herz, Fühlen, Sinnen, Denken sind mir matt geworden.
Es mag der Tod
aus großen Qualen mich erlösen,
wenn deine Treue mir nicht hilft.
10   Meine Angst verschweig ich dir.
Dein rotes Mündlein hat mir oft
so heftig mein Begehren erweckt;
von ihm erhoff ich endlich Gnade.

II   Mein Herz kämpft sich im Jammer ab,
es bricht. So ordne doch und glätte diese Pein!
Auf freundliche Schlichtung warte ich, Herrin,
ganz wie der Delphin,
5   wenn seine Klugheit ihn zum Grund des Meeres führt,
wenn Sturm aufzieht, doch nachher glüht er auf
im Glanz der Sonne,
die ihn im Innersten belebt.
Ach Liebste, bei all deiner weiblichen Güte:
10   bleib treu!
Laß den, der in dir wohnt,
nicht sterben, siechen, nicht in Trübsal leben!
Vom Schmerz des Fernseins werde ich verrückt und wild.

III   Mein Haupt ist ganz umhüllt
von Wehklag, Mattsein, Unterdrücken meines Triebs,
was mich in einer Stunde mehr als tausendmal bedrängt.
Wenn ich bei Nacht mein Leid bedenke,
5   erwacht meine Männlichkeit, will stark sein
und ist doch schwach, ich unterdrücke alle Lust.
Mich tröstet niemand,
und mein Leid ist wahrlich groß.
Geröstet wird mein Herz
10   und stößt nur Seufzer aus.
Ach, wann werd ich erlöst aus meinem Trauern?
Das Warten und das Harren nagt und stößt,
und dabei komm ich ganz von Sinnen.

18   Es fuegt sich, do ich was von zehen jaren alt

A 9rv. B 7rv

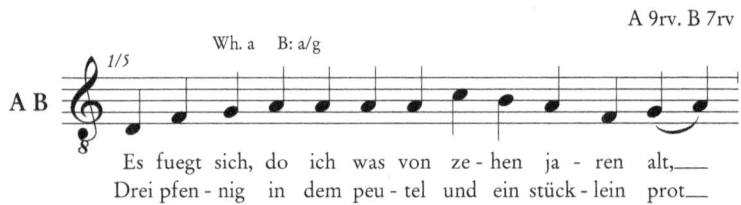

Es fuegt sich, do ich was von ze - hen ja - ren alt,
Drei pfen - nig in dem peu - tel und ein stück - lein prot

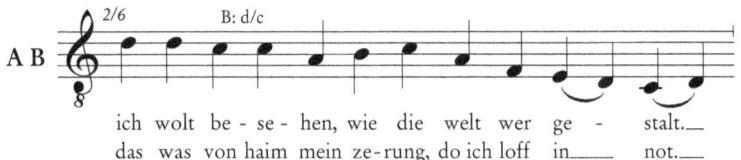

ich wolt be - se - hen, wie die welt wer ge - stalt.
das was von haim mein ze - rung, do ich loff in not.

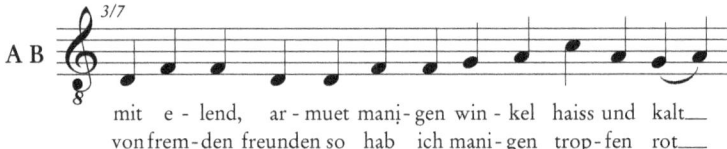

mit e - lend, ar - muet manị - gen win - kel haiss und kalt
von frem - den freunden so hab ich manị - gen trop - fen rot

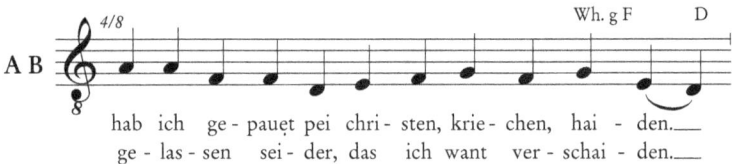

hab ich ge - pauet pei chri - sten, krie - chen, hai - den.
ge - las - sen sei - der, das ich want ver - schai - den.

Ich loff ze fuess mit swe - rer buess, bis das mir starb
Zwar ren - ner, koch so was ich doch und mar - stal - lär,

18

I   Es fuegt sich, do ich was von zehen jaren alt,
ich wolt besehen, wie die welt wer gestalt.
mit elend, armuet manigen winkel haiss und kalt
hab ich gepauet pei cristen, kriechen, haiden.
5 Drei pfennig in dem peutel und ein stücklein prot
das was von haim mein zerung, do ich loff in not.
von fremden freunden so hab ich manigen tropfen rot
gelassen seider, das ich want verschaiden.
Ich loff ze fuess   mit swerer buess,   bis das mir starb
10 mein vater zwar,   woll vierzen jar,   nie ross erwarb,
wann aines raupt, stal   ich halbs zumal   mit valber varb,
und des geleich schied ich davon mit laiden.
Zwar renner, koch   so was ich doch   und marstallär,
auch an dem rue-   der zoch ich zue   mir, das war swär,
15 in Kandia   und anderswa,   auch wider här.
vil maniger kittel was mein bestes klaide.

II   Gen Preussen, Littwan, Tartarei, Türkei, über mer,
gen Lampart, Frankreich, Ispaniam   mit zwaien küniges her
traib mich di minn auf meines aigen geldes wer,
Ruprecht, Sigmund, paid mit des adlers streifen.
5 Franzoisch, mörisch, katlonisch und kastilian,
teutsch, latein, windisch, lampertisch, reuschisch und roman,
di zehen sprach hab ich gebraucht, wann mir zeran;
auch kond ich fidlen, trummen, pauken, pheifen.
Ich hab umbfaren   insel und aren,   manig land
10 auf scheffen gross,   der ich genoss   von sturmes bant,
des hoch und nider   meres gelider   vast berant.
di Swarzensee lert mich ein vas begreifen,
Do mir zerprach   mit ungemach   mein wargatin
(ein koufman was ich),   doch genas ich   und kam hin,
15 ich und ein Reuss;   in dem gestreuss   haubtguet, gewin
das suecht den grunt, und swam ich zu dem reifen.

III   Ein künigin von Arragum, was schön und zart,
da für ich kniet, zu willen raicht ich ir den part,
mit hendlein weiss pant si darin ain ringlin zart
lieplich und sprach: ›non maiplus disligaides.‹
5 Von iren handen ward ich in die oren mein
gestochen durch mit ainem messen nädelein,

18

I Es fügte sich, als ich zehn Jahre alt war,
   da wollt ich sehen, wie die Welt aussieht.
   In Armut, Not, in manchen heißen, kalten Ecken
   hab ich seither gelebt, bei Christen, Griechen, Heiden.
 5 Drei Pfennige im Beutel und ein Stücklein Brot
   war meine Wegzehrung von daheim, als ich ins Elend lief.
   Von falschen Freunden hab ich manchen Tropfen Blut
   seither verloren, daß ich schon zu sterben meinte.
   Ich lief zu Fuß – das war eine Buße! –, bis mir mein Vater starb,
10 wohl vierzehn Jahre lang, nie kriegte ich ein
   Pferd, nur eines raubte, stahl ich mir – ein Falbe war's –,
   und auf die gleiche Weise wurde ich's mit Schaden los.
   Ja, ich war Laufbursch, Koch und Pferdemeister,
   auch an dem Ruder zog ich, das war schwer,
15 bis Kreta und bis sonstwohin und wieder zurück.
   Oft war ein Kittel mein bestes Kleidungsstück.

II Nach Preußen, Litauen, zur Tatarei, Türkei,
   übers Meer, zur Lombardei, nach Frankreich, Spanien mit zwei Königsheeren
   trieb mich die Liebe auf meine eignen Kosten
   und Ruprecht, Sigmund, beide mit dem Adlerzug.
 5 Französisch, Maurisch, Katalanisch, Kastilisch,
   Deutsch, Latein, Wendisch, Lombardisch, Russisch und Romanisch –
   diese zehn Sprachen mußte ich sprechen, wenn es Not war;
   auch konnte ich fiedeln, trompeten, pauken, pfeifen.
   Ich bin um Inseln, Buchten, viele Länder rumgefahren
10 auf großen Schiffen, die mich schützten vor der Macht des Sturms,
   dessen Rauf und Runter alle Meeresglieder angriff.
   Das Schwarze Meer lehrte mich ein Faß umklammern,
   als mir zu meinem Pech mein Schiff zerbrach
   (ich war Kaufmann), doch blieb ich heil und kam davon,
15 ich und ein Russe; in dem Gefecht fuhr alle Ware
   samt dem Gewinn zum Grund, ich aber schwamm ans Ufer.

III Eine Königin von Aragon, sehr schön und zart,
    vor der kniet' ich, ergeben bot ich meinen Bart ihr dar,
    mit weißen Händchen knüpfte sie ein Ringlein zart hinein,
    freundlich, und sprach: ›non maiplus disligaides.‹
  5 Auch wurden mir von ihrer Hand die Ohren
    durchstochen mit einer kleinen Messingnadel,

nach ir gewonet sloss si mir zwen ring dorein,
di trueg ich lang, und nennt man si raicades.
Ich suecht zu stund   künig Sigmund,   wa ich *in* vandt.
10 den munt er spreuzt   und macht ein kreucz,   do er mich kant.
der rueft mir schier: ›du zaigest mir   hie disen dant?‹
freuntlich mich fragt: ›tuent dir di ring nicht laides?‹
Weib und ouch man   mich schauten an   mit lachen so;
neun personir   künigklicher zier   di waren d*o*
15 ze Pärpian,   ir babst von Lun   genant Petro,
der römisch künig der zehent, und die von Praides.

IV   Mein tummes leben wolt ich verkeren, das ist war,
und ward ein halber bekhart woll zwai ganze jar.
mit andacht was der anfang sicherlichen zwar,
hett mir di minn das ende nicht erstöret.
5 Di weil ich rait und suechet ritterliche spil
und dienet zu willen ainer frauen, des ich hil,
die wolt mein nie genaden einer nussen vil,
bis das ein kutten meinen leib bedöret.
Vil manig ding   mir do gar ring   zu handen gieng,
10 do mich di kappen   mit dem lappen   umbefieng.
zwar vor und seit   mir nie kain mait   so wol verhieng,
di meine wort freuntlich gen ir gehöret.
Mit kurzer schnuer   di andacht fuer   zum gibel aus,
da ich di kutt   von mir do schutt,   in nebel raus.
15 seit hat mein leib   mit laidvertreib   vil manigen strauss
gelitten und ist halb mein freud erfröret.

V   Es wer zu lang, solt ich erzelen al mein not.
ja zwinget mich erst ein auserweltes mündlein rot,
da von mein herz ist wunt bis in den bittern tod.
vor ir mein leib hat manigen swaiss perunnen;
5 Dick rot und plaich hett sich verkert mein angesicht,
wann ich der zarten dieren hab genumen phlicht.
vor zittern, seufzen hab ich oft enphunden nicht
des leibes mein, als ob ich wer verprunnen.
Mit grossem schrick   so bin ich dick   zwaihundert meil
10 von ir gerost   und nie getrost   zu keiner weil.
kelt, regen, sne   tett nie so we   mit frostes eil,
ich prunne, wenn mich hitzt die lieben sunne.
Won ich ir pei,   so ist unfrei   mein mitt und mass,
von meiner frauen   so muess ich pauen   elende strass

nach ihrer Sitte schloß sie mir zwei Ringlein hinein,
die hab ich lang getragen, man nennt sie raicades.
Alsbald ging ich zu König Siegmund, wo er grade war.
10 Er verzog den Mund und schlug ein Kreuz, als er mich erkannte.
Er rief sogleich: ›Was zeigst du mir denn da für Tand?‹
Und fragte freundlich: ›Tun die Ringe dir nicht weh?‹
Die ganze Gesellschaft betrachtete mich da lachend;
da waren neun Persönlichkeiten königlichen Rangs
15 in Perpignan, ihr Papst namens Petrus von Luna,
der römische König der zehnte, dazu die Frau von Prades.

IV Mein törichtes Leben wollte ich ändern, das ist wahr,
und wurde ein halber Begarde zwei ganze Jahre lang.
Der Anfang war zwar ehrlich voller Frömmigkeit,
hätt nur die Liebe nicht das Ende mir verwirrt.
5 Solang ich ritt und Ritterwesen suchte und ergeben
einer Dame diente, die ich hier nicht nennen will,
da wollte die mir keine Nußschale voll Gunst gewähren,
bis endlich eine Kutte mich zum Narren machte.
Da fiel dann manches leicht mir zu,
10 als mich die Kotze mit den Zipfeln kleidete.
Gewiß war nie zuvor und nie danach ein Mädchen so
zugänglich, wenn ich freundlich mit ihr redete.
Die Andacht fuhr schnurstracks durchs Giebelloch,
als ich die Kutte von mir schüttelte, in den Nebel raus.
15 Seither hab ich ums Leidvertreiben so manchen Kampf
erlitten und ist meine Freude fast erfroren.

V Es wär zu lang, wollt ich all meine Not erzählen.
Noch überwältigt mich jedoch ein edler roter Mund,
von dem mein Herz zum bittern Tod verwundet ist.
In ihrer Gegenwart ist oft der Schweiß mir ausgebrochen;
5 oft bin ich im Gesicht erst rot, dann blaß geworden,
wenn ich dem schönen Mädchen mich zuwandte,
vor Zittern, Seufzen hab ich oft den eigenen Leib
nicht mehr gespürt, als wär ich ausgebrannt.
Oft bin ich voll Entsetzen von ihr fortgerannt,
10 zweihundert Meilen weit, und schöpfte niemals Hoffnung.
Frost, Regen, Schnee, sie schmerzten mich nie so mit jäher Kälte,
daß ich nicht glühte, erhitzt von der Geliebten Sonne.
Bin ich bei ihr, bin ich unfrei, ohne Mitte, ohne Maß.
Wegen meiner Herrin muß ich fremde Wege ziehen

15 in wilden rat,   bis das genad   lat iren hass.
und hulf mir die, mein trauren käm zu wunne.

VI Vierhundert weib und mer an aller manne zal
vand ich ze Nio, di wonten in der insel smal,
kain schöner pild besach nie mensch in ainem sal,
noch mocht ir kaine disem weib geharmen,
5 Von der ich trag auf meinem ruck ain swäre hurd.
ach got, wesst si *doch halbe* meines laides burd,
mir wär vil dester ringer oft, wie we mir wurd,
und hiet geding, wie es ir müest erbarmen,
Wenn ich in elend   dick mein hend   oft winden muess.
10 mit grossem leiden   tuen ich meiden   iren gruess,
spat und ouch frue   mit kainer rue   so slaff ich suess,
das clag ich iren zarten weissen armen.
Ir knaben, maid,   bedenkt das laid,   di minne phlegen,
wi wol mir ward,   do mir di zart   pot iren segen.
15 zwar auf mein er   wesst ich nicht mer   ir wider gegen.
des muess mein aug in zächern dick erwarmen.

VII Ich han gelebt wol vierzig jar leicht minner zwai
mit toben, wüeten, dichten, singen manicherlai,
es wer wol zeit, das ich meines aigen kindes geschrai
elichen hort in ainer wiegen gellen.
5 So kan ich der vergessen nimmer ewikleich,
di mir hat geben muet auf disem erdereich.
in aller [ ] werld kunt ich nicht finden iren gleich.
auch fürcht ich ser elicher weibe bellen.
In urtail, rat   vil weiser hat   geschätzet mich,
10 dem ich gevallen   han mit schallen   liederlich.
ich Wolkenstain   leb sicher klain   vernünftiklich,
das ich der werlt also lang beginn zu hellen
Und wol bekenn,   ich waiss nicht, wenn   ich sterben sol,
das mir nicht scheiner   volgt wann meiner   werkhe zol.
15 het ich dan got   zu seim gepot   gedienet wol,
so forcht ich klain dort haisser flammen wellen.

15 dorthin, wo Hilfe fern ist, bis Gnade läßt vom Haß.
    Wenn die mir hülfe, würde mein Leid zu Wonne.

VI Vierhundert Frauen oder mehr, ganz ohne einen Mann,
    hab ich gesehn zu Ios, sie wohnten auf der kleinen Insel.
    Niemand hat je in einem Saal ein schöneres Bild erblickt.
    Doch ihrer keine konnte dieser Frau etwas nehmen,
 5 von der ich eine schwere Kräxe auf dem Rücken trage.
    Ach Gott, wenn sie doch nur die Hälfte meiner Leidensbürde wüßte,
    so wär mir oft viel leichter in all dem Schmerz,
    und ich könnte hoffen, daß es sie erbarmte,
    wenn ich oft fern von ihr die Hände ringen muß.
10 Mit großem Leid entbehr ich ihren Gruß, und ruhelos
    kann ich nicht spät noch früh sanft schlafen,
    das klag ich ihren zarten weißen Armen.
    Ihr Burschen, Mädchen, die ihr liebt, bedenkt mein Leid,
    denkt, wie mir wurde, als die Liebste mir den Segen gab!
15 Ich wußte ehrlich nicht, ob ich sie jemals wiedersähe,
    davon muß oft mein Auge heiß von Tränen werden.

VII Fast vierzig Jahre hab ich gelebt – zwei fehlen noch –
    mit Tollsein, Rasen, Dichten, Singen mancherlei,
    es wäre Zeit, daß ich das Schreien meines eignen Kinds
    im Ehestand aus einer Wiege gellen hörte.
 5 Doch kann ich nie und nimmer die vergessen,
    die mir in diesem Leben Herz und Mut geschenkt hat.
    In aller Welt konnt ich nicht ihresgleichen finden.
    Auch fürcht ich sehr das Keifen von Ehefrauen.
    Zu Rat und Urteil haben mich viele kluge Leute beigezogen,
10 denen ich mit leichtfertigen Singen gefallen hatte.
    Ich Wolkenstein leb ohne Zweifel wenig vernünftig,
    daß ich so lang ins Lied der Welt einstimme,
    und sehe doch, daß ich nicht weiß, wann ich sterben muß,
    daß mir nichts Besseres folgt als der Lohn meiner Werke.
15 Hätt ich dann Gott gedient nach seinem Gebot,
    so müßt ich dort nicht fürchten heißer Flammen Wallen.

19 Rot, weiss ain frölich angesicht

A 43v

Rot, weiss ain frö - lich an - ge - sicht,
Da - rinn ain münd - lin ro - sen - var,

em - plösst aus swar - zer far - be klaid,
smie - lisch mit zend - lin weiss be - steckt,

ain klain ver - dackt der stie - ren slicht
ver - leucht von swar - zen öug - lin klar:

mit ai - nem schlai - er - lin ge - mait,
die mei - nem her - zen freu - den weckt,

durch - sich - tik - lich ge - schit - tert,
das es do - rinn er - zit - tert,

Refrain

frö - li - chen kit - tert. Ir,

ir wort, ge - pär - ringt mir die swär,

19

I Rot, weiss ain frölich angesicht,
emplösst aus swarzer farbe klaid,
ain klain verdackt der stieren slicht
mit ainem schlaierlin gemait,
5 durchsichtiklich geschittert,
Darinn ain mündlin rosenvar,
smielisch mit zendlin weiss besteckt,
verleucht von swarzen öuglin klar:
die meinem herzen freuden weckt,
10 das es dorinn erzittert,
frölichen kittert.
    Ir wort, gepär   ringt mir die swär,
    wenn ich das aigenlich beschau,
    darzue ir jugent,   freuntlich tugent
15   mit schallen, schimpfen   pringt gelimpfen.
    des freu dich, aller liebste frau!

II Wie wol gedenk mich lan unfrei,
so tar ich doch gesprechen nicht,
dieselbig forcht mir wonet bei.
neur dester wirser mir beschicht,
5 das ich die teutsch sol meiden.
Darzue üebt mich mein grobe art,
das ich so selden wirt getröst.
von nöten greiset mir der bart.
seid mein herz senlich wirt geröst,
10 gar dick mit grossem leiden
muess ich das reiden.
    Ir wort, gepär   ringt mir die swär,
    wenn ich das aigenlich beschau,
    darzue ir jugent,   freuntlich tugent
15   mit schallen, schimpfen   pringt gelimpfen.
    des freu dich, aller liebste frau!

III *K*ündlichen sehen, klaine sprach,
und wer die teutsch nicht wil verstan,
das pringt dick ainem ungemach,
das er sein not nicht werben kan.
5 des muess ich oft engelten.
    Mit eren, auserweltes M,

19

I   Ein heiteres Antlitz, rot und weiß,
blickt aus dem schwarzen Kleid hervor,
die Ebene der Stirn ein wenig überdeckt
von einem hübschen Schleierlein,
5 das durchbrochen ist, so daß man hindurchsehen kann;
ein rosenfarbnes Mündlein,
geschmückt mit weißen Zähnchen, wenn es lächelt,
wird überstrahlt von blanken schwarzen Äuglein:
Das ist, die meinem Herzen Freude weckt,
10 daß es hier drin zu hüpfen beginnt
und fröhlich jauchzt.
    Wie sie redet, sich bewegt, erleichtert mir,
    was schwer ist, wenn ich es betrachte und bedenke,
    und ihre Jugend, ihre Liebenswürdigkeit,
15   ihr Singen, Scherzen ist mir eine Lust.
    Wohl dir, du allerliebste Frau!

II   Wiewohl Gedanken mich bedrängen,
so wage ich doch nicht zu sprechen,
so sehr bin ich von Scheu erfüllt.
Es wird mir immer schwerer zumute,
5 wenn ich's nicht schaffe, deutsch zu reden.
Dann plagt es mich in meinem groben Wesen,
daß ich so selten Zuspruch finde.
Mein Bart wird grau bei solcher Not,
da mir das Herz geröstet wird im Sehnen,
10 und oft vor lauter Schmerz
dreht sich's mir um im Leib.
    Wie sie redet, sich bewegt, erleichtert mir,
    was schwer ist, wenn ich es betrachte und bedenke,
    und ihre Jugend, ihre Liebenswürdigkeit,
15   ihr Singen, Scherzen ist mir eine Lust.
    Wohl dir, du allerliebste Frau!

III   Sich wohl zu kennen und doch nicht zu sprechen,
weil man's nicht fertig bringt, auf Deutsch zu reden,
mag einen wohl in Nöte bringen,
wenn man sein Anliegen nicht vorbringen kann.
5 An solchem Zustand leid ich oft.
Du bist mir, auserwähltes M,

liebst du mir in meins herzen grund.
dein stolzer leib mich nicht enklemm,
der mag mir freude machen kund.
10 so gar an alles melden
tet ich es selden.
  Ir wort, gepär ringt mir die swär,
  wenn ich das aigenlich beschau,
  darzue ir jugent, freuntlich tugent
15   mit schallen, schimpfen pringt gelimpfen.
  des freu dich, aller liebste frau!

in Ehren lieb im Herzensgrund.
Nun martere mich nicht in deiner stolzen Schönheit!
Du kannst mich Freude erfahren lassen.
10 So gar nicht reden zu können,
das habe ich noch nie erlebt.
    Wie sie redet, sich bewegt, erleichtert mir,
    was schwer ist, wenn ich es betrachte und bedenke,
    und ihre Jugend, ihre Liebenswürdigkeit,
15   ihr Singen und ihr Scherzen ist mir eine Lust.
    Wohl dir, du allerliebste Frau!

20 Ain tunkle farb in occident

20

I   Ain tunkle farb   in occident
mich senleichen erschrecket,
seid ich ir darb   und lig ellend
des nachtes ungedecket.
5 Die mich zu fleiss   mit ermlein weiss   und hendlein gleiss
kan fröleich zu ir smucken,
die ist so lang,   das ich von pang   in dem gesang
mein clag nicht mag verdrucken.
Von strecken   krecken   mir die pain,
10 wenn ich die lieb beseufte,
die mir   mein gir   neur went allain
darzu meins vatters teuchte.

II   Durch winkenwankh   ich mich verker
des nachtes ungeslaffen.
gierleich gedankh   mir nahent ferr
mit unhilflichem waffen.
5 Wann ich mein hort   an seinem ort   nit find alldort,
wie offt ich nach im greife,
so ist neur, ach,   mit ungemach   feur in dem tach,
als ob mich prenn der reife.
Und winden,   pinden   sunder sail
10 tuet si mich gar gen tage.
ir mund   all stund   weckt mir die gail
mit seniclicher clage.

III   Also vertreib   ich, liebe Gret,
die nacht piss an den morgen.
dein zarter leib   mein herz durchget,
das sing ich unverporgen.
5 Chum, höchster schatz   mich schreckt ain ratz   mit grossem tratz,
davon ich dick erwache,
die mir kain rue   lat spat noch frue,   lieb, darzu tue,
damit das bettlin krache.
Die freud   geud   ich auf hohem stuel,
10 wenn daz mein herz bedenket,
und mich   hoflich   mein schöner puel
gen tag freuntlichen schrenket.

20

I   Die Dunkelheit im Westen
schreckt mich mit Liebessehnen,
da sie mir fehlt und ich einsam liege
bei Nacht, bloß und verlassen.
5   Die unermüdlich mich mit hellen Armen, schimmernden Händen
lustvoll an sich schmiegen kann,
die ist so fern, daß ich vor Angst in meinem Lied
das Klagen nicht unterdrücken kann.
Vom Wälzen knacken mir die Glieder,
10   wenn ich nach der Lieben seufze,
die allein mir mein Verlangen stillen kann
und auch den Krampf meiner Lenden.

II   Ich wälze, werfe mich hin und her
des Nachts und kann nicht schlafen.
Verlangende Gedanken dringen aus der Ferne
unwiderstehlich mächtig auf mich ein.
5   Wenn ich dann meinen Schatz nicht finde dort
an seinem Platz, sooft ich auch nach ihr greife,
so ist bei mir, ach große Plage, Feuer im Dach,
als ob der Frost mich brennte.
Dann fesselt sie mich ohne Seil
10   und quält mich bis zum Morgen.
Ihr Mund weckt immer wieder mir den Trieb
mit Sehnen und mit Schmerz.

III   So, liebe Gret, verbringe ich
die Nacht bis gegen Morgen.
Dein lieber Körper geht mir durch das Herz,
das singe ich vor allen Leuten.
5   Komm, höchstes Gut! Mich schreckt eine Ratte und neckt mich bös,
so daß ich oft davon erwache;
sie läßt zu keiner Stunde mich in Ruhe.
Sieh zu, mein Lieb, daß unser Bettlein kracht.
Vor Freude juble ich, fühl mich auf einem Thron,
10   wenn ich im Herzen mir ausmale,
wie mich mein schönes Lieb mit feinem Anstand
am Morgen liebevoll umarmt.

21 Wol auf, wol an

A 35r. B 31r

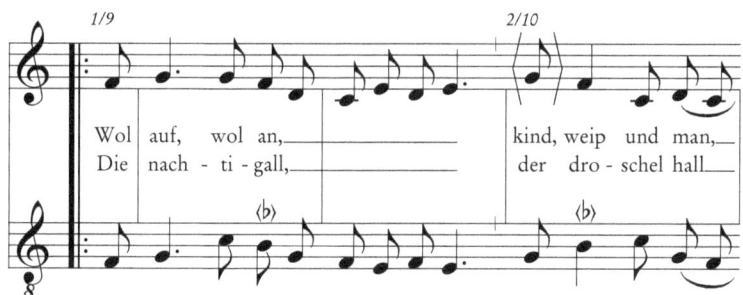

Wol auf, wol an, kind, weip und man,
Die nach-ti-gall, der dro-schel hall

seit wol-ge-muet, frisch, frö-lich, fruet!
perg, au er schel-let. zwai ge-sel-let

seit ...
perg ...

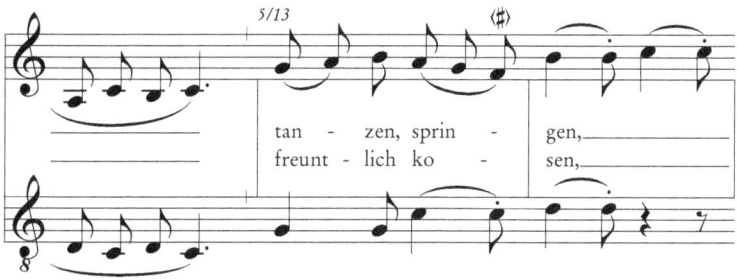

tan - zen, sprin - gen,
freunt - lich ko - sen,

126 — Die Lieder

21

I Wol auf, wol an,
kind, weip und man,
seit wolgemuet,
frisch, frölich, fruet!
5 tanzen, springen,
harpfen, singen
gen des zarten
maien garten   grüene!
Die nachtigall,
10 der droschel hall
perg, au erschellet.
zwai gesellet
freuntlich kosen,
haimlich losen,
15 das geit wunne
für die sunne   küene.
Amplick herte,
der geferte
soll wir meiden
20 von den weiben   ungestalt.
Mündlin schöne,
der gedöne
mach uns höne   manigvalt.

II Raucha, steudli,
lupf dich, kreudli!
in das bedli,
Ösli, Gredli!
5 pluemen plüede
went uns müede.
laubes decke
rauch bestecke,   Metzli!
Pring den putren!
10 lass uns kuttren:
›wascha, maidli,
mir das schaidli!‹
›reib mich, knäbli,
umb das näbli!
15 hilfst du mir,
leicht vach ich dir   das retzli.‹

21

I   Nun auf, nur zu!
    Seid allesamt
    nun guter Dinge,
    frisch, fröhlich, munter!
 5 Tanzen wollen wir und springen,
    harfen, singen
    zum Willkommen für das Grün
    des lieblichen Maiengartens.
    Die Nachtigall
10 und der Gesang der Drossel,
    sie tönen durch Berg und Au.
    Zu zweien gesellt
    verliebt zu plaudern,
    heimlich zu kosen,
15 das erquickt und freut
    noch mehr als die kräftige Sonne.
        Dem finstren Gesicht
        der häßlichen Frauen
        laßt uns aus dem Weg gehn,
20   das wollen wir meiden.
        Aus schönen Mündchen
        etwas zu hören,
        das soll uns keck und fröhlich machen.

II Belaub dich, Büschlein,
    erheb dich, Kräutlein!
    Hinein ins Bad,
    Oswald und Grete!
 5 Blumenblüten
    vertreiben uns die Müdigkeit.
    Mätzli, steck ein Dach
    von dichtbelaubten Zweigen auf!
    Bring den Bottich!
10 Laß uns gurren:
    ›Wasch mir das Scheitlein,
    Mädchen!‹
    ›Reib mich, Bub,
    ums Nabelchen!
15 Wenn du mir hilfst,
    fang ich vielleicht dein Rätzlein.‹

>   Amplick herte,
>   der geferte
>   soll wir meiden
> 20   von den weiben   ungestalt.
>   Mündlin schöne,
>   der gedöne
>   mach uns höne   manigvalt.

III　Ju heia hai,
　　　zierlicher mai,
　　　scheub pfifferling,
　　　die mauroch pring!
　5　 mentsch, laub und gras,
　　　hiers, tier, den has
　　　hast du erfreut,
　　　die welt durch*s*treut   grüenleichen.
　　　Und was der winder
　10　ser hinhinder
　　　in die mauer
　　　tiefer lauer
　　　het gesmogen,
　　　ser betrogen,
　15　die sein erlöst,
　　　mai, de*in ge*tröst   fröleichen.
>   Amplick herte,
>   der geferte
>   soll wir meiden
> 20   von den weiben   ungestalt.
>   Mündlin schöne,
>   der gedöne
>   mach uns höne   manigvalt.

   Dem finstren Gesicht
   der häßlichen Frauen
   laßt uns aus dem Weg gehn,
20 das wollen wir meiden.
   Aus schönen Mündchen
   etwas zu hören,
   das soll uns keck und fröhlich machen.

III Juchheißa hei,
  du köstlicher Mai,
  laß Pfifferlinge wachsen,
  bring die Morcheln raus!
 5 Du hast Menschen, Laub und Gras,
  Hirsch und Hinde und den Hasen
  froh gemacht,
  die ganze Welt mit Grün bestreut.
  Und was der Winter
10 ganz hinten hinein
  ins Gemäuer
  zu langem Warten
  weggedrängt hatte
  und um Freude betrogen,
15 das ist jetzt, Mai, durch dich
  zu fröhlichem Hoffen befreit.
   Dem finstren Gesicht
   der häßlichen Frauen
   laßt uns aus dem Weg gehn,
20 das wollen wir meiden.
   Aus schönen Mündchen
   etwas zu hören,
   das soll uns keck und fröhlich machen.

22 Ain anefangk

A 1r. B 1r

Ain anefangk
Des bin ich krank
an göt-lich forcht die leng und kran-ker gwis-sen
an mei-ner sel, zwar ich ver-clag mein ster-ben
und der von sün-den swan-ger ist,
und bitt dich, jung-frau sand Ka-threin,
das sich all mai-ster flis-sen,
tue mir ge-nad er-wer-ben
an got, a-lain mit ho-hem list,
dort ze Ma-ri-e kin-de-lein,

22

I   Ain anefangk
an götlich forcht die leng und kranker gwissen
und der von sünden swanger ist,
das sich all maister flissen,
5 an got, allain mit hohem list,
noch möchten sie das end nicht machen guet:
Des bin ich krank
an meiner sel, zwar ich verclag mein sterben
und bitt dich, jungfrau sand Kathrein,
10 tue mir genad erwerben
dort ze Marie kindelein,
das es mich haben well in seiner huet.
Ich dank dem herren lobesan,
das er mich also grüesst,
15 mit dem ich mich versündet han,
das mich das selbe püesst.
da bei ain jeder sol versten,
das lieb an laid die leng nicht mag ergen.

II   Ain frauen pild,
mit der ich han mein zeit so lang vertriben,
wol dreuzehen jar und dennoch mer
in treuen stät beliben
5 zu willen nach irs herzen ger,
das mir kain mensch auf erd nie liebers ward –
Perg, holz, gevild
in manchem land, des ich vil han erriten,
und ich der gueten nie vergass;
10 mein leib hat vil erliten
nach ir mit seniklichem hass,
ir roter munt hett mir das herz verschart.
Durch si so han ich vil betracht
vil lieber hendlin loss:
15 in freuden sie mir manig nacht
verlech ir ermlin bloss –
mit trauren ich das überwint,
seit mir die pain und arm beslagen sind.

III   Von liebe zwar
hab wir uns dick offt laides nicht erlassen,

22

I   Ein Anfang
lange ohne Gottesfurcht, mit stumpfem Gewissen
und schwanger von Sünden –
wenn alle Meister sich bemühten,
5 sie könnten ohne Gott, allein, mit aller Weisheit
doch nicht das Ende gut machen.
Von solchem Anfang bin ich krank
an meiner Seele, ja ich klage, daß ich sterben muß,
und bitte dich, heilige Jungfrau Katharina,
10 erwirb du mir
dort bei Mariens Kindlein Gnade,
daß es in seinem Schutz mich halten wolle!
Ich danke dem Herrn (er sei gepriesen),
daß er sich in der Weise mir zuwendet,
15 daß das, womit ich gesündigt habe,
jetzt auch das ist, womit ich büße.
Daran mag jedermann erkennen,
daß Liebe nicht auf Dauer ohne Leid bestehen kann.

II   Eine Frau,
mit der ich meine Zeit so lang vertan habe,
dreizehn Jahre lang und mehr,
beständig ihr in Treue ergeben,
5 ganz so, wie sie es wollte,
so daß auf Erden ich nie jemand lieber hatte –
Gebirge, Wald und freies Feld
in manchem Land, die hab ich oft durchritten,
doch diese liebe Frau vergaß ich nie;
10 ich habe viel gelitten
aus zorniger Sehnsucht nach ihr.
Ihr roter Mund hatte mir das Herz verwundet.
Nun hab ich ihretwegen viel nachgedacht
über das Schicksal von lieben Händen:
15 In vielen freudevollen Nächten
hat sie mir ihre bloßen Arme geschenkt –
darüber komm ich jetzt mit Trauern weg,
seit meine Beine und Arme in Ketten liegen.

III   Aus Liebe, gewiß,
haben wir uns oft schon Leid angetan,

und wart die lieb nie recht entrant,
seit das ich lig unmassen
5 gefangen ser in irem pand.
nu stet mein leben kränklich auf der wag.
Mit haut und har
so hat mich got swärlich durch si gevellet
von meiner grossen sünden schein,
10 des bin ich übersnellet.
si geit mir buess und senlich pein,
das ich mein not nicht halbs betichten mag.
Vor ir lig ich gepunden fast
mit eisen und mit sail.
15 mit manchem grossen überlast
si mir enphrempt die gail.
o herr, du kanst wol richten sain,
die zeit ist hie, das du mich besserst rain.

IV Kain weiser man
mag sprechen icht, er sei dann unvernünftig,
das er den weg icht wandern well,
der im sol werden künftig;
5 wann die zeit bringt glück und ungevell,
und pschaffen ding für war ward nie gewandt.
Des sünders pan
die ist so abenteuerlich verrichtet
mit manchem hübschen kluegen latz,
10 kain maister das voltichtet
wan got, der jedem sein gesatz
wäglichen misst mit seiner hailigen hant.
Er eifert mann und freuelein,
auch alle creatur:
15 er wil der liebst gehaben sein
in seiner höchsten kur.
wer das versaumpt, des sünd gereift;
er hengt im nach, bis in ain latz begreifft.

V Lieb ist ain wort
ob allem schatz, wer lieb nützleich verpringet.
lieb überwintet alle sach,
lieb got den herren twinget,
5 das er dem sünder ungemach
verwent und geit im aller freuden trost.

   und niemals wurde die Liebe ganz zerrissen,
   auch nicht, seit ich in unerhörter Weise
  5 in ihren Fesseln gefangen liege.
   Nun schwebt mein Leben unsicher auf der Waage.
   Mit Haut und Haar hat Gott
   mich ihretwegen schwer belastet fallen lassen,
   weil er meine großen Sünden sah.
  10 So ist die andere Waagschale hochgeschnellt.
   Sie legt mir Buße auf und Qual des Sehnens,
   daß ich meine Not nicht halb aussprechen kann.
   Vor ihr lieg ich da, fest gebunden
   mit Eisenschellen und mit Stricken.
  15 Durch übergroße Beschwernisse
   hält sie die Freude von mir fern.
   O Herr, du weißt beim Richten zuzuwarten,
   jetzt ist die Zeit, da du mich durch Buße reinigst.

IV Kein vernünftiger Mensch
   kann, wenn er nicht von Sinnen ist, behaupten,
   er werde den Weg nicht betreten,
   der künftig seiner sein soll;
  5 denn die Zeit bringt Glück und Unheil,
   und Vorbestimmtes ist gewiß noch nie vermieden worden.
   Der Weg des Sünders
   ist so unvorhersehbar
   mit vielen feinen, passenden Schlingen eingerichtet.
  10 Kein Meister kann's zu Ende denken oder dichten,
   nur Gott, der jedem seinen Anteil
   abwägend zumißt mit seiner heiligen Hand.
   Er achtet eifersüchtig auf Mann und Mädchen
   und alle Kreatur:
  15 Er selbst will am meisten geliebt werden
   in seiner höchsten Freiheit.
   Wer das versäumt, dessen Sünde reift heran.
   Gott läßt ihn laufen, bis eine Schlinge ihn erfaßt.

V Liebe ist ein Wort, teurer als alle Schätze,
   wenn einer Liebe ersprießlich übt.
   Liebe überwindet alles,
   Liebe zwingt Gott den Herrn,
  5 daß er vom Sünder Pein abwendet
   und ihm Hoffnung auf alle Freuden gibt.

Lieb, süesser hort,
wie hastu mich unlieblichen geplendet,
das ich mit lieb dem nie fergalt,
10 der seinen tod volendet
durch mich und manchen sünder kalt.
des wart ich hie in grosser sorgen rost.
Het ich mein lieb mit halbem fueg
got nützleich nach verzert,
15 die ich der frauen zärtlic*h* trueg,
die mir ist also hert,
so füer ich wol an alle sünd.
o weltlich lie*b*, wie swer sind deine pün*d*.

VI Erst reut mich ser,
das ich den frävenlichen han erzürnet,
der mir so lang gebitten hat,
und ich mich nie enthürnet
5 von meiner grossen missetat.
des wurden mir fünf eisenein lätz berait:
Nach seiner ger
so viel ich in die zwen mit baiden füessen,
in ainen mit dem tenken arm,
10 mein taumen muesten büessen,
ain stahelring den hals erwarb;
der wurden fünf, als ich vor han gesait.
Also hiels mich die guet zu fleiss
mit manchem herten truck.
15 ach husch der kalten ermlein weiss!
unlieblich was ir smuck.
was ich ir klag meins herzen laid,
ir barmung ist mit klainem trost berait.

VII Mein herz das swint
in meinem leib und pricht von grossen sorgen,
wann ich bedenk den bittern tod
den tag, die nacht, den morgen
5 – ach we der angestlichen not –
und waiss nit, wo mein arme sel hin fert.
O Maria kind,
so ste mir Wolkenstainer bei in nöten,
da mit ich far in deiner huld.
10 hilf allen, die mich töten,

Liebe, du köstliches Gut,
wie hast du mich lieblos geblendet,
daß ich dem nie mit Liebe dankte,
10 der seinen Tod durchlitten hat
für mich und viele kalten Sünder.
Drum lieg ich hier im Feuerofen großer Ängste.
Hätt ich meine Liebe nur halbwegs richtig
zu meinem Heil auf Gott verwendet,
15 statt sie zärtlich für diese Frau zu hegen,
die so hart zu mir ist,
so könnt ich leicht und ohne Sünde sterben.
Ach, weltliche Liebe, wie schwer sind deine Fesseln!

VI Nun erst reut es mich bitter,
daß ich mutwillig den erzürnt hab,
der doch so lang auf mich gewartet hat,
und daß ich nie die Hörner meines großen Unrechts
5 abgeworfen habe.
Dafür sind nun fünf Eisenschlingen mir bereitet worden:
Nach seinem Willen
bin ich in zwei mit meinen beiden Füßen gefallen,
in eine mit dem linken Arm,
10 meine Daumen mußten büßen,
ein Stahlring hat den Hals ergriffen.
So wurden's fünf, wie schon gesagt.
So hat die Gute eifrig mich umarmt
mit manchem harten Druck.
15 Ach husch, die kalten weißen Ärmchen!
Nicht liebevoll war's, wie sie sich anschmiegten.
Soviel ich ihr auch klage, was mein Herz beschwert,
Erbarmen zeigt sich nicht und wenig Hoffnung.

VII Das Herz vergeht mir
im Leib und bricht vor großer Furcht,
wenn ich den bittern Tod bedenke
bei Tag, bei Nacht, am Morgen
5 – ach diese Qualen der Angst –
und ich nicht weiß, wohin meine arme Seele fährt.
O Kind Mariens,
steh mir, dem Wolkensteiner, bei in Not,
daß ich in deiner Huld hinfahre.
10 Hilf allen, die mich töten,

das sie gebüessen hie ir schuld,
die si an mir begangen haben hert.
Ich nim es auf mein sterben swär,
so swer ich doch genueg,
15 das ich der frauen nie gefär
von ganzem herzen trueg.
schaid ich also von diser welt,
so pitt ich got, das si mein nicht engelt.

daß sie noch hier ihre Schuld abbüßen dürfen,
die sie so hart an mir begangen haben.
Ich nehme es auf mein schweres Sterben
(damit beteuere ich's doch genugsam),
15 daß ich von ganzem Herzen dieser Frau
nie etwas Böses wollte.
Wenn ich nun so aus dieser Welt hinscheide,
so bitt ich Gott, daß sie für mich nicht Strafe leide.

23 Es nahent gein der vasennacht

A 23r. B 26r

Es na - hent gein der va - sen - nacht,

des sol wir gail und frö - lich sein.

ie zwai und zwai ze - sa - men tracht

recht als die zar - ten däu - be - lein!

Doch han ich mich gar schon ge - selt zu mei - ner kruk - ken,

die mir mein puel hat aus - der - welt für lieb - lich ruk - ken.

Refrain
B: E

Und ich die kruck vast an mich zuck,

freunt - li - chen un - der das üech - sen smuck,

Ich gib ir man - chen her - ten truck, das sie muess ker - ren.

wie möcht mir gein der va - sen - nacht

noch bas ge - wer - ren? Ple - he, nu lat eur pler - ren!

23

I   Es nahent gein der vasennacht,
     des sol wir gail und frölich sein.
     ie zwai und zwai zesamen tracht
     recht als die zarten däubelein!
  5 Doch han ich mich gar schon geselt
     zu meiner krucken,
     die mir mein puel hat ausderwelt
     für lieblich rucken.
         Und ich die kruck   vast an mich zuck,
10   freuntlichen under das üechsen smuck,
        Ich gib ir manchen herten truck,
        das sie muess kerren.
         wie möcht mir gein der vasennacht
         noch bas gewerren?
15   Plehe, nu lat eur plerren!

II   Seint das die wilden voglin sind
     gezwait jed schon an allen neit,
     wes wolten dan die zamen kind
     nu feiern gein der lieben zeit
  5 Mit halsen, küssen ain schönes weib?
     smutz, la dich niessen!
     haimlich*en* brauch dein jungen leib
     an alles verdriessen!
         Und ich die kruck   vast an mich zuck,
10   freuntlichen under das üechsen smuck,
        Ich gib ir manchen herten truck,
        das sie muess kerren.
         wie möcht mir gein der vasennacht
         noch bas gewerren?
15   Plehe, nu lat eur plerren!

III   Die vasennacht und d*es* maien wat
     die pheifen vast aus ainem sack.
     was sich das jar verborgen hat,
     das tuet sich eugen an den tag.
  5 Doch hett mein frau ir tück gespart
     mit valschem winken
     all gein dem herbest. ich schrau ir vart,
     seid ich muess hinken.

23

I   Jetzt kommt schon bald die Fastnacht,
    da sollten wir fröhlich und lustig sein.
    Je zwei und zwei sollen sich zusammenfügen
    so wie die zärtlichen Täubchen.
 5 Ich aber hab mich gar hübsch gesellt
    zu meiner Krücke,
    die sich mein Schatz für mich ausgedacht hat
    statt Liebesruckeln.
        Wenn ich die Krücke fest an mich ziehe,
10   sie zärtlich unter die Achsel
        schmiege, dann drücke ich sie oft so fest,
        daß sie knarren muß.
        Was könnte mich in der Fastnachtszeit
        noch besser ärgern?
15 Bläh, nun laßt euer Blöken!

II Da nun die wilden Vöglein alle
    sich haben gepaart ganz ohne Streit,
    was sollten da die nicht so wilden jungen Leute
    nun träge sein in dieser Freudenzeit,
 5 ein schönes Weib zu umarmen, zu küssen?
    Schmatz, laß dich kosten!
    Schön heimlich genieß deinen jungen Leib,
    ganz unbeschwert!
        Wenn ich die Krücke fest an mich ziehe,
10   sie zärtlich unter die Achsel
        schmiege, dann drücke ich sie oft so fest,
        daß sie knarren muß.
        Was könnte mich in der Fastnachtszeit
        noch besser ärgern?
15 Bläh, nun laßt euer Blöken!

III Die Fastnacht und der grüne Mai,
    die pfeifen aus dem selben Sack:
    Was sich übers Jahr verborgen hatte,
    das kommt hervor und zeigt sich dem Tag.
 5 Nur meine Dame hat ihre Tücke
    mit falschen Gesten versteckt bis zum Herbst.
    Ich schreie hinaus, wie sie's treibt,
    denn ich muß hinken.

Und ich die kruck   vast an mich zuck,
10 freuntlichen under das üechsen smuck,
Ich gib ir manchen herten truck
das sie muess kerren.
wie möcht mir gein der vasennacht
noch bas gewerren?
15 Plehe, nu lat eur plerren!

	Wenn ich die Krücke fest an mich ziehe,
10	sie zärtlich unter die Achsel
	schmiege, dann drücke ich sie oft so fest,
	daß sie knarren muß.
	Was könnte mich in der Fastnachtszeit
	noch besser ärgern?
15	Bläh, nun laßt euer Blöken!

24 Wenn ich betracht

A 1r

Wenn ich be - tracht,
Ich han ge - dacht,

stref - lich be - denk den tag durch scharpfs ge - müe - te
der slan - gen haubt, da - von Jo - han - nes schrei - bet,

der cre - a - tu - ren un - ter - schaid,
das in der welt kain pö - ser frucht

ir ü - bel und ir güe - te,
sich auf der er - den schei - bet.

so vind ich ains in soli - chem klaid,
vil snö - der ist un - weip - lich zucht,

des ü - bel, guet niemt bes - sern, bö - sern mag.
von ai - ner bö - sen schö - nen frau - en plag.

24

I   Wenn ich betracht,
streflich bedenk den tag durch scharpfs gemüete
der creaturen unterschaid,
ir übel und ir güete,
5 so vind ich ains in solichem klaid,
des übel, guet niemt *b*essern, bösern mag.
Ich han gedacht,
der slangen haubt, davon Johannes schreibet,
das in der welt kain pöser frucht
10 sich auf der erden scheibet.
vil snöder ist unweiplich zucht,
von ainer bösen schönen frauen plag.
Man zemet liephart, leuen wild,
den püffel, das er zeucht;
15 der ainem weib die haut abfilt,
und sie die tugent fleucht,
noch künt man sie nicht machen zam.
ir üble gift ist aller welde gram.

II   Wirt si geert,
so kan sie niemt mit hochfart überwueten.
ist si versmecht, so tobt ir muet
g*e*leich des meres flueten.
5 armt si an wirden oder an guet,
so ist sie doch der boshait allzeit reich.
Ein weip entert
d*a*s paradeis, d*e*s Adam ward geschendet.
M*a*t*u*salem, der stark Sampson
10 geswechet und geplendet
von weiben, David, Salamon
durch frauen sind betrogen fräveleich.
Aristoteles, ain maister gross,
ain weib in überschrait,
15 zwar seiner kunst er nicht genoss,
hoflichen si in rait.
künig Alexander, mächtig, hön,
von frauen viel und Absolon der schön.

24

I   Wenn ich bedenke,
     mit angespanntem Sinn den ganzen Tag nachgrüble,
     wie unterschiedlich die Geschöpfe sind,
     was böse und was gut an ihnen ist,
  5 so find ich eins von solcher Art,
     daß es an Bosheit, Güte niemand übertreffen kann.
     Ich dachte immer,
     das Schlangenhaupt, von dem Johannes schreibt,
     das sei die schlimmste Ausgeburt,
 10 die in der Welt und auf dem Erdkreis lebt.
     Viel schlimmer noch ist das unweibliche Gezücht,
     die Plage einer schönen, bösen Frau.
     Man zähmt wohl Leoparden, wilde Löwen,
     den Büffel richtet man zum Zugtier ab.
 15 Doch einer Frau, die vor der Tugend wegläuft,
     der könnte man die Haut abziehen,
     man würde sie doch nicht zähmen.
     Ihr böses Gift ist allen Menschen feind.

II   Wird sie geehrt,
     so könnte niemand wahnsinnigere Hoffart zeigen.
     Ist sie verachtet, rast ihr Sinn
     den Meeresfluten gleich.
  5 Mag sie an Würden arm sein oder an Besitz,
     an Bosheit ist sie immer reich.
     Ein Weib verletzte die Ehre des Paradieses,
     dafür wurde Adam in die Schande gestoßen.
     Methusalem, der starke Samson,
 10 sie wurden schwach und blind gemacht
     von Frauen, David, Salomon
     von Frauen mutwillig betrogen.
     Der große Lehrer Aristoteles,
     er wurde übertrumpft von einem Weib,
 15 all seine Weisheit half ihm nichts,
     sie ritt auf ihm nach höfischer Art.
     König Alexander, stolz und mächtig,
     durch Frauen fiel er und der schöne Absalom.

III   Ain schön bös weib
       ist ain gezierter strick, ain spiess des herzen,
       ain valscher freund, der augen want,
       ain lust trüglich der smerzen.
    5 des wart Helias ver versant
       und Joseph in den kerker tief versmit.
       Ain heiliger leib,
       hiess sand Johanns Baptista, wart enthaubet
       durch weibes rach, da von uns krist
   10 behüet. auch wart betaubet,
       gefangen durch ains weibes list
       der Wolkenstain, des hank er manchen trit.
       Darumb so rat ich jung und alt:
       fliecht böser weibe glanz,
   15 bedenk*t* inwendig ir gestalt,
       vergiftig ist ir swanz,
       und dient den gueten frauen rain,
       der lob ich preis für all karfunkelstain.

III Eine schöne böse Frau
  ist ein geschmückter Strick, ein Spieß durchs Herz,
  ein Freund, der den verrät, der nur mal wegblickt,
  ist eine Lust, die schmerzhaft trügt.
5 Elia wurde darum ins Exil geschickt
  und Josef tief im Kerker festgeschmiedet.
  Ein heiliger Mann,
  der Täufer Sankt Johannes, wurde enthauptet,
  weil ein Weib sich rächen wollte – Gott behüte uns
10 vor derlei Rache! Betört und dann gefangen gesetzt
  wurde auch durch eines Weibes List
  der Wolkenstein, er mußte davon lange hinken.
  Drum rate ich den Jungen und den Alten:
  Flieht vor dem Glanz böser Frauen,
15 bedenkt, wie es in ihrem Innern aussieht,
  ihr Schwanz ist voller Gift,
  und dient den tugendhaften Frauen,
  die lob ich, rühm ich höher als jeden Karfunkelstein.

25 Ich sich und hör

A 1r

Ich sich und hör,
Mit kranker stör

das mancher clagt verderben seines guetes;
haubt, ruck und pain, hend, füess das alder meldet.

so clag ich neur die jungen tag,
was ich verfrävelt hab an not,

verderben freies muetes,
her leib, den muetwill geldet

des ich vor zeiten dar inn phlag
mit plaicher farb und augen rot,

und clain empfant, do mich die erde trueg.
gerumpfen gra; eur sprüng sein worden clueg.

25

I Ich sich und hör,
das mancher clagt verderben seines guetes;
so clag ich neur die jungen tag,
verderben freies muetes,
5 des ich vor zeiten dar inn phlag
und clain *em*pfant, do mich die erde trueg.
Mit kranker stör
haubt, ruck und pain, hend, füess das alder meldet.
was ich verfrävelt hab an not,
10 her leib, den muetwill geldet
mit plaicher farb und augen rot,
gerumpfen gra; euer sprüng sein worden clueg.
Mir swärt herz, muet, zung und die trit,
gepogen ist mein gank.
15 das zittern swechet mir all gelid.
awe ist mein gesangk,
dasselb quintir ich tag und nacht,
mein tenor ist mit rimpfen wol bedacht.

II Ein kraus weiss har
von locken dick hett ainst mein haubt bedeck*et*;
das selb plasnirt sich swarz und gra,
von schilden kal durchschecket.
5 mein roter mund wil werden pla,
darumb was ich der lieben widerzam.
Plöd, ungevar
sind mir die zend und slaunt mir nit ze keuen,
und het ich aller welde guet,
10 ich kunt ir nit verneuen
noch kaufen ainen freien muet,
es widerfüer mir dann in wanes tram.
Mein ringen und das laufen snell
hat einen widersturz.
15 mit huesten sing ich durch die kel,
der atem ist mir kurz,
und gieng mir not der küelen erd,
seit ich pin worden swach und schir unwert.

25

I   Ich seh und höre,
wie mancher um verlorene Güter klagt;
doch ich beklage nur die Jugendtage,
Verlust des ungebundnen Sinns,
5 den ich damals in jener Zeit besaß,
da ich kaum bemerkte, wo ich auf der Erde stand.
Mit Schwäche und Beschwerden zeigen mir
Kopf, Rücken, Beine, Hände, Füße das Alter an.
Was ich gesündigt habe ohne Not,
10 Herr Leib, für diesen Mutwillen zahlt Ihr jetzt
mit Blässe, roten Augen und runzligem Grau.
Eure Sprünge sind jetzt vorsichtig geworden.
Mir werden Herz, Gemüt, Zunge und Schritte schwer,
gebeugt ist mein Gang,
15 und Zittern schwächt mir alle Glieder.
Mein Singen lautet nur ›o weh‹,
das musizier ich Tag und Nacht.
Meine Stimme ist von Runzeln ganz bedeckt.

II   Krauses, blondes Haar
wuchs einst in dichten Locken mir auf dem Haupt;
das präsentiert sich jetzt ganz schwarz und grau,
mit kahlen Flecken durchsetzt.
5 Mein roter Mund beginnt sich blau zu färben.
Drum war ich meiner Liebsten widerwärtig.
Stumpf und mißfarbig sind meine Zähne
und taugen mir kaum noch zum Kauen;
und hätt ich den Reichtum der ganzen Welt,
10 ich könnte sie nicht erneuern
noch mir Unbeschwertheit kaufen
außer vielleicht in einem trügerischen Traum.
Meine Bewegungen und mein schnelles Laufen
sind stockend und stolpernd geworden.
15 Beim Singen hust ich durch die Kehle,
der Atem ist mir kurz,
und angemessen wäre mir die kühle Erde,
seit ich schwach und ganz verächtlich geworden bin.

III   Ach jüngelingk,
      nim war pei dem: tröst dich nit deiner schöne,
      gered noch sterk! halt dich empor
      mit gaistleichem gedöne!
  5   wer du itzund pist, der was ich vor.
      kumst du zu mir, dein guettat reut dich nicht.
      Für alle dingk
      solt ich itzt leben got zu wolgevallen
      mit vasten, peten, kirchengan,
 10   auf knien venien vallen.
      so mag ich kainem bei gestan,
      seit mir der leib von alder ist enwicht.
      Für ainen sich *ich* alzeit vier
      und hör durch groben stain.
 15   die kinder spotten mein nu schir,
      darzue die fräulein rain.
      mit anewitz ich das verschuld.
      nu füeg uns got das end mit seiner huld.

III   Ach, junger Mann,
       daran erkenne: Vertraue nicht auf Schönheit,
       auf Stärke oder geraden Wuchs! Wende dich nach oben
       mit geistlichem Gesang!
   5   Was du jetzt bist, das war ich früher. Wenn du so wirst
       wie ich, dann werden gute Werke dich nicht reuen.
       Vor allen Dingen
       müßt ich jetzt leben nach Gottes Wohlgefallen
       mit Fasten, Beten, zur Kirche Gehen
  10   und auf den Knien büßen.
       Jedoch vermag ich bei all dem nicht auszuharren,
       seit mir der Leib vom Alter unbrauchbar geworden ist.
       Statt einem seh ich immer vier
       und höre wie durch eine dicke Wand.
  15   Bald spotten schon die Kinder über mich
       und auch die hübschen jungen Damen.
       Das bringt mir meine Torheit ein.
       Nun geb uns Gott gnädig ein gutes Ende!

Porträt der Wiener Handschrift A
Wien, ÖNB, Cod. 2777, Buchdeckel
Vgl. S. 269 und S. 273.

26 ›Nu huss!‹ sprach der Michel von Wolkenstain

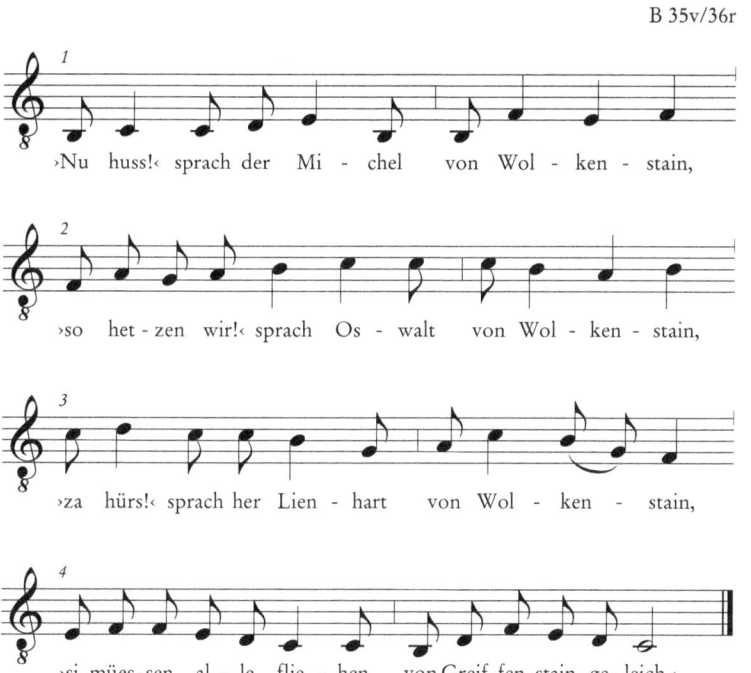

26

I ›Nu huss!‹ sprach der Michel   von Wolkenstain,
›so hetzen wir!‹ sprach Oswalt   von Wolkenstain,
›za hürs!‹ sprach her Lienhart   von Wolkenstain,
›si müessen alle fliehen   von Greiffenstain geleich.‹

II Do hueb sich ain gestöber   aus der gluet
all nider in die köfel,   das es alles bluet.
banzer und armbrost,   darzu die eisenhuet
die liessens uns zu letze,   do wurd wir freuden reich.

III Die handwerk und hütten   und ander ir gezelt
das ward zu ainer aschen   in dem obern veld.
ich hör, wer übel leihe,   das sei ain böser gelt.
also well wir bezalen,   herzog Fridereich.

IV Schalmützen, schalmeussen   niemand schied.
das geschach vorm Raubenstain   in dem ried,
das mangem ward gezogen   ain spann lange niet
von ainem pfeil, geflogen   durch armberost gebiet.

V Gepauren von Sant Jörgen,   die ganz gemaine,
die hetten uns gesworen   falsch unraine.
do komen guet gesellen   von Raubenstaine:
›got grüess eu, nachgepauern,   eur treu ist klaine.‹

VI Ein werfen und ein schiessen,   ain gross gepreuss
hueb sich an verdriessen.   glöggel dich und seuss!
nu rüer dich, guet hofeman,   gewinn oder fleuss!
ouch ward daselbs besenget   vil dächer unde meuss.

VII Die Botzner, der Ritten   und die von Meran,
Häfning, der Melten   die zugen oben hran,
Serntner, Senesier,   die fraidigen man,
die wolten uns vergernen,   do komen wir dervon.

26

I ›Nun hussa!‹ sprach der Michael von Wolkenstein,
   ›Dann hetzen wir!‹ sprach Oswald von Wolkenstein,
   ›Drauf los!‹ sprach Herr Leonhard von Wolkenstein,
   ›Sie müssen allesamt fliehen von Greifenstein.‹

II Da erhob sich ein Gestöber von Feuersglut
    hinunter in die Felsen, daß alles blühte.
    Panzer und Armbrüste schenkten sie uns zum Abschied,
    dazu die Eisenhüte, da haben wir uns gefreut.

III Die Maschinen und Buden, ihr ganzes Lager,
     das wurde zu Asche da im oberen Feld.
     Man sagt, wer übel ausleiht, kriegt's bös zurückgezahlt.
     So wollen wir bezahlen, Herzog Friedrich.

IV Scharmützeln, Scharmetzeln hat niemand getrennt.
    Da passierte es so manchem im Ried vor Ravenstein,
    daß ihm ein spannenlanger Nagel eingezogen wurde,
    ein Pfeil, von einer Armbrust losgeschickt.

V Die Bauern von Sankt Georgen, die ganze Gemeinde,
   die hatten uns falsch und dreckig geschworen.
   Da kamen gute Freunde vom Ravenstein:
   ›Grüß Gott, ihr Nachbarn, wo bleibt eure Treue?‹

VI Ein Schleudern und Schießen, ein großer Radau
    fing da recht munter an. Schwing dich und saus!
    Jetzt reg dich, lieber Höfling, gewinn oder verlier!
    Da ist auch manches Dach verbrannt mitsamt den Mäusen.

VII Die Bozener, der Ritten und die von Meran,
     die aus Hafling und Mölten zogen oben herbei,
     Sarntaler und Jenesier, verwegene Leute:
     Die wollten uns einfangen. Da sind wir entwischt.

27 Durch Barbarei, Arabia

A 49r. B 18v/19r

Durch Bar - ba - rei, A - ra - bi - a,
Durch Preus - sen, Reus - sen, Ei - fen - lant,

durch Har - ma - nei in Per - si - a,
gen Lit - to, Lif - fen ü - bern strant,

durch Tar - ta - rei in Su - ri - a,
gen Ten - mark, Swe - den, in Pro - bant,

durch Ro - ma - nei in Tur - ki - a, I - ber - ni - a,
durch Flan - dern, Frank - reich, Eng - el - lant und Schot - ten - land

der sprüng hab ich ver - ges - sen.
hab ich lang nicht ge - mes - sen.

Durch Ar - ra - gun, Ka - sti - li - e,
Auf ai - nem ko - fel rund und smal,

Kra - na - ten und Af - fe - ren, aus Port - i - gal, I - spa - ni - e
mit dik - kem wald umb - fan - gen, vil ho - cher perg und tie - fe tal,

27

I   Durch Barbarei, Arabia,
    durch Harmanei in Persia,
    durch Tartarei in Suria,
    durch Romanei in Turkia,
5   Ibernia,
    der sprüng hab ich vergessen.
    Durch Preussen, Reussen, Eifenlant,
    gen Litto, Liffen übern strant,
    gen Tenmark, Sweden, in Probant,
10 durch Flandern, Frankreich, Engellant
    und Schottenland
    hab ich lang nicht gemessen.
    Durch Arragun, Kastilie,
    Kranaten und Afferen,
15 aus Portigal, Ispanie
    bis gen dem Finstern Steren,
    von Profenz gen Marsilie –
    in Races bei Saleren,
    daselben bleib ich in der e,
20 mein ellend da zu meren
    vast ungeren.
    Auf ainem kofel rund und smal,
    mit dickem wald umbfangen,
    vil hocher perg und tiefe tal,
25 stain, stauden, stöck, snestangen,
    der sich ich täglich ane zal.
    noch aines twingt mich pangen:
    das mir der klainen kindlin schal
    mein oren tuet bedrangen,
30 hat durchgangen.

II Wie vil mir eren ie geschach
    durch fürsten, künigin gefach
    und was ich freuden ie gesach,
    das büess ich als under ainem dach.
5   mein ungemach
    der hat ain langes ende.
    Vil guetter witz der gieng mir not,
    seid ich muess sorgen umb das brot,
    darzue so wirt mir vil gedrot

27

I   Durch Berberland, Arabien,
    durch Armenien nach Persien,
    durch die Tatarei nach Syrien,
    durch die Romanei ins Türkenland,
 5 Ibernien –
    die Sprünge habe ich verlernt.
    Durch Preußen-, Russen-, Eifenland
    nach Litauen, Livland, über die Küste
    nach Dänemark, Schweden, nach Brabant,
10 durch Flandern, Frankreich, England
    und Schottland
    bin ich lang nicht gezogen.
    Durch Aragon, Kastilien,
    Granada und Navarra,
15 aus Portugal und aus León
    bis hin zum Finstern Stern,
    von der Provence bis nach Marseille –
    in Ratzes hier am Schlern,
    da bleibe ich in meinem Hausstand,
20 widerwillig,
    und lasse mein Unglück wachsen.
    Auf einem schmalen, runden Kofel
    umgeben von dichtem Wald,
    da seh ich lauter hohe Berge, tiefe Täler,
25 seh Felsen, Büsche, Wurzelstöcke und Schneestangen,
    unzählige und Tag für Tag.
    Dabei treibt eines mich in Angst:
    daß mir der Lärm der kleinen Kinder
    an die Ohren dringt,
30 sie schon ganz durchbohrt hat.

II Was mir an Ehren je erwiesen wurde
    von all den Fürsten, Königinnen
    und was ich je an Freuden erlebte,
    das büß ich alles ab unter einem Dach.
 5 Meine Bedrängnis
    zieht sich in die Länge.
    Ich bräuchte eine Menge guter Einfälle,
    seit ich ums Brot mich sorgen muß.
    Und noch dazu wird mir dauernd gedroht,

10 und tröst mich niena mündlin rot.
den ich e bot,
die lassen mich ellende.
Wellend ich gugg, so hindert mich
köstlicher ziere sinder.
15 der ich e pflag, da für ich sich
neur kelber, gaiss, bock, rinder
vnd knospot leut, swarz, hässelich,
vast rotzig gen dem winder;
die geben muet als sackwein vich.
20 vor angst slach ich mein kinder
offt hinhinder.
Dann kompt ir mueter zue gepraust,
zwar die beginnt zu schelten
(gäb si mir aines mit der faust,
25 des müesst ich ser engelten),
si spricht: ›wie hast du nu erzaust
die kind zu ainem zelten!‹
ab irem zoren mir da graust,
doch mangel ich sein selten,
30 scharpf mit spelten.

III Mein kurzweil die ist manger lai,
neur esel gsang und pfaun geschrai
wünscht ich mir nicht mer umb ain ai.
vast rauscht der bach in hurlahai
5 mein haupt enzwai,
das es beginnt zu kranken.
Also trag ich mein aigen swär.
täglicher sorg, vil böser mär
wirt Hauenstain gar selten lär.
10 möcht ichs gewenden an gevär,
oder wer das wär,
dem wolt ich immer danken.
Mein landesfürst der ist mir gram
von böser leute neide.
15 mein dienst die sein im widerzam,
das ist mir schad und laide,
wie wol mir sust kain fürstlich stamm
pei meinem gueten aide
geswechet hab, leib, er, guet nam
20 in seiner fürsten waide

10 und niemals tröstet mich ein rotes Mündlein.
    Die früher mir gehorchten,
    die lassen mich im Stich.
    Wohin ich blicke, stoße ich
    auf Schlacken all der Köstlichkeiten.
15 Statt meiner früheren Gesellschaft
    seh ich nur Kälber, Geißen, Böcke, Rinder
    und knorrige Leute, schwarz und häßlich
    und voller Rotz im Winter.
    Die muntern auf wie Sauerwein das Vieh.
20 Aus Angst schlag ich oft meine Kinder
    und treib sie in die Ecke.
    Dann kommt ihre Mutter hergebraust,
    die fängt nicht schlecht zu schelten an;
    wenn ich von ihrer Faust eins abbekäme,
25 das würde ich wohl spüren.
    Sie sagt: ›Was hast du da die Kinder
    gerauft und zu einem Fladen gemacht!‹
    Vor ihrem Zorne graust mir dann,
    doch ich entgeh ihm nie,
30 scharf und spleißend, wie er ist.

III Meine Unterhaltung ist recht abwechslungsreich:
    nur Eselgesang und Pfauengeschrei –
    kein bißchen mehr würd ich mir davon wünschen.
    Der Bach rauscht mir mit Hurlahei
 5 den Kopf kaputt,
    daß er ganz matt und krank wird.
    So trag ich meine ganz besondre Last.
    Von Tagessorgen, schlechten Nachrichten
    ist Hauenstein kaum je verschont.
10 Könnt ich dem einfach eine Wendung geben,
    oder tät's ein andrer,
    ich wär ihm ewig dankbar.
    Mein Landesfürst ist böse auf mich,
    weil schlechte Leute mich nicht leiden können.
15 Meine Dienste sind ihm unwillkommen,
    das schädigt und das schmerzt mich,
    da mir doch sonst bei meinem heiligen Eid
    kein Fürstenhaus
    je an Besitz, Leib, Ehre, gutem Ruf
20 etwas zuleide tat

köstlich raide.
Mein freund die hassen mich über ain
an schuld, des muess ich greisen.
das klag ich aller welt gemain,
25 den frumen und den weisen,
darzue vil hohen fürsten rain,
die sich ir er land breisen,
das si mich armen Wolkenstain
die wölf nicht lan erzaisen,
30 gar verwaisen.

in seinem kostbar strahlenden Fürstenglanz.
Die Freunde hassen mich, der eine wie der andere,
ganz ohne Grund, das macht mich alt.
Ich klage es der ganzen Welt,
25 den Anständigen und den Weisen
und vielen großen, edlen Fürsten,
die sich doch gerne rühmen lassen,
daß sie mich armen Wolkensteiner
die Wölfe nicht zerzausen lassen
30 und ganz vertreiben.

Porträt der Innsbrucker Handschrift B
Innsbruck, Universitäts- und Landesbibliothek Tirol, Cod. s. n., Bl. I^v (Oswald von Wolkenstein, Liederhandschrift B), Foto: Watzek Photografie, Hall i. Tirol.
Vgl. S. 269 und 273.

28 Durch abenteuer tal und perg

28

I Durch abenteuer tal und perg
so wolt ich raisen, das ich nicht verläge:
Ab nach dem Rein gen Haidelberg,
nach Engelant was mir der sin nit träge,
5 Gen Schottland, Ierland, über se
auf hölggen gross gen Portigal zu siglen.
Nach ainem plüemlin was mir we,
ob ich die liberei da möcht erstiglen
Von ainer edlen künigin,
10   in mein gewalt verriglen.

II Von Lizabon in Barbarei
gen Septa, das ich weilend half gewinnen,
Da manger stolzer mor so frei
von seinem erb muest hinden aus entrinnen;
5 Granaten het ich pas versuecht,
wie mich der Rote Küng noch het enphangen.
Zu ritterschaft was ich geschuecht,
vor meinen kindlin wer ich dar inn gangen.
Da für muest ich zu tisch mit ainem
10   stubenhaizer prangen.

III Wie wol ich mangen herten straif
erfaren het, des hab ich klain genossen,
Do ich ward zue dem stegeraif
mit paiden sporen seuberlich verslossen.
5 Dieselbig kunst ich nie gesach,
doch hab ich si an schaden nicht gelernet.
Do klagt ich got mein ungemach,
das ich mich hett von Hauenstain verfernet.
Ich forcht den weg gen Wasserburg,
10   wenn sich die nacht versternet.

IV In ainem winkel sach ich dort
ze Vellenberg zwen boien eng und swere.
Ich swaig und rett da nicht vil wort,
iedoch gedacht ich mir notleicher mere:
5 Würd mir die ritterschaft zu teil,
in disen sporen möcht ich mich wol streichen.
Mein gogelhait mit aller gail

28

I Auf Aventüre wollt ich ausziehn über Tal und Berg,
um mich zu Haus nicht zu verliegen.
Zum Rhein hinunter und nach Heidelberg,
nach England ging mein lebhaftes Verlangen,
5   nach Schottland, Irland übers Meer,
auf großen Schiffen bis nach Portugal zu segeln.
Nach einem Blümlein sehnte ich mich sehr,
ob ich vielleicht das Hofkleid dort ergattern könnte
von einer edlen Königin;
10   das wollte ich ganz sicher dann verwahren.

II Von Lissabon ins Berberland
nach Ceuta, das ich früher mithalf zu erobern,
wo viele freie stolze Mauren
aus ihrem Erbe fliehen mußten durch die Hintertür;
5   auch in Granada hätt ich mich noch einmal umgetan,
wie mich der Rote König heut empfangen würde.
Zur Ritterfahrt war ich gespornt,
vor meinen Knappen wollte ich so einziehn –
statt dessen durfte ich bei Tisch
10   repräsentieren mit 'nem Stubenheizer.

III Obwohl ich doch aus harten Kriegs- und Fehdezügen
schon einige Erfahrung hatte, half mir's wenig,
weil ich mit meinen beiden Sporen
ganz akkurat an den Steigbügeln festgebunden wurde.
5   So kunstvolle Verknotung hatte ich noch nie gesehen,
nicht ohne Schaden lernte ich sie kennen.
Da klagte ich Gott dem Herrn mein Mißgeschick,
daß ich von Hauenstein mich wegbegeben hatte.
Angst machte mir der Weg nach Wasserburg,
10   als in der Nacht die Sterne kamen.

IV In einer Ecke sah ich dort
auf Fellenberg zwei enge schwere Blöcke.
Ich schwieg und sagte da nicht viel,
doch malte ich mir schmerzhafte Geschichten aus:
5   Wenn ich als Ritter ausgestattet würde
mit solchen Sporen, wär ich schön herausgeputzt.
Mein Übermut samt aller Lebenslust

geriet vast traurikleich ab in ain keichen.
Was ich in antlas darumb gab,
10   das tet ich haimeleichen.

V   Darinn lag ich etleichen tag.
der Römisch Küng die sorg mir nicht vergulde,
Das ich nicht west, wenn mir der nack
verschroten würd, wie wol ich hett kain schulde.
5 Zwar oben niden hinten vor
was mir die huet mit leuten wol bestellet.
›Wart, Peter Märkel, zu dem tor,
er ist bescheid, das er uns nicht entschnellet!‹
Mein listikait het in der fürst
10   die oren vol erschellet.

VI Darnach so ward ich gen Insprugk
ain preussenvart gen hof köstlich gefüeret,
Dem meinen pfärd all über ruck
verborgenlichen niden zue versnüeret.
5 Ellender rait ich hinden ein
und het doch nicht des kaisers schatz verstolen.
Man parg mich vor der sunne schein,
für springen lag ich zwainzig tag verholen.
Was ich da auf den knien zerraiss,
10   das spart ich an den solen.

VII Ain alter Swab gehaissen Plank
der ward mir an die seiten dick gesetzet.
Ach got, wie pitterlich er stank!
von seinem leip wird ich des nicht ergetzet.
5 Er trueg ain pain mit ainer kluft,
der autem gieng im wilde von dem munde,
Darzue so felscht er dick den luft
vast ungehäbig hinden an dem grunde.
Und ob er noch den Rein verswelt,
10   wie wol ich im des gunde!

VIII Der Peter Haizer und sein weip,
Plank und ein schreiber, der was teglich trunken,
Die machten grausen meinen leip,
wenn wir das brot zesamen wurden dunken.
5 Simm, ainer kotzt, der ander hielt

sank jämmerlich herab zu einem Ächzen.
Was ich an Ablaß ihnen dafür gab,
10   das hab ich heimlich getan.

V   So lag ich ein paar Tage. Auch der römische König
hätt für die Angst mich nicht entschädigen können,
daß ich nicht wußte, wann man mir den Nacken
zerhacken würde, schuldlos, wie ich war.
5 Mich zu bewachen waren oben, unten,
hinten und vorne Leute aufgestellt.
›Du, Peter Märkel, paß aufs Tor auf,
er ist gewitzt, daß er uns nicht entwischt!‹
Von meiner Schlauheit hatte ihnen wohl der Fürst
10   die Ohren vollgetönt.

VI   Danach hat man mich an den Hof nach Innsbruck
so prächtig wie zu einer Preußenfahrt geleitet,
doch unten war ich unsichtbar
am Rücken meines Pferdes festgebunden.
5 Als armer Fremder ritt ich hinten ein
und hatte doch nicht des Kaisers Schatz gestohlen.
Vorm Sonnenlicht hat man mich dann versteckt.
Anstatt zu tanzen, lag ich zwanzig Tage verborgen.
Was ich da an den Knien zerriß,
10   das sparte ich an den Sohlen.

VII   Ein alter Schwabe namens Plank,
der wurde da oft neben mich gesetzt.
O je, wie grauenhaft der stank!
Das macht er nie mehr gut an mir.
5 Er hatte ein Bein mit offener Wunde,
und aus dem Mund ging ihm der Atem widerlich,
dazu verpestete er oft die Luft
ganz unanständig hinten unten.
Wenn der den Rhein zum Überlaufen brächte,
10   wie tät ich ihm das gönnen!

VIII   Der Heizer Peter und sein Weib,
Plank und ein Schreiber, der war Tag für Tag betrunken,
die ekelten mich fürchterlich, wenn wir
das Brot zusammen in die Schüssel tunkten.
5 Brr, einer kotzte, und der andre spielte

den pomhart niden mit der langen masse,
Als der ain büx von ander spielt,
die überladen wer, durch pulvers lasse.
Hofieren das was mancherlai
10   von in durch volle strasse.

IX Mein frölichait gab tunkel schein,
    do mich gedenk hin hinder machten switzen,
    Das mich der Phalzgraf von dem Rein
    vor kurzlich pat ob im ze tische sitzen.
 5 Wie gleich der falk den kelbern was!
    der Römisch Küng het mein da gar vergessen,
    Pei dem ich auch vor zeiten sass
    und half das kraut aus seiner schüssel essen.
    Da wider was ich ab dem vierst
10   gevallen ungemessen.

X   Noch wais ich ainen in der leuss
    mit namen Kopp, den kund ich nie geswaigen;
    Der snarcht recht als ain hafenreuss,
    wenn in der stark truminner trang ze saigen.
 5 Zwar sölchen slaf ich nie gehort,
    des muest ich paide oren dick verschieben.
    Mein haupt hat er mir vil bedort,
    als es mir von ainander wolde klieben.
    Wer ich ain weip, umb alles guet
10   so möcht er mir nicht lieben.

XI Der Kreiger und der Greisnegger,
    Mol Trugsass retten all darzue das peste,
    Der salzmair und der Neidegger,
    frein, grafen, Säldenhoren, freund und geste,
 5 Die baten all mit rechter gier
    den fürsten reich durchleuchtig hochgeporen,
    Da mit er wer genädig mir
    und tet kain gäch in seinem ersten zoren.
    Er sprach: ›ja werden solcher leut
10   von holz nicht vil geporen.‹

XII Die selbig red was wol mein fueg.
    mit meines puelen freund muest ich mich ainen,
    Die mich vor jaren auch beslueg

den Baß dazu mit langen Noten,
wie wenn es einen überladnen Böller
von der Wucht des Pulvers auseinanderreißt.
Aufwartungen gab es da von ihnen
10   verschiedner Art aus vollen Rohren.

IX   Mein guter Mut verdüsterte sich,
als mich zum Schwitzen brachte die Erinnerung,
wie mich erst kürzlich der Pfalzgraf vom Rhein
einlud, mit ihm am Tisch zu sitzen obenan.
5   Läßt sich der Falke denn mit Kälbern vergleichen?
Der römische König hatte mich so ganz vergessen,
bei dem ich früher auch einmal am Tisch gesessen bin
und half das Kraut aus seiner Schüssel essen.
Dagegen war ich nun vom First
10   ganz unermeßlich tief gestürzt.

X   Noch einen weiß ich, der in diesem Loch war,
sein Name Kopp, den konnt ich nie zum Schweigen bringen:
Er schnarchte wie ein Kesselflicker,
sobald der kräftige Traminer ihn einnicken ließ.
5   So einen Schlaf hab ich gewiß noch nie gehört,
da mußte ich mir beide Ohren oft verstopfen.
Zuweilen machte er mich so verrückt,
daß mir der Kopf zerbersten wollte.
Wär ich 'ne Frau, da könnt er noch so reich sein,
10   er tät mir nicht gefallen.

XI   Der Kreiger, der von Greisenegg
und Truchseß Molle legten gute Worte ein,
der Salzverwalter und der Neidegger,
Freie und Grafen, Säldenhorn, Verwandte, Gäste,
5   sie alle baten inständig
den hochgeborenen, erlauchten, mächtigen Fürsten,
daß er mir gnädig sei
und nicht in seinem ersten Zorn was Übereiltes tue.
Er sagte: ›In der Tat gibt es
10   nicht viele Menschen, die aus solchem Holz sind.‹

XII Der Ausspruch war wohl meine Rettung. Ich mußte
mich einigen mit dem Freund meiner Geliebten,
die mich vor Jahren auch gefesselt hatte

mit grossen eisen niden zu den painen.
5 Was ich der minn genossen hab,
des werden meine kindlin noch wol innen;
Wenn ich dort lig in meinem grab,
so müessen si ire hendlin darumb winden,
Das ich den namen ie erkant
10   von diser Hausmaninnen.

XIII Do rett der herr aus zornes wan
gen seinen räten gar an als verdriessen:
›Wie lang sol ich in ligen lan?
künt ir die taiding nimmer mer versliessen?
5 Was hilft mich nu sein trauren da?
mein zeit die traut ich wol mit im vertreiben:
Wir müessen singen fa sol la
und tichten hoflich von den schönen weiben.
Pald ist die urfech nicht perait,
10   so lat si kurzlich schreiben.‹

XIV Dem canzler ward gepoten zwar,
aus meiner vänknus half er mir behende,
Geschriben und versigelt gar.
des dank ich herzog Fridreich an mein ende.
5 Der marschalk sprach: ›nu trit mir zue!
der fürst hat deins gesanges koum erpitten.‹
Ich kom für in, do lacht er frue.
secht, do hueb sich ain heulen ane sitten.
Vil mancher sprach: ›Dein ungevell
10   soltu nicht han verritten.‹

XV Do batt ich in an allen hass
für meinen freund, der ist für war ain freie,
Der neunthalb jar gelegen was
gevangen in des edlen fürsten kreie.
5 Er sprach: ›nun füer in mit dir haim
und hilf im durch sein freund genade suechen!‹
Also kert ich gen Hauenstain.
zwar disem fürsten sol ich nimmer fluechen,
Das er mir noch so wol getraut.
10   des helf mir got geruechen.

mit großen Eisenschellen an den Beinen unten.
5 Was ich von ihrer Liebe abbekommen habe,
das werden meine Kinder noch sehr spüren.
Wenn ich schon dort im Grabe liege,
dann werden sie noch ihre Hände ringen,
daß mir der Name dieser Hausmannin
10   jemals bekannt geworden ist.

XIII Da sagte der Herr, nach seinem Zorn
nun wieder guter Laune, zu den Räten:
›Wie lang soll ich ihn liegen lassen?
Könnt ihr den Fall denn nie abschließen?
5 Was hilft es mir, wenn er dort Trübsal bläst?
Ich wüßte hübschen Zeitvertreib mit ihm:
Wir sollten singen fa sol la
und höfisch dichten von den schönen Frauen.
Wenn die Urfehde noch nicht fertig ist,
10   dann laßt sie ganz schnell schreiben.‹

XIV Dem Kanzler gab er da den Auftrag,
der half geschickt mir raus aus der Gefangenschaft,
mit Brief und Siegel alles wohlgeregelt.
Drum will ich bis ans Lebensende Herzog Friedrich danken.
5 Der Marschall sagte: ›Nun komm her zu mir!
Der Herr hat kaum erwarten können, daß du singst.‹
Ich trat vor ihn, da lachte er ganz munter,
und da brach ungelogen wildes Johlen aus.
So mancher sagte mir: ›Du hättest
10   vor deinem Unglück nicht wegreiten sollen.‹

XV Da bat ich ihn – er war so freundlich –
für meinen Verwandten, einen Freiherrn,
der lag gefangen schon im neunten Jahr
im Kerker dieses edlen Fürsten.
5 Er sagte: ›Führ ihn mit dir heim, hilf ihm,
daß er um Gnade nachsucht über seine Freunde!‹
So kehrte ich zurück nach Hauenstein.
Ja, diesem Fürsten will ich nie mehr fluchen,
der mir zuletzt so viel Vertrauen schenkte.
10   Gott helfe mir, den Vorsatz durchzuhalten.

XVI Der wirdig got, der haimlich got,
 der wunderlich in den vil auserkoren,
 Der lies mir nie kain freis gepot
 die leng, des hab ich dick ain spil verloren.
5 Mit tentschikait und üppig er
 ist mir durch in an wasser oft erloschen.
 Wann zeuch ich hin, so wil er her.
 in disem streit pin ich vil überdroschen.
 Verdiente straf von seiner macht
10   bestet mich mangen groschen.

XVI Gott, der Erhabene, Geheimnisvolle,
     der Wundersames wirkt an seinen Auserwählten,
     hat mir noch nie den freien Willen dauerhaft
     gelassen, darum hab ich oft ein Spiel verloren.
   5 Bei Eitelkeit und leerem Ehrgeiz hat er mir
     auch ohne Wasser oft das Feuer ausgelöscht.
     Denn zieh ich hin, so will er her.
     In solchem Widerstreit krieg ich die Prügel ab.
     Verdiente Strafe, auferlegt von seiner Macht,
  10   kostet mich manchen Groschen.

29 Wie vil ich sing und tichte

A 29v. B 10r/11r

29

I   Wie vil ich sing und tichte
den lauf der welde not,
das schätz ich als für nichte,
wenn ich bedenk den tod,
5 der mich nit wil begeben,
wo ich in der weld hin ker,
und stelt mir nach dem leben.
sein gieng mir nahent ser.
An widerpott in sätzen
10 zeucht er uns all hindan,
mit scharpfen cluegen lätzen
er jedem richten kan.
guet frid ist *im* zerunnen,
gar snell wart sein gevert.
15 wer ich im nit entrunnen,
er hett mich lang verzert.
In wasser und auf land*e*,
ze rosse, füessen dick
het er mich an dem pande
20 verknüpft mit snellem strick.
hett ich all schätze funden,
die Solden ie erkos,
die müest er haben verslunden,
hett er mich lassen los.
25 Mit fällen, wassers trenke
und grosser wunden tief
fert siben ich gedenke.
noch hab ich dhainen brief,
das er mich sichren welle
30 zeit, weil, minut noch quint,
und ist mein zergeselle.
got waiss, wie er mich vindt.

II   Mit warhait wil ich sprechen
von erst mein not gezalt:
mit ainem pflag ich ze stechen
auf rossen gross und valt.
5 ein tür von klafters klimme
und dreier füesse weit
da fuer ich durch mit grimme;

29

I   Was ich auch sing und dichte
    vom Lauf der Welt und ihrer Not,
    das kommt mir alles nichtig vor,
    wenn ich den Tod bedenke;
 5 der will mich nicht loslassen,
    in keinem Winkel der Welt,
    er trachtet mir nach dem Leben.
    Davon hat mich Leid bedrängt.
    Ohne wohlgesetzte Fehdeansage
10 reißt er uns alle hinweg.
    Mit tückisch feinen Schlingen
    kann er jedem eine Falle stellen.
    Guten Frieden zu halten hat er vergessen,
    seine Raubzüge sind sehr schnell geworden.
15 Wär ich ihm nicht entkommen,
    er hätte mich längst vertilgt.
    Zu Wasser und zu Lande,
    beritten oder zu Fuß –
    er hatte mit rascher Schlinge
20 mich schon in Fesseln geschlagen.
    Hätt ich alle Schätze gewonnen,
    die der Sultan jemals besaß,
    hätt er die gern verschlingen dürfen,
    wenn er mich nur laufen ließe.
25 An Stürzen, Wasserschluckenmüssen
    und großer tiefer Wunde
    sind mir sieben Anschläge bewußt.
    Und ich hab noch keinen Vertrag,
    daß er eine Zeit oder Weile, Minute oder Sekunde
30 mich künftig sicher leben läßt.
    Er ißt mit mir aus der Schüssel.
    Gott weiß, wie er mich findet.

II Der Wahrheit gemäß will ich erzählen
    all meine Nöte von der ersten an:
    Ich wollte mit einem stechen
    hoch zu Roß und verfehlte.
 5 Eine Tür, einen Klafter hoch
    und drei Fuß breit,
    durch die fuhr ich wütend hindurch.

dennocht was es nit zeit:
Wol vier und zwainzig staffel
10 in eines kellers grunt
die viel ich ab mit raffen,
meim ross zerbrach der slund.
mich daucht, ich wolt versinken
in ainem vass mit wein,
15 jedoch pot ich ze trinken
den gueten freunden mein.
Dar nach über etlich wochen
got leich mir seinen huet:
ein schiff ward mir zerbrochen
20 auf wilden meres fluet;
ich lert ein vass begreifen
mit guetem malvisir,
das zoch mich zu dem reifen;
verzagt so hett ich schier.
25 Und nach der selben raise
so was mein erste gab:
gefangen und ein waise
ward ich all meiner hab.
mein haubt das het volsungen,
30 von slegen ward es krank.
auch ward in mich gedrungen
ein swert nach halbes lank.

III Auch swimmen wolt ich leren
auf einem tiefen se.
do schoss ich zu der erden,
das mich sach niemant me
5 vil über ein guete stunde.
do kom ich aus der hitz.
visch suecht ich an dem grunde
mit meiner nasenspitz.
Gefangen und gefüeret
10 ward ich ainst als ein diep,
mit sailen zu gesnüeret,
das schuef meins herzen lieb,
von der ich hab erworben
mein aigen leiden swär.
15 wär si noch ainst gestorben,
noch ist si mir gevär.

Damit war's nicht genug:
Wohl vierundzwanzig Stufen
10   bis in den untersten Keller
fiel ich hinab mit Poltern,
mein Roß brach sich den Hals.
Ich glaubte schon, ich sollte untergehen
in einem Faß voll Wein,
15   doch dann bot ich meinen guten Freunden
daraus zu trinken an.
Danach, ein paar Wochen später,
hat Gott mir Schutz verliehen:
Da wurde ein Schiff mir zerschmettert
20   auf der Flut des wilden Meers.
Ich lernte, ein Faß zu umklammern
voll gutem Malvasier,
das trug mich bis zum Ufer,
sonst wär ich bald verzweifelt.
25   Und nach dieser Seefahrt
war das mein Willkommensgruß:
ich wurde gefangen genommen und verlor
alles, was ich besaß.
Mein Kopf hatte schon ausgesungen,
30   er war von Schlägen ganz krank,
auch wurde ein Schwert in mich gestochen
fast bis zur Hälfte seiner Länge.

III   Auch wollte ich schwimmen lernen
in einem tiefen See.
Da schoß ich zum Grund hinunter,
daß niemand mich mehr sah,
5   wohl länger als eine Stunde.
Da hab ich mich schön abgekühlt.
Ich suchte Fische dort unten
mit meiner Nasenspitze.
Einst wurde ich gefangen
10   und wie ein Dieb weggeführt,
mit Seilen gefesselt.
Das brachte mein Liebchen zuwege.
durch sie hab ich mir geholt
das Leiden, das mich plagt.
15   Wär sie doch vorher gestorben!
Noch immer haßt sie mich.

Des pin ich worden innen,
do ich gen Ungern rait,
noch von der selben minne
20 kom ich in grosses lait:
in wasser, wetter, wegen
husch lert ich maierol
und was auch nach belegen,
der taugkel ward ich vol,
25 Das ist ein wasser sumpern
von hochen klippen gross;
dar inn viel ich mit pumpern,
des gauckels mich verdross.
ich wett umb all die stainer,
30 poliert durch edel dach,
ob doch aus hundert ainer
plib, gaukelt er mir nach.

IV Darnach pei dritthalb jaren
mir trauren ward bekant:
von haim so wolt ich faren
ain rais in fremde land,
5 in Portigal, Kranaten,
Ispania, Barbarei,
dar inn kom mir zestatten
vil krumber stampenei.
Ain herzog hochgeporen,
10 gehaissen Fridereich,
beweist mir seinen zoren,
des ward ich lützel reich.
durch in ward ich gefangen
an schuld auf meinen leip.
15 ich wand, es wer zergangen
auf diser erden pleib.
Got lat nicht ungestraffet
von seinem höchsten stuel,
des pin ich wild gezaffet.
20 dank hab mein alter puel,
die mir hat zue gepfiffen
vil meines leibes not,
wie wol si hat begriffen
vor lang der pitter tod.
25 Ir letz die slach der schauer

Das habe ich erfahren,
als ich nach Ungarn ritt,
da ist mir wegen dieser Liebschaft
20 etwas Schlimmes passiert:
Bei Wasserwetter unterwegs
lernte ich Magyarisch – hu, wie kalt! –
und wäre dabei fast liegen geblieben.
Ich wurde da voll von der »Tauggel«,
25 das ist ein Wasserfall
von hohen Klippen herab,
in den fiel ich mit Rumpeln,
dies Schunkeln war mir zu viel.
Ich wette um alle Edelsteine,
30 die man poliert und schleift,
daß wohl kaum einer von hundert
überlebte, wenn er mir nachpurzeln wollte.

IV Zweieinhalb Jahre später
erlebte ich Trauriges:
Ich wollte von zu Hause
in fremde Länder reisen,
5 nach Portugal, Granada,
nach Spanien, in die Berberei,
wo ich einst recht erfolgreich war
mit mancher tollen Unterhaltung.
Ein Herzog aus hohem Hause
10 mit Namen Friedrich,
der zeigte mir seinen Zorn,
das brachte mir wenig Gewinn.
Er ließ mich gefangennehmen,
schuldlos, auf Leben und Tod.
15 Ich glaubte, nun sei es vorbei
mit meinem Erdendasein.
Gott läßt nichts ungestraft
auf seinem höchsten Thron,
drum bin ich hart gezüchtigt.
20 Dank sei meiner alten Liebsten,
die mir an Leid und Schmerzen
viel zugepfiffen hat,
wenn sie auch jetzt schon lange
der bittere Tod geholt hat.
25 Ihre Schlingen soll der Hagel treffen,

    und kratz der wilde ber.
    die ist mir worden sauer,
    das ich ir nimmer ger.
    het ich die lieb versüdert
30 pei ainer haissen gluet,
    des wer ich pas gefüdert
    an leib, sel, er und guet.

V Es wär noch vil ze sagen,
    da wil ich lassen von,
    was ich in jungen tagen
    geaubenteuert han
5 mit cristan, Reussen, haiden,
    in Kriechen guete zeit.
    der schimpf wil mir erlaiden,
    seit mich das alter reit
    Und wais, wann er mich zucket,
10 davon ich hab gesait,
    und stumpfleich nider bucket.
    wie schon wär ich berait?
    solt mich der richter hauen
    mit seinem strengen sail,
15 awe des grossen grauen,
    wem wurd ich dann zu teil?
    Darumb, ir fürsten, herren,
    so gebt euch selber rat.
    ich darf euch nit ze leren,
20 ir secht wol, wie es gat.
    all menig, arm und reiche,
    macht euch der sünde keusch,
    das eu nit übersleiche
    der tod mit seim gereusch.
25 Welt, mich nimpt immer wunder,
    wer dich neur hab geplent,
    und sichst täglich besunder,
    das uns der tod entrent.
    heut frisch, stark, morgen krenklich
30 und übermorgen tot.
    dein lob ist unverfenklich,
    bedenkst du nit die not.

       der wilde Bär soll sie kratzen.
       Sie ist mir jetzt so sauer geworden,
       daß ich mich nicht mehr nach ihr sehne.
       Hätt ich die Liebe verkocht
30   auf einer heißen Glut,
       es hätte mir mehr genützt
       an Leib, Seele, Ehre und Gut.

V   Es wäre noch viel zu sagen,
       doch will ich's bleiben lassen,
       was ich in meiner Jugend
       an Abenteuern erlebte
 5 mit Christen, Reußen, Heiden
       und Griechen lange Zeit.
       Solcher Spaß wird mir zuwider,
       seit mich das Alter reitet
       und ich nicht weiß, wann der mich holt,
10   von dem ich gesprochen habe,
       wann er mich beugt und verstümmelt.
       Wie gut wär ich dann bereit?
       Wenn mich der Richter schlüge
       mit seiner strengen Peitsche,
15   was wäre das für ein Grauen!
       Wem würde ich dann verfallen?
       Darum, ihr Fürsten und Herren,
       bedenkt euch, ratet euch selbst!
       Ich brauche euch nicht zu belehren,
20   ihr seht ja, wie es geht.
       Ihr alle, Arme und Reiche,
       macht euch wieder rein von Sünde,
       damit der lauernde Tod
       nicht brüllend euch überrascht!
25   Ach, Welt, ich wundre mich immer,
       wer dich so verblendet hat,
       da du doch täglich genau siehst,
       daß der Tod uns von allem trennt.
       Heut frisch und morgen kränklich
30   und übermorgen tot.
       Deine Ehre ist ganz haltlos,
       wenn du diese Not nicht bedenkst.

30 Wer machen well den peutel ring

A 49r

Wer ma - chen well den peu - tel ring
Und sech - zen hal - ler umb ein ai,

und im des sel - ben wol ge - ling,
der zwen und dreis - sig gel - ten zwai.

der frag den weg gen Ü - ber - ling:
flaisch lüt - zel, kraut ein gross ge - schrai.

da gel - ten vier - zen pfif - fer - ling fünf - zen schil - ling
aus klai - ner schüs - sel gat der rai von man - gem lai,

der Cost - nit - zer ge - sla - - gen
dem hun - grig ist sein ma - - gen.

Ein was - ser - mues in ai - ner pfann,
Nit len - ger ich ge - bei - ten mag.

die bra - ten kurz ge - mes - sen; wild - prät und visch die sein im bann,
nu ziecht die riem, ge - sel - len! nach dem so ist kain an - dre frag.

30

I Wer machen well den peutel ring
und im des selben wol geling,
der frag den weg gen Überling:
da gelten vierzen pfifferling
5 fünfzen schilling
der Costnitzer geslagen
Und sechzen haller umb ein ai,
der zwen und dreissig gelten zwai.
flaisch lützel, kraut ein gross geschrai.
10 aus klainer schüssel gat der rai
von mangem lai,
dem hungrig ist sein magen.
Ein wassermues in ainer pfann,
die braten kurz gemessen;
15 wildprät und visch die sein im bann,
der tar man da nit essen.
da mit wol umb. ›hebt eu von dann!
ir seit zu lang gesessen.
zwen groschen so geb jederman,
20 des sond ir nit vergessen,
wol anhin hessen.
Nit lenger ich gebeiten mag.
nu ziecht die riem, gesellen!
nach dem so ist kain andre frag.
25 ich gib eu kurze ellen
und nim die langen nach dem tag.
das gelt lat von eu snellen!
zal, gilt, du muesst! das ist mein sag.
ich wolts nit anders wellen
30 mit ainer kellen.‹

II Vast süesser wein als slehen getrank
der reuhet mir die kel so krank,
das sich vierrt mein hels gesank.
dick gen Traminn stat mein gedank.
5 sein herter twank
pringt scharpfen ungelimpfen.
Wann er geit freud und hohen muet,
recht als der sack dem esel tuet.
sein rass erschrecket mir das bluet,

30

I Wer seinen Beutel leicht machen will,
der braucht, damit ihm das gelingt,
sich nur nach Überlingen durchzufragen.
Da kosten vierzehn Pfifferlinge
5 fünfzehn Schilling
Konstanzer Prägung,
und sechzehn Heller zahlt man für ein Ei,
zwei kosten zweiunddreißig.
Fleisch wenig, doch viel Lärm ums Kraut.
10 Aus kleiner Schüssel geht's ringsum
für viele Leute
mit hungrigen Mägen.
In einer Pfanne Wassermus,
die Bratenstücke knapp bemessen.
15 Wildbret und Fische sind in Acht und Bann,
die wagt man nicht zu essen.
Und damit aus! ›Schaut, daß ihr weiterkommt!
Ihr seid hier schon zu lang gesessen.
Ein jeder hat zwei Groschen zu bezahlen,
20 ja nicht vergessen,
und dann macht euch nur schnell davon!
Ich kann jetzt nicht mehr länger warten,
zückt eure Beutel, meine Herren!
Dies ist das letztemal, daß ich euch freundlich bitte.
25 Ich meß euch knappe Ware zu
und nehm am Abend dafür reichlich.
Laßt nur die Münzen springen!
Bezahl, gib her, sag ich, es hilft dir nichts.
Mit einer Suppenkelle könnte ich's
30 nicht besser herrollen lassen.‹

II Der Wein, so süß wie Schlehensaft,
macht mir die Kehle rauh und schwach.
daß es daneben geht, wenn ich klar singen möchte
(da denk ich oft sehnsüchtig an Tramin);
5 mit aller Macht
schafft er ein böses Unwohlsein,
denn er macht ebenso vergnügt und munter
wie der Sack den Esel.
Seine Säure läßt mein Blut gerinnen,

10 da von so wird ich schwach, unfruet.
sein wilde fluet
schafft mir den triel verrimpfen.
Auch vindt man wunder kurzweil vil
da mitten auf dem blatze
15 mit tanzen, springen, saitenspil
von einer rauhen katze.
gen Überling ich nicht enwil
mer fragen nach dem schatze,
ich wolt dann einen slegelstil
20 da koufen umb ein ratze
in zu tratze.
Mein wiert der was beschaiden zwar,
er schied das gold von leder,
das nam ich an der bettstat war:
25 zwelf pfenning die gulten ain feder.
und käm ein alter karren dar,
er liess im niena reder.
sein lob ich nicht gebreisen tar
als einem boum von zeder,
30 denselben fleder.

III Den besten schatz ich da verschreib:
zwar das was mist und alte weib
und faiste swein, gemescht von kleib,
vil flöch mit langer weil vertreib
5 der pauern leib
wolt mir nit lenger smecken.
Doch reut mich noch ein klainat kraus,
das was die dieren von dem haus:
zwai brüstlin als ein fledermaus
10 trueg si vor an irs herzen paus;
ir kratzen, zaus
vil mangen tet erschrecken.
Zwai smale füesslin als ein schilt
trueg si in braiten schuechen,
15 darob die bainlin wol gedillt
recht al ein dicke buechen.
ir ermlin, hendlin sind gevilt
weiss als ein swarze ruechen.
mit grossen slegen was si milt,
20 durch sweren und durch fluechen

10 da werde ich ganz schwach und grantig.
    Dies ungepflegte Naß
    läßt mich das Maul verziehen.
    Auch findet man dort auf dem Marktplatz
    unglaublich viel an Unterhaltung,
15 da wird getanzt, gesungen, musiziert
    von einer struppigen Katze.
    Nach Überlingen will ich nicht mehr hin,
    um etwa reich zu werden,
    ich wollt da höchstens einen Knüppel
20 mir kaufen um eine Ratte,
    um sie zu ärgern.
    Mein Wirt war wirklich gar nicht dumm,
    er wußte, wie man Gold und Beutel trennt,
    das merkte ich an meinem Bett:
25 für jede Feder zahlte ich zwölf Pfennig.
    Wenn da zu ihm eine alter Karren käme,
    er nähme ihm noch die Räder ab.
    Sollt ich ihn etwa preisen
    so hoch wie einen Zederbaum,
30 diesen Abstauber?

III Der größte Reichtum, den ich da notierte,
    das waren Mist und alte Weiber,
    mit Kleie wohlgemästete Schweine,
    dazu zum Zeitvertreib noch viele Flöhe.
 5 Das Bauernpack
    wollt mir nicht länger schmecken.
    Doch tut es mir noch leid um ein gelocktes Kleinod,
    das war das Mädchen aus dem Haus:
    Zwei Brüstlein wie 'ne Fledermaus
10 trug sie am Brustkorb vor sich her.
    Ihr Kratzen, Zausen
    hat schon manchen Mann erschreckt.
    Zwei Füßlein zierlich wie 'ne Planke
    die zeigte sie in ausgelatschten Schuhen,
15 darüber Beinchen, fest gezimmert
    so wie ein dicker Buchenstamm.
    Die Ärmchen, Händchen haben eine Haut
    so weiß wie eine schwarze Krähe.
    Freigebig war sie mit kräftigen Schlägen,
20 die wußte sie gut einzuwickeln

kund si das tuechen.
Verborgen was der liechte glanz
von perlin und von spangen
zu Überlingen an dem tanz,
25 und da man inn solt brangen.
unlöblich was des maien kranz
bei röselochten wangen.
neur bi dem ofen stuend mein schanz,
mit kinds geschrei umbfangen.
30 das tet mich pangen.

in Flüche und Verwünschungen.
Nichts war zu sehen von dem Glanz und Schimmer
von Perlen und von Broschen
in Überlingen da beim Tanz,
25 armselig war der Frühlingskranz,
in dem man doch mit rosigen Wangen
sich präsentieren sollte.
Ich konnte meine Zuflucht nur zum Ofen nehmen,
um den herum gab's nur Geschrei von Kindern,
30 das machte mir ganz angst und bang.

31 Wer die ougen wil verschüren mit den brenden

B 41v

31

I Wer die ougen wil verschüren mit den brenden,
sein leben enden, mit gueten zenden
übel essen, ligen in dem stro,
der füeg sich in die Lumpardeie,
5 da vil manger wirt unfro.
tief ist das kot, teuer das brot.
ungötlich reu mit falscher treu
sol man da vinden teglichen neu.
das ist ain speis, der ich nicht keu.

II Wer nach der wage ringe hechten koufen welle,
– für ungevelle so fail, geselle! –
ainen, der ain staine leber trag,
forsch in des kaisers canzeleie,
5 wo man solche fisch erjag.
Gülcher, mach kund, was galt ain pfund?
›pro zingk soldin et tre zesin,
also galt sich das leberlin vin
von disem sütten hechtigin.‹

III Herman, Marquart: Costnitz, Ulmen wer das leben
uns freud zu geben von mündlin eben,
und mein öhem hinder dem ofen wär!
das wär ein besser stampaneie,
5 wan das uns der peutel lär
wirt zu Placenz. mein conscienz
wirt oft so swach, wie wol ich lach,
so das mein schreiber dick gefach
klagt seinen grossen ungemach.

IV Sebastian, wärst dus ain ox zu Florenzola
oder ain caniola und zugst cum dola
teglich mist auf ainem wagen gross,
das näm ich für ain süessen breie.
5 für war ich gäb dir auch ain stoss
zu deiner brust, als du mir tust
mit valscher gier, grob als ain stier,
zwar des geleichen videlt ich dir,
und wurd dir mer, das stüend zu mir.

31

I   Wer beim Feuermachen seine Augen verheizen will,
seines Lebens müde ist, mit guten Zähnen
schlecht essen möchte und im Strohbett liegen,
der gehe in die Lumpardei,
5   denn da vergeht manch einem aller Spaß.
Tief ist der Dreck, teuer das Brot.
Unfromme Reue, Hinterhältigkeit
kann man da täglich neu erleben.
Das ist ein Mahl, das mir nicht schmeckt.

II   Wer leichtgewichtige Hechte kaufen möchte
– hüt dich vor Schaden, Freund, frag nach dem Preis! –,
'nen Hecht mit einer Leber von fünf Pfund,
der frage nach in der Kanzlei des Kaisers,
5   wo man solche Fische fängt.
Sag, Jülicher, was hat ein Pfund gekostet?
›Cinque soldi e tre zecchini,
so viel hat es gekostet, dieses feine Leberlein
von diesem söiten Hechteken.‹

III   Hermann, Marquart: in Konstanz, Ulm, das wär ein Leben,
wo an hübschen Mündchen wir noch Freude fänden,
und mein alter Freund säß hinterm Ofen!
Das wär doch ein schöneres Vergnügen,
5   als wenn uns der Beutel leer wird
in Piacenza. Oft schrumpft mein Konto so,
wiewohl ich gute Miene mache,
daß mir mein Sekretär beständig
seine großen Schwierigkeiten vorhält.

IV   Sebastiano, wärst du doch ein Ochs in Florenzola
oder ein Hundsvieh und zögst con doglia
täglich Mist auf einem großen Wagen!
Das wär mir lieber als ein süßer Brei.
5   Ich gäbe dir bestimmt auch einen Stoß
gegen die Brust, so wie du mir getan
hast, übelwollend und grob wie ein Stier,
ja, ganz genauso wollt ich dir aufspielen,
und wenn du mehr abkriegtest, wäre mir's nur recht.

32 Zergangen ist meins herzen we

A 48v/49r. B 47r/48v

32

I Zergangen ist meins herzen we,
seid das nu fliessen wil der sne
ab Seuser alben und aus Flack,
hort ich den Mosmair sagen.
5 Erwachet sind der erden tünst,
des meren sich die wasserrünst
von Castelrut in den Ysack,
das wil mir wol behagen.
Ich hör die foglin gross und klain
10 in meinem wald umb Houenstain
die musik brechen in der kel,
durch scharpfe nötlin schellen
Auf von dem ut hoch in das la
und hrab zu tal schon auf das fa
15 durch mange süesse stimm so hel.
des freut eu, guet gesellen!
Was get die red den Plätscher an?
mein singen mag ich nicht gelan.
wem das missvall, der lass mich gan
20 und sei mir heur als fert.
Ob mir die faigen sein gefar,
noch tröst ich mich der frummen zwar,
wie wol das heuer an dem jar
falsch böse münz hat wert.

II Verswunden was meins herzen qual,
do ich die ersten nachtigal
hort lieplich singen nach dem pflueg
dort enhalb in der Matzen.
5 Da sach ich vierstund zwai und zwai
gewetten schon nach ainem rai,
die kunden nach des Mutzen fueg
wol durch die erden kratzen.
Wer sich den winder hat gesmuckt
10 und von der bösen welt verdruckt,
der freu sich gen der grüenen zeit,
die uns der mai wil pringen.
Ir armen tier, nu raumt eur hol,
get, suecht eur waid, gehabt eu wol!
15 perg, au und tal ist rauch und weit,

32

I   Vorbei ist, was mein Herz bedrückte,
    weil jetzt der Schnee schmilzt und es fließt
    herunter von der Seiser Alpe und von Flack,
    wie ich den Mosmaier sagen hörte.
 5 Die Dämpfe der Erde sind erwacht,
    die Wasserbäche schwellen an
    von Kastelruth hinunter in den Eisack.
    So laß ich mir's gefallen.
    Ich höre all die großen und kleinen Vögel
10 in meinem Wald um Hauenstein,
    wie sie aus ihren Kehlen Melodien trillern
    und hohe Noten tönen lassen
    vom ut hinauf ganz bis zum la
    und wieder runter hübsch zum fa,
15 so laut mit vielen süßen Stimmen.
    Freut euch daran, Gesellen!
        Was geht es denn den Plätscher an?
        Mein Singen laß ich mir nicht nehmen.
        Wem's nicht gefällt, der lasse mich in Ruhe,
20   der ist für mich passé.
        Wenn die Verdammten mich nicht leiden können,
        dann halt ich's mit den Aufrechten,
        auch wenn in diesem neuen Jahr
        man schlechte, falsche Münzen schätzt.

II Verflogen war mein Trübsinn,
    als ich die erste Nachtigall
    voll Liebe singen hörte hinterm Pflug
    dort drüben in der Matze.
 5 Da sah ich viermal zwei und zwei
    tüchtig in einem Reigen schreiten,
    die konnten, wie's der Mutzenbauer wollte,
    die Erde gut aufschürfen.
    Wer sich den Winter über duckte
10 und von der schlechten Welt zurückgezogen hat,
    der freue sich über die grüne Zeit,
    die uns der Mai nun bringt.
    Ihr armen Tiere, kommt aus euern Löchern,
    geht, sucht euer Futter, freut euch des Lebens!
15 Die Berge, Auen, Täler sind belaubt und offen,

        des mag eu wol gelingen.
            Was get die red den Plätscher an?
            mein singen mag ich nicht gelan.
            wem das missvall, der lass mich gan
20   und sei mir heur als fert.
        Ob mir die faigen sein gefar,
        noch tröst ich mich der frummen zwar,
        wie wol das heuer an dem jar
        falsch böse münz hat wert.

III   Wol auf, ir frummen, und seit gail!
        wer eren pfligt, der wünscht uns hail.
        kain schand niemand glosieren mag,
        wie scharpf man sie betrachtet.
  5 Es ist ain alt gesprochen wort,
        recht tuen das sei ain grosser hort,
        wann es kompt alles an den tag.
        oft ainer des nit achtet.
        Her Christan in der obern pfarr
10   zwar der ist sicher nicht ain narr,
        wer in wil teuschen auf dem stück,
        der muess gar frue erwachen.
        Er beit ain weil und doch nit lang,
        darnach so fiermt er aim ain wang,
15   das im vergen sein falsche tück,
        des er nicht mag gelachen.
            Was get die red den Plätscher an?
            mein singen mag ich nicht gelan.
            wem das missvall, der lass mich gan
20   und sei mir heur als fert.
        Ob mir die faigen sein gefar,
        noch tröst ich mir der frummen zwar,
        wie wol das heuer an dem jar
        falsch böse münz hat wert.

da wird es euch gut gehen.
　　　Was geht es denn den Plätscher an?
　　　Mein Singen laß ich mir nicht nehmen.
　　　Wem's nicht gefällt, der lasse mich in Ruhe,
20　　　der ist für mich passé.
　　　Wenn die Verdammten mich nicht leiden können,
　　　dann halt ich's mit den Aufrechten,
　　　auch wenn in diesem neuen Jahr
　　　man schlechte, falsche Münzen schätzt.

III　Nur zu, ihr Aufrechten, seid fröhlich!
　　Wer Ehre kennt, hält es mit uns.
　　Was schändlich ist, das redet niemand schön,
　　mag er daran auch noch so drehen und deuteln.
　5　Man hat es immer schon gesagt:
　　Recht tun, das ist ein großer Schatz,
　　denn es kommt alles an den Tag.
　　Manch einer hält sich nicht daran.
　　Herr Christan in der oberen Pfarrei,
10　der ist gewiß kein Narr.
　　Wer ihn bei diesem Handel täuschen will,
　　der muß sehr früh aufstehen.
　　Er wartet eine Weile zu, nicht allzu lang,
　　dann gibt er einem einen Firmungsstreich,
15　daß seine bösen Ränke ihm vergehen
　　und er nichts mehr zu lachen hat.
　　　Was geht es denn den Plätscher an?
　　　Mein Singen laß ich mir nicht nehmen.
　　　Wem's nicht gefällt, der lasse mich in Ruhe,
20　　　der ist für mich passé.
　　　Wenn die Verdammten mich nicht leiden können,
　　　dann halt ich's mit den Aufrechten,
　　　auch wenn in diesem neuen Jahr
　　　man schlechte, falsche Münzen schätzt.

33 O rainer got

A 3v/4r. B 4v/5r

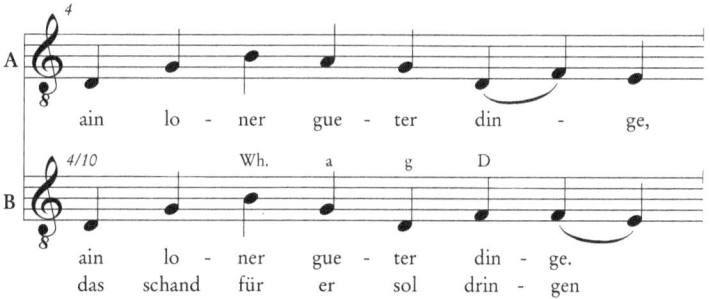

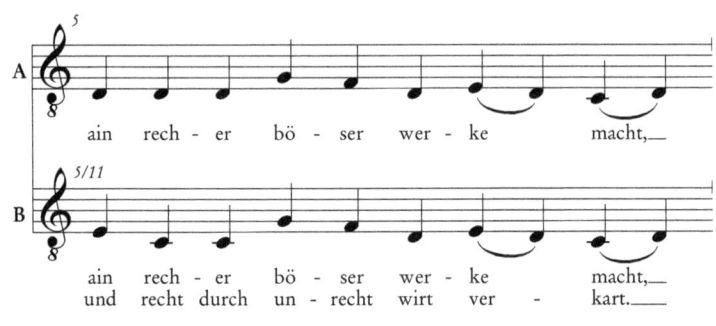

33

I   O rainer got,
    gnad, tugent hoch, derparmung tiefer gründe,
    ain doctor aller weishait scharf,
    ain loner gueter dinge,
5   ain recher böser werke macht,
    geweltiklich ain herr der mächtikait:
    Ich klag den spot,
    den du vertraist in diser welde fünde.
    ach, frummer, klag, wenn du sein darf,
10   das schand für er sol dringen
    und recht durch unrecht wirt verkart.
    wer dasselb kan, der dunkt sich des gemait.
    D*as* lert man in der fürsten schuel,
    seid ich es recht beden*k*.
15   darumb so dringt da meniger stuel
    für alle tisch und ben*k*,
    der pillich wol ain schamel wär,
    wenn man im rechen solt der eren swär.

II   Ich spür dreu tier
    in diser welt; die zwai jagt man gar selden,
    dem dritten lat man nimmer rue,
    und ist es falsch genennet.
5   die zwai gehaissen treu und er,
    der nam ich breis für aller welde schatz.
    So es die fier
    hie sprechen tuen ›heb auf, trag hin, lass gelden
    sein schuld, grab in und deck in zue!‹,
10   erst wirt sein nam erkennet:
    er ist gewesen diser und der.
    was er der falsch, in facht der helle latz.
    Da findt er seiner genossen vil
    gefangen umb ir schuld,
15   die hie mit manigem falschen spil
    auch fluren gottes hul*d*,
    da von sie niemand beweisen kund,
    pis si hat *gar* verschlickt der helle grund.

33

I   O reiner Gott,
     du Gnade, hohe Tugend, Erbarmen bis in den Abgrund,
     du Lehrer aller Wissenschaft und Weisheit,
     der Gutes lohnt
5   und straft, wenn böse Taten mächtig werden,
     kraftvoll ein mächtiger Herrscher:
     beklagen muß ich, daß in dem,
     was diese Welt erfindet, dein gespottet wird.
     Ach, Frommer, klage an, du hast wohl Grund dazu,
10 wenn Schande sich vor Ehre drängen darf
     und Recht verdreht wird durch Unrecht,
     und wer das kann, meint, daß er glücklich sei.
     So lernt man's, wenn ich's recht bedenke,
     bei unsern Fürsten in der Schule,
15 und darum darf so mancher Stuhl
     sich über Tisch und Bänke stellen,
     der rechtens nur ein Schemel wäre,
     wenn man ihn am Gewicht der Ehre mäße.

II   Drei Tiere kenne ich auf dieser Welt;
     von ihnen jagt man zweien selten nach,
     dem dritten läßt man keine Ruh,
     das ist Falschheit genannt.
5   Die zwei jedoch – sie heißen Treu und Ehre –,
     die rühm ich höher als die Schätze der ganzen Welt.
     Wenn die vier Männer hier sagen
     ›heb auf, trag weg, laß andre seine Schulden
     bezahlen, grab ihn ein und deck ihn zu‹,
10 dann wird sein Name erst geprüft:
     Er ist gewesen der und der.
     War er ein Falscher, dann packt ihn die Höllenfalle.
     Da findet er dann viele seinesgleichen,
     die dort für ihre Schuld gefangen sind,
15 weil sie mit ihren falschen Spielen
     auch Gottes Huld verwirkten,
     was ihnen niemand nachweisen konnte,
     bis sie der Höllengrund verschlang.

III Wo in dem wald
     wont treu und er? die suechen sich ainander,
     und des geleichen bös und falsch,
     also das gleich sein *gl*eichen
   5 im auserwelt mit liebem gunst.
     das prüeft man an vil grossen höuptern wol:
     Die sechen pald,
     was in da füegt, kam ainer dort aus Flandern.
     ist er ain kraut von böser sals,
  10 behend so muess er reichen,
     secht, der geneusst seiner bösen kunst.
     des zwar ain frummer nicht engelten sol:
     Wen allzeit *vast* nach eren dürst
     und fleisst sich gueter sach,
  15 dem geit der obrist himelfürst
     in sein*e*m reich gemach
     und darnach hie ain vil guet wort,
     das besser ist denn aller fürsten hort.

III Wo wohnen denn im Walde
Treu und Ehre? Sie suchen doch einander,
und ebenso auch Bös und Falsch,
weil immer gleich und gleich
5 sich aussucht und begünstigt.
Das sieht man wohl bei vielen großen Häuptern:
Die sehen rasch, was zu ihnen paßt,
auch wenn einer weither aus Flandern kam.
Ist er ein bös gewürztes Kraut,
10 dann darf er schnell reich werden,
seht doch, er wird für seine bösen Tricks belohnt.
Doch wird ein Frommer nicht dafür bezahlen müssen.
Wer immer eifrig nach Ehre strebt
und sich um gute Dinge müht,
15 dem gibt der oberste Himmelsfürst
in seinem Reich eine Wohnung
und hier gute Worte nach seinem Tod,
was besser ist als aller Fürsten Schätze.

34 Durch toren weis so wird ich greis

A 25r. B 13v

Durch to - ren weis so wird ich greis
Und schier ge - dächt, wie das ich mächt

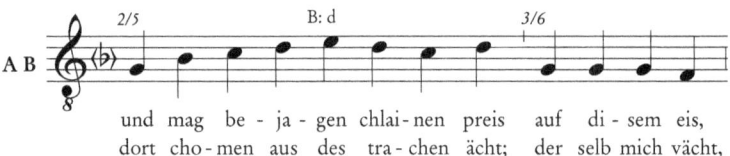

und mag be - ja - gen chlai - nen preis auf di - sem eis,
dort cho - men aus des tra - chen ächt; der selb mich vächt,

es well sich dann ver - che - ren
wil ich sein nicht en - pe - ren.

Das ist die hell mit i - rem schlunt,
Das ist die hell mit i - rem schlunt,
Als Sa - lo - mon ge - mel - det hat:

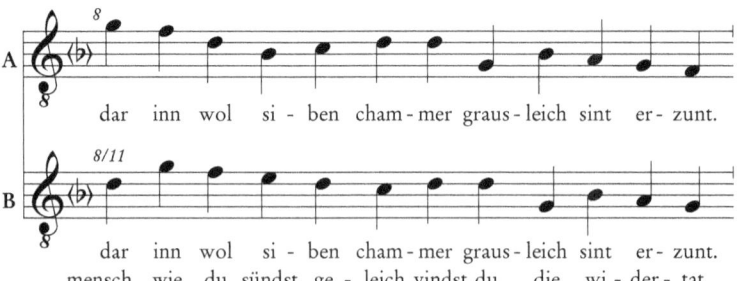

dar inn wol si - ben cham - mer graus - leich sint er - zunt.
dar inn wol si - ben cham - mer graus - leich sint er - zunt.
mensch, wie du sündst, ge - leich vindst du die wi - der - tat.

34

I   Durch toren weis   so wird ich greis
       und mag bejagen chlainen preis
       auf disem eis,   es well sich dann vercheren
       Und schier gedächt,   wie das ich mächt
5   dort chomen aus des trachen ächt;
       der selb mich vächt,   wil ich sein nicht enperen.
       Das ist die hell mit irem schlunt,
       dar inn wol siben chammer grausleich sint erzunt.
       fund ich den fund,   mein laid das wurd sich meren.
10   Als Salomon gemeldet hat:
       mensch, wie du sündst, geleich vindst du die widertat.
       gross freud umb quat   der chauf ist nicht zu leren.

II   Gelt wider gelt,   got selber melt.
       der ersten chammer swach gezelt
       zu hell, da quellt   versigelt haisser leckhen
       von feuer gram   gar widerzam,
5   das alle flüss, des meres tam
       der minsten flam   ir räss nicht mag ersteckhen.
       Die selbig chammer pringet we,
       wer sich unchäusch begreifen lasset sunder e.
       gross jamers chre   vint er in haissen seckhen.
10   Da mit so wird vergolten das,
       ein jeder metz nach seinem lehen mit der mass.
       die rechten strass   helf uns Maria streckhen.

III   Die ander chammer   ist mit jamer
       voller chelt, ein gross gewammer.
       dasselb getammer   chain feuer mag erhitzen.
       Wer hass und neid   mit widerstreit
5   vertriben hat in diser zeit,
       der selbig leidt   dar in frostleichen glitzen.
       Die dritte chammer tunkelfar,
       das man die vinster greifen mag pei ainem har,
       des scheines chlar   sol da chain mensch besitzen.
10   Wer ungelauben hat gefüert,
       all juden, haiden, chetzer dar in sein versnüert.
       das liecht berüert   in mund und nas durch plitzen.

34

I   Nach Art der Narren werd ich alt
und kann nur wenig Ruhm gewinnen
auf diesem Eis, wenn sich nicht alles ändert,
wenn ich nicht bald bedenke, wie ich dort
5 entrinnen kann aus der Gewalt des Drachen.
Der wird mich fangen, wenn ich es nicht lasse.
Der Drache ist der Schlund der Hölle,
in der voll Grauen sieben Kammern brennen.
Fänd ich den Weg dorthin, ich fänd Leid über Leid.
10 Wie Salomon verkündet hat:
So wie du sündigst, Mensch, wirst du Vergeltung finden.
Für Böses große Freude – solchen Kauf kann man nicht lernen.

II Münze um Münze, spricht Gott selbst.
Im elenden Gezelt der ersten Höllenkammer
versiegelt, brodeln heiße Bäche
aus zornigem Feuer sehr feindselig,
5 daß alle Flüsse samt dem dampfenden Meer
der kleinsten Flamme Schärfe nicht ersticken könnten.
In dieser Kammer leidet Pein,
wer außerhalb der Ehe als unkeusch befunden wird.
In heißen Säcken lernt er da, vor Schmerz zu schreien.
10 Damit wird ihm vergolten jeder Schäffel,
was er auch fassen mag, mit gleichem Maß.
Maria helfe uns, daß wir den rechten Weg erreichen.

III Die zweite Kammer, angefüllt mit Kälte,
birgt Schrecken, großes Prickeln.
Dies Zähneklappen kann kein Feuer mehr erwärmen.
Wer seine Lebenszeit verbrachte
5 mit Haß und Neid und Streitigkeiten,
der leidet dort im eisigen Glitzern.
Die dritte Kammer ist so dunkel,
daß man die Finsternis am Schopfe greifen kann.
Da darf kein Mensch ein klares Licht bewahren.
10 Wer ohne rechten Glauben lebte,
die Juden, Heiden, Ketzer alle sind darin gefesselt,
und Licht streift ihnen nur als Blitz um Mund und Nase.

IV Die vierd prisaun   ist swacher laun
    von grossem smackh in snödem zaun,
    das kain alraun   noch wurz den mag vertreiben.
    Mit wunder mail   so vindt man vail
 5 dar in die prenner, rauber gail
    und die an hail   den armen recht vermeiden.
    Die fünfte gilnitz ungestalt
    von schauzen schrickhen, gräuleich prünsten gross gezalt,
    gar manigvalt   so ist dar in das leiden
10 Von hochfart, grosser üppikhait,
    wie sich der mensch gezieret hat gestalt und chlaid,
    swär herzenlaid   muess er da wider sneiden.

V   Die sechste cheich   ist wunder reich
    von würmen, atern, slangen, sleich.
    der hässig teich dem wuechrer ist beschaffen,
    Und wer sein lätz   mit fürchauf, sätz
 5 hie richten tuet, gross zoll und tätz,
    der sünd geträtz   schreit alles dar in waffen.
    Das sibend gadem ist beswärt
    mit grosser zagnuss ewicleich dar in bewärt.
    da sein vermärt   pös nunnen, münich und pfaffen
10 Und alle, die verzweifelt han
    in iren sünden, dar zu an dem höchsten man.
    des gadems pan   tuet sie da selben straffen.

IV Der vierte Kerker hat ein schlimmes Schicksal,
ein grausiger Gestank hüllt widerlich ihn ein,
den keine Alraun, kein Gewürz vertreiben kann.
Darin sind, unerhört besudelt, ausgesetzt
5 die frechen Räuber, Brandstifter und alle,
die, ohne an ihr Heil zu denken, den Armen Recht entziehen.
Das fünfte häßliche Verlies, das wimmelt
von springenden Scheusalen, grausiger Glut,
vielfältige Pein wird dort erlitten
10 für Hoffart und für stolzes Prassen;
wer sich und seine Kleidung zu sehr putzte,
der wird dafür dort schweres Leiden ernten.

V Die sechste Zelle ist unglaublich voll
von Würmern, Nattern, Schlangen, Kriechgetier.
Dies böse Wasserloch ist für den Wucherer gemacht,
und wer mit Fürkauf, Zinsen, großem Zoll
5 und mit Aufschlägen Fallen hier auslegt,
frech sündigend, wird darin immerfort wehklagen.
Der siebte Käfig ist belastet
von großer Angst, die ewig sich bestätigt.
Da sind verurteilt böse Nonnen, Mönche, Pfaffen,
10 und alle, die verzweifelt sind
am höchsten Herrn in ihren Sünden.
Der Bann des Käfigs wird sie da bestrafen.

35 Mein sünd und schuld eu, priester, klag

B 16v. A48r

Mein sünd und schuld eu, prie-ster, klag
an stat, der al-le ding ver-mag.
grob, lau-ter, scham-rot, forcht-lich das sag
durch an-dacht nas-ser ou-gen

Und hab ein für-satz, nim-mer-mer
mit vleiss zu sün-den, wo ich ker.
die-müe-tik-lich mit wil-len, herr,
gib ich mich schul-dig tau-gen.

An dem ge-lou-ben zwei-fel ich,
bei got-tes na-men swer ich vast,

35

I Mein sünd und schuld eu, priester, klag
an stat, der alle ding vermag.
grob, lauter, schamrot, forchtlich das sag
durch andacht nasser ougen
5 Und hab ein fürsatz, nimmermer
mit vleiss zu sünden, wo ich ker.
diemüetiklich mit willen, herr,
gib ich mich schuldig taugen.
An dem gelouben zweifel ich,
10 bei gottes namen swer ich vast,
mein vatter und mueter erenrich
vertragen hab mit überlast.

II Raub, stelen, töten ist mir gach
leib, er und guet dem mentschen nach,
banveir, vast tuen ich ungemach,
falsch zeugknus füegt mir eben.
5 Spil, fremder hab wird ich nicht vol,
zoubri, lug, untreu tuet mir wol,
verräterschaft, brand gib ich zol.
hochvertig ist mein leben.
Von geitikait ich selten rue,
10 spot, zoren, unkeusch ist mir kund,
überessen, -trinken spat und frue,
träg, neidig als der esel und hund.

III Die sünd ich haiss, die sünd ich rat,
die sünd ich tuen und leich ir stat,
günstlich nicht understen die tat,
tailhaft an rüglichs melden.
5 Den blossen hab ich nie erkennt,
armen durst, hungers nie gewent,
krank, tot, gevangen, ellend hend
kain barmung nicht mag velden.
Unschuldigs bluet vergossen han,
10 die armen leut beswär ich ser.
ich kenn die sünd von Sodoman,
verdienten lon *n*it halb gewer.

35

I Meiner Sünden, meiner Schuld klag ich mich an
vor Euch, dem Priester, an der Stelle des Allmächtigen.
Ich sag es unverblümt und offen, schamrot, furchtsam,
mit nassen Augen andächtig,
5   und hab den Vorsatz, niemals wieder
auf meinen Wegen absichtlich zu sündigen.
Demütig und freiwillig komme ich,
bekenne mich als heimlich schuldig:
Am rechten Glauben zweifle ich,
10 bei Gottes Namen fluch ich oft,
Vater und Mutter, die ich ehren sollte,
hab ich mit Kränkung überladen.

II Zum Rauben, Stehlen, Töten neig ich rasch,
begehre Leben, Ehr und Gut von Menschen,
gebotne Feiertage, Fasten breche ich,
ein falsches Zeugnis geht mir leicht vom Munde.
5   Vom Spiel, von fremdem Gut bekomm ich nie genug,
Vergnügen macht mir Zauberei, Betrug und Lüge,
und trage zu Verrat und zu Brandstiftung bei.
Hoffärtig ist mein Leben,
bei Geiz und Habgier geb ich selten Ruhe,
10 Spott, Zorn, Unkeuschheit sind mir wohl vertraut,
Fressen und Saufen übers Maß bei Tag und Nacht,
träg, neidisch bin ich wie ein Esel und ein Hund.

III Sünde befehle ich und Sünde rate ich,
die Sünde lieb ich, und ich schenk ihr Raum,
begünstige sie, verhindre nicht, daß man sie tut,
teilhabend schelte ich sie nicht, noch zeige ich sie an.
5   Den Nackten hab ich nie beachtet,
dem Armen Durst und Hunger nie gestillt,
krank, tot, gefangen, heimatlos –
Barmherzigkeit vermag sich nicht zu zeigen.
Unschuldig Blut hab ich vergossen,
10 die Armen unterdrück ich sehr,
ich kenn die Sünde von Sodom,
ich geb nicht mal die Hälfte des verdienten Lohns.

IV Die weishait gots, vernunft und kunst,
götlicher rat, gots sterk, inbrunst,
götliche vorcht, göttliche gunst,
götlich lieb, güet nie kande.
5 Den priester ich smäch, mein e zerbrich,
mein touf und fiermung übersich,
gots leichnam ich nim unwirdiklich,
ölung, beicht, buess tuet mir ande.
Unwillig armuet, übelhait
10 treib ich durch zeit verloren,
das gots recht an barmherzikait
ich hass nach gunst mit zoren.

V Mein sehen, hören süntlich brauch,
mein kosten, smecken lustlich slauch,
mein greifen, gen, gedenkh verdauch
unfrüchtiklich dem herren.
5 Der himel und erd beschaffen hat,
und was dorinne wonlich stat,
der gab mir Wolkenstainer rat,
aus beichten solt ich leren
Durch mein gesangk vil hoveleut
10 und mangen ungewissen mentsch,
die sich ver*ierre*n in der heut,
recht als zu Behem tuent die gens.

VI Dorumb hab ich die zehen gebot,
die siben todsünd, grosse rot,
die fremden sünd an allen spot
bekannt durch reulich schulde,
5 Die werk der hailgen barmung rain,
die gab des heilgen gaistes stein,
vier rueffend sünd, fünf sinn verain.
o priester, gebt mir hulde!
Durch hailikait der siben gab
10 sprecht ablas meiner sünde,
acht sälikait ir nempt mir ab,
das ich gaistlich erzünde.

IV Weisheit von Gott, Vernunft und Einsicht
    in den Rat Gottes, Stärke, Innigkeit in Gott,
    Furcht Gottes, göttliche Gewogenheit,
    göttliche Liebe, Güte lag mir immer fern.
 5 Den Priester verhöhne ich, meine Ehe breche ich,
    auf meine Taufe, Firmung acht ich nicht,
    den Leib des Herrn empfange ich unwürdig,
    zuwider sind mir Ölung, Beichte, Buße.
    Erbittert über meine Armut, treibe ich
10 nur Böses und verschwende meine Zeit.
    Ich hasse Gottes Gerechtigkeit, bin unbarmherzig,
    und Freundlichkeit erwidre ich mit Zorn.

V   Mein Sehen, Hören nutze ich zum Sündigen,
    mein Schmecken, Riechen schlinge ich mit Wollust,
    mein Greifen, Gehen, Denken, das vertu ich,
    statt Frucht zu tragen für den Herrn,
 5 der Himmel und Erde geschaffen hat
    und alles, was drin lebt.
    Der gab mir, dem von Wolkenstein, ins Herz,
    daß ich durch meinen Gesang in einer Beichte
    belehren sollte viele Leute am Hof
10 und manchen Menschen, der unsicher ist
    und sich verirrt in seiner eignen Haut,
    so wie die Gänse in Böhmen.

VI Darum hab ich die zehn Gebote,
    die große Schar der sieben Todsünden,
    die fremden Sünden hier bekannt
    in ganzem Ernst mit Reue über meine Schuld,
 5 dazu die reinen Werke heiliger Barmherzigkeit,
    des Heiligen Geistes Gaben, Edelsteine,
    vier himmelschreiende Sünden, die fünf Sinne alle.
    Ach, Priester, schenkt mir Gnade!
    Bei der Heiligkeit der sieben Sakramente
10 sprecht mir Vergebung meiner Sünde zu!
    Nehmt mein Vergehen gegen die acht Seligkeiten
    mir ab, daß ich in Gott entbrenne.

36 Gesegent sei die frucht / Wol auf, als das zue himel sei

A 5v/6r. B 6r

36

Benedicite

    Gesegent sei die frucht,
    trank, essen, wein und brot
    von got, den mägtlich zucht
    gepar   für war,
5 selb dritt ain durch uns laid den tod.
    Der immer lebt an end,
    ie was an anefang,
    sein leiblich speis hie send
    uns schir,   wen wir
10 in disem leben werden krank.
    Des hilf, frau kron.
    kyrieleison,
    vater, hailiger gaist
    mit deinem sun,
15 uns gnad vollaist
    und nit den feinden gun,
    das sie uns verlaiten in we.
    amen. benedicite.

Gracias

I   Wol auf, als das zue himel sei,
    die minniclichen wonent bei
    dem Alpha et O, der eren krei,
    und helft uns sagen im den dank
  5 mit süessem englischen gesangk
    umb zimlich essen und getrank,
    da mit er speist die blödikait
    an menschlichem gesind.

II   Des seistu, frau, an argen hatz
    gelobt mit deinem höchsten schatz,
    der in dir würkt ain freien platz,
    vor dem ich sünder mich beklag,
  5 das ich in elendlicher wag
    vil han verzert unnützer tag
    in diser snöden zeit so brait,
    die mir verlech dein kind

36

Benedicite

    Gesegnet sei die Frucht,
    Trank, Speise, Wein und Brot,
    von Gott, den – das ist wahr –
    jungfräuliche Tugend gebar,
5   der, als einer drei, für uns erlitt den Tod,
    der ohne Ende immer leben wird
    und ohne Anfang schon von jeher war;
    die Speise seines Leibes sende er
    uns bald, wenn wir
10 hinfällig werden hier in diesem Leben.
    Hilf du dazu, gekrönte Königin!
    Kyrie eleison,
    Vater, heiliger Geist
    samt deinem Sohn,
15 gewähr uns Gnade,
    erlaube nicht den Feinden,
    daß sie ins Unheil uns verführen.
    Amen. Benedicite.

Gratias

I   Auf, alles, was im Himmel lebt,
      ihr alle, die in Liebe wohnen
      beim Alpha und O, ihm Ehre zurufen:
      Helft uns mit süßen Engelgesang,
    5 ihm den rechten Dank zu sagen
      für Speise und Trank zur Genüge,
      womit er die Schwachheit versorgt,
      die Menschenkindern eigen ist.

II   Dafür seist du in aller Demut, Herrin,
      gelobt samt deinem höchsten Liebsten,
      der in dir eine Freistatt schafft.
      Vor ihm klag ich mich an, ich Sünder,
    5 daß in der Waagschale der Fremde
      ich viele Tage unnütz hab verzehrt
      in dieser armen Zeit, die mir
      dein Kind so lange schon verliehen hat.

III So ist es laider vil ze spat.
ich ruef in angestlicher wat:
hilf, magt, mit ganzer trinitat
und las uns nicht der helle vas!
5   so pistus, frau, der ich genas.
des sing wir deo gracias.
mit frid, rue, herr, alle selen beklaid,
wa sich der glauben erfint. amen.

III Nun ist es leider viel zu spät.
   Ich rufe, eingehüllt in Angst:
   Hilf, Jungfrau, mit der ganzen Trinität
   und überlaß uns nicht dem Faß der Hölle!
5 Dann bist du, Herrin, meine Retterin.
   Dann singen wir Deo gratias.
   Bekleide alle Seelen, Herr, die gläubig sind,
   mit Frieden und mit Ruhe! Amen.

37 In Suria ain braiten hal

A 30v/31r

In Su - ri - a ain brai - ten hall
des freunt sich da die frum - men all
hört man durch gross ge - schel - le.
auf er - den und zu hel - le
Der neu - en mär, wie das an swär
des wun - ders ploss gar ser ver - dross
ge - po - ren wär ein sun von rai - ner mai - de.
den tie - fel gross, das er von
rech - tem lai - - de
Prach durch die mau - er dick ein kluft,
als es die al - ten je - - hen,

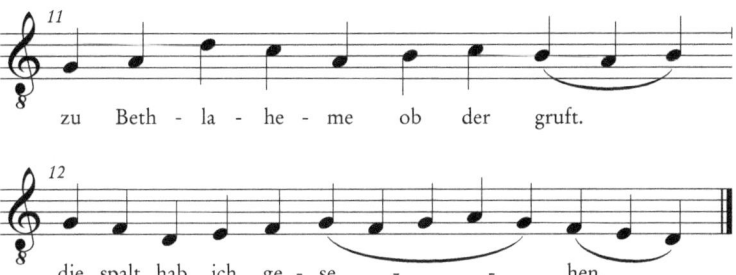

37

I In Suria   ain braiten hall
 hört man durch gross geschelle.
 des freunt sich da   die frummen all
 auf erden und zu helle
 5 Der neuen mär,   wie das an swär   geporen wär
 ein sun von rainer maide.
 des wunders ploss   gar ser verdross   den tiefel gross,
 das er von rechtem laide
 Prach durch die mauer dick ein kluft,
 10 als es die alten jehen,
 zu Bethlaheme ob der gruft.
 die spalt hab ich gesehen.

II O reicher got,   küng aller reich,
 herr, fürste aller herren,
 der lebentig rot   auf ertereich,
 vergangen und noch werden,
 5 Wie ward die nacht   mit armer macht   so wol bedacht
 durch dein götleiches wunder,
 als dich an mail   löbleichen gail   mit grossem hail
 gepar keuschleich besunder
 Die schönste junkfrau wolgetan,
 10 als mentsch ie ward erkoren.
 die muesst ein ellend herberg han,
 do si dich hett geboren.

III Ein ochs dem esel,   tierlich sipp,
 mit freuntschaft tet begegen,
 vor den mit fesel   stuend ein kripp,
 darin muesst sie dich legen,
 5 Die dein genas,   vor der du sass,   ir herr du was,
 got, vatter und sie dein mueter.
 du sie beschuef   von veiner pruef.   sie hat den ruef,
 du seist, ir kind, sun gueter,
 Freuntlich veraint, das ich Wolkhenstain
 10 die lieb nicht kan beklaiden.
 götleich gepurt, durch magt mentsch rain,
 hilf an dem letzten schaiden.

37

I In Suria hört man es weithin hallen
von einem lauten Ruf.
Da freuen sich die Frommen allesamt
auf Erden und in der Hölle
5 bei dieser neuen Kunde, daß da ein Sohn geboren sei
von einer reinen Jungfrau ohne Schmerzen.
Dies offenbare Wunder ärgerte den großen Teufel
so sehr, daß er aus lauter Schmerz
eine Lücke in die dicke Mauer brach,
10 wie die Alten überliefern,
zu Bethlehem über der Grotte.
Die Spalte hab ich selbst gesehen.

II O mächtiger Gott, du König aller Reiche,
Herr, Fürst über allen Herren,
über den vielen, die auf Erden leben,
einst lebten und noch kommen werden,
5 wie wurde doch die Nacht, armselig, wie sie war,
so reich beschenkt durch dein göttliches Wunder,
als dich zu großem Heil in rühmenswerter Freude
ganz einzigartig keusch und ohne Makel
gebar die schönste, die anmutigste Jungfrau,
10 die je als Mensch zu finden war.
Die mußte, als sie dich geboren hatte,
in einer elenden Herberge sein.

III Ein Ochse stellte freundlich sich zum Esel,
Tier zu Tier,
vor ihnen stand eine Krippe voller Spreu;
in die mußte sie dich legen,
5 als sie von dir entbunden war, vor der du throntest,
du warst ihr Herr, Gott, Vater, sie war deine Mutter.
Du schufest sie von edler Art. Von ihr rühmt man,
du als ihr Kind und guter Sohn seist freundlich nun
mit ihr vereint, so daß ich Wolkenstein
10 die Liebe nicht beschreiben kann.
Du Gottessohn, durch eine Jungfrau ganz ein Mensch,
hilf bei dem letzten Abschied.

38 Keuschlich geboren

A 34v/35r. B 15v/16r

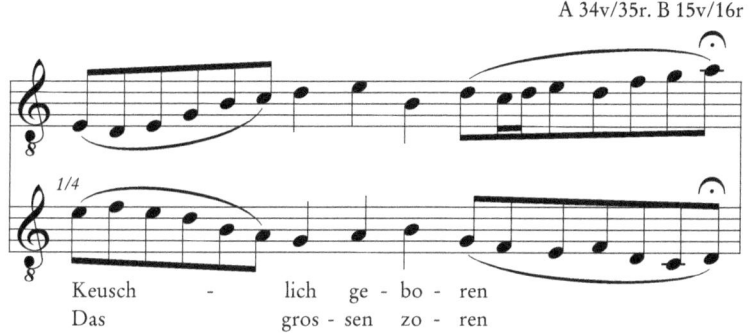

Keusch - lich ge - bo - ren
Das gros - sen zo - ren

ain kind so küe - - ne
durch e - wig süe - - ne

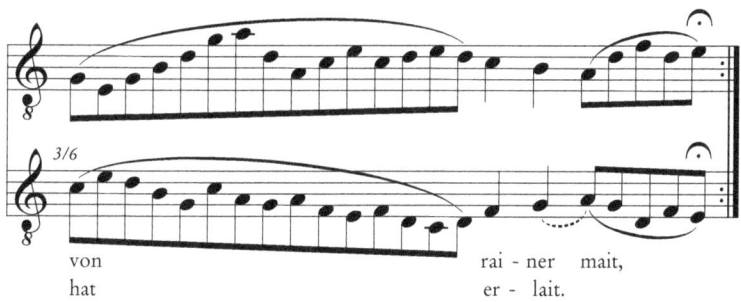

von rai - ner mait,
hat er - lait.

All un - ser veind an zal sein zu mal
Von dem kind - lin klai - ne, sein rai - ne

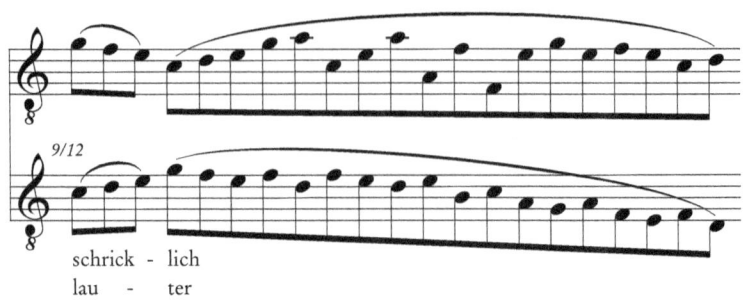

zue dem rai - en. mai - en zier hat
nicht ge - lei - chen. wei - chen

er ge - walt,
vor des rai - en schalt!

38

I Keuschlich geboren
ain kind so küene
von rainer mait,
Das grossen zoren
5 durch ewig süene
hat erlait.
All unser veind an zal
sein zu mal
schricklich ser erloschen
10 Von dem kindlin klaine,
sein raine
lauter vein gedroschen.
Der selben plueder   freut eu, brueder,
seid ein mueder   hat die lueder   zue geschockt,
15 suess gelockt
uns zue dem raien.   maien   zier hat er gewalt,
Und aller freude   übergeude,
würzlin, kreude,   laub, gesteude,   pluemen spranz,
disem tanz
20 mag nicht geleichen.   weichen   vor des raien schalt!

II Ain weib, ain dieren,
ain maid und fraue
des kinds genas.
Wer kan volzieren
5 so genaue
des degens vas,
Das er im selb erwelt?
als ein held
frischlich er daraus sprank,
10 An sorg, we, sunder mail,
so gar gail.
des hab er immer dank.
Der grossen wunder   freut eu munder,
seid ain zunder   bracht besunder   feuers flünt,
15 unerzünt.
wer hat die macht   bedacht,   der alle ding vermag?
Des freu dich immer   in dem zimmer,
da kein wimmer,   trauren, timmer   nie hin kam!
nicht enscham
20 dich, rain figur,   der kur   von dem, der in dir lag!

38

I Von reiner Jungfrau
   keusch geboren,
   ein Kind, so kampfbereit,
   das großen Zorn
 5 zu ewiger Versöhnung
   gestillt hat.
   Alle unsre Feinde, übermächtig,
   sind auf einmal
   erschreckt, ihr Feuer ausgelöscht
10 von diesem kleinen Kind,
   sind allesamt
   kurz und klein gedroschen.
   Über solch Gestöber freut euch, Brüder,
   da nun eine Mutter uns Lockspeisen angerichtet,
15 süß uns eingeladen hat zum Reigentanz.
   Dem ist alle Maienschönheit eigen,
   und, was alle Freuden überjubelt,
   Kräuter, Pflänzlein, Laub und Stauden, Blumenpracht
   können sich mit diesem Tanz nicht messen,
20 müssen vor des Reigens Schwung zurückstehn.

II Eine Frau, ein Mädchen,
   Jungfrau und Herrin,
   gebar das Kind.
   Wer kann vollständig
 5 und genau genug
   die Schönheit des Gefäßes rühmen,
   das der Knabe sich erwählt hat?
   Wie ein Held
   sprang er munter daraus hervor,
10 ohne daß sie Sorgen, Schmerz und Makel litt,
   kampfesfroh.
   Dafür sei ihm immer Dank!
   Über diese großen Wunder freut euch lebhaft,
   daß ein Zunder unvergleichlich ohne einen Funken
15 einen Feuerstein hervorgebracht hat.
   Wer hat je genug bedacht, was der Allmächtige kann?
   So freue dich nun immer in dem Saal,
   in den nie Trauern, Weinen und nie Dunkles drang!
   Schäm dich nicht, du reine Gestalt,
20 daß du von dem, der in dir lag, erwählt bist.

III Wer mag durchgründen
     die aubenteuer
     von dem jungen
     Aus der erzünden
5   mit gaistes feuer?
     nie gedrungen
     Wart seiner werke spür
     durch kain tür
     so weit volkomner gab
10   Unzälich aus der mass.
     sein tuen, lass
     gerecht an widerhab.
     Gerüemt der steren!   dein geperen
     und d*as* meren   sterbens geren   uns ze trost
15   hat erlost
     mit deiner früchte   güfte   von dem höchsten poum,
     Die von dem zoren   was verloren,
     das ain doren   stach das koren   deiner sat,
     die du jat.
20   aus deinem garten   warten   sei wir gnaden goum.

III Wer kann ausloten
     die erregende Geschichte
     von dem Knaben, der aus ihr kam,
     die entbrannt war
  5 von des Geistes Feuer?
     Wer seinen Werken nachspürt
     ist noch nie gedrungen
     durch eine Tür, so weit sie auch
     für seine reichen Gnadengaben,
 10 die unermeßlich-ungezählten, offen steht.
     Sein Tun und Lassen
     ist gerecht und ohne Widerhaken.
     Preis sei dem Stern! Daß du den geboren
     und ernährt hast, der uns zum Trost den Tod begehrte,
 15 das hat mit dem Schrei deiner Frucht
     vom höchsten Baum herab diejenige erlöst,
     die wegen seines Zorns verloren war,
     bis ein Dorn das Saatkorn stach,
     das du gehegt hast.
 20 Aus deinem Garten hoffen wir Gnade zu schmecken.

39 Es leucht durch grau die fein lasur

A 30r/31r

Es leucht durch grau die fein la - sur,
plick durch die prau, rain cre - a - tur,
durch - sich - tik - lich ge - spren - get.
mit al - ler zier ge - meng - et!

Preis - li - cher jan, dem nie - mant kan
an ta - dels mail ist sie so gail.

nach meim ver - stan plasi - ni - ren neur ain füess - lin,
wurd mir zu teil von ir ain freunt - lich grüess - lin,

So wär mein swär auf rin - ger wag
vol - ko - men - lich ge - schai - den,

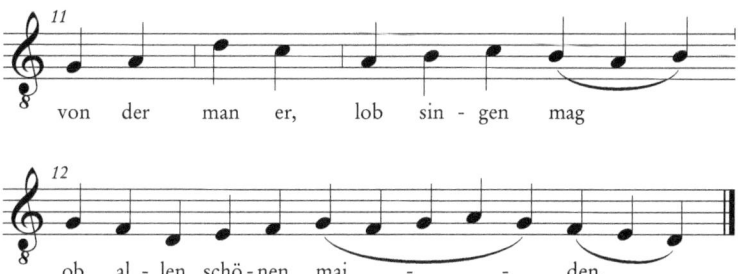

39

I   Es leucht durch grau   die fein lasur,
       durchsichtiklich gesprenget.
       plick durch die prau,   rain creatur,
       mit aller zier gemenget!
   5 Preislicher jan,   dem niemant kan   nach meim verstan
       plasiniren neur ain füesslin,
       an tadels mail   ist *sie* so gail.   wurd mir zu teil
       von ir ain freuntlich grüesslin,
       So wär   mein swär   auf ringer wag
  10 volkomenlich geschaiden,
       von der   man er,   lob singen mag
       ob allen schönen maiden.

II   Der tag scheint gogel-   leichen hel,
       des klingen alle auen,
       darin mang vogel   reich sein kel
       zu dienst der rainen frauen
   5 Schärpflichen bricht,   süesslichen ticht   und tröstlich flicht
       mit strangen heller stimme.
       all plüemlin spranz,   des maien kranz,   der sunnen glanz,
       des firmaments hoch klimme
       Dient schon   der kron,   die uns gepar
  10 ein frucht keuschlich zu freuden.
       wo ward   kain zart   junkfrau so klar
       ie pillicher zu geuden?

III   Das wasser, feuer,   erd und wind,
       schatz, kraft der edlen staine,
       all abenteuer,   die man vindt,
       gleicht nicht der maget raine,
   5 Die mich erlöst,   täglichen tröst.   si ist die h*öst*
       in meines herzen kloster.
       ir leib so zart   ist unverschart.   ach, rainer gart,
       durch wurz frölicher oster
       Ste für   die tür   grausleicher not,
  10 wenn sich mein haupt wirt senken
       gen deinem   feinen   mündlin rot,
       so tue mich, lieb, bedenken!

39

I Es strahlt durch Grau das feine Azurblau,
   durchschimmernd eingesprengt.
   Blick durch die Wimpern, du reines Geschöpf,
   bedacht mit aller Schönheit!
 5 Preisenswertes Garbenfeld, dem niemand, wie ich weiß
   auch nur ein Füßlein richtig blasonieren kann
   (so ohne Makel herrlich ist sie), würde mir von ihr
   ein kleiner freundlicher Gruß geschenkt,
   mein schweres Leid, es wöge leicht
10 und wäre ganz von mir genommen
   durch sie, der man vor allen schönen Mädchen
   Lob und Ehre singen kann.

II Der Tag erglänzt fröhlich und hell,
   drum tönt's in allen Auen,
   wo all die Vögel ihre vielfältigen Stimmen
   im Dienste dieser reinen Frau
 5 fein kolorieren, süß erfinden, tröstlich flechten
   aus Bändern heller Melodien.
   Das Sprießen der Blumen, die Bekränzung des Mai, der Glanz der Sonne
   und das hohe Dach des Firmaments,
   das alles dient schön der Krone, die uns zur Freude
10 keusch eine Frucht geboren hat.
   Wo gab es je ein anmutig strahlendes Jungfräulein,
   dem man mit mehr Recht zujauchzen wollte?

III Wasser und Feuer, Erde und Wind,
    Wert und Kraft der Edelsteine
    und alle Wunderdinge auf Erden,
    sie können nicht der reinen Jungfrau gleichen,
 5 die mich erlöst, mir täglich Hoffnung gibt. Sie ist die Höchste
    in meines Herzens Klause.
    Ihr lieblicher Leib ist unversehrt. Ach, reiner Garten,
    um des Heilkrauts froher Ostern willen
    verstelle der schrecklichen Not die Tür,
10 und wenn mein Haupt sich neigen wird
    zu deinem feinen roten Mündlein hin,
    dann, Liebste, gedenke mein!

40 Der oben swebt und niden hebt

A 25r

Der o - ben swebt und ni - den hebt,
Der alt, der jung und der von sprung

der vor und hin - ten, ne - ben strebt und e - wig lebt,
tri - litz ge - vasst in ain - litz zung an miss - hel - lung

ie was an a - ne - fang - e,
mit un - pe - grif - ner strang - e,

Der strenk - lich starb und was nicht tot,

der keusch - lich ward en - pfan - gen und an al - le not

ge - po - ren rot, weiss durch ein junk - frau schö - ne,

Der ma - nig wun - der hat ge - stift,

der hell er - brach, den teu - fel ser da - rin ver - gift,

ge - tult, ge - schift all wurz durch stam - mes trö - ne,

40

I Der oben swebt   und niden hebt,
   der vor und hinten, neben strebt
   und ewig lebt,   ie was an anefange,
   Der alt, der jung   und der von sprung
5 trilitz gevasst in ainlitz zung
   an misshellung   mit unpegrifner strange,
   Der strenklich starb und was nicht tot,
   der keuschlich ward enpfangen und an alle not
   geporen rot,   weiss durch ein junkfrau schöne,
10 Der manig wunder hat gestift,
   die hell erbrach, den teufel ser darin vergift,
   getult, geschift   all wurz durch stammes tröne,

II Dem offen sein   all herzen schrein,
   grob, tadelhaftig, swach, guet, vein,
   das er darein   sicht allerlai gedenke,
   Dem tuen und lan   ist undertan,
5 die himelsteren, sunn, der man,
   der erden plan,   mentsch, tier, all wasserrenke,
   Aus dem all kunst geflossen ist,
   von dem, der aller creatur durch spächen list
   zu jeder frist   ir zierhait wirkt, schon eusset,
10 Dem alle tier, zam und auch wild,
   hie dankper sein, das er den samen hat gepildt
   der narung milt,   gar waidenleich vergreusset,

III Der himel, erd   gar unversert
    hat undersetzt an grundes herd,
    das wasser kert   darin durch fremde rünste –
    Der wunder zal   vil tausent mal
5   wär mer zu singen überal
    mit reichem schal,   so hindern mich die künste –,
    Der mir die sel klar geben hat,
    leib, er und guet, vernunft und cristenliche wat:
    der geb mir rat,   das ich im also danke,
10 Damit ich all mein veind verpau
    paid hie und dort, damit mich kainer nicht verhau.
    o keuschlich frau,   dein hilf mir darzu schranke!

40

I Der oben schwebt und unten trägt,
   der vorne, hinten, an den Seiten stützt,
   der ewig lebt und immer ohne Anfang war,
   der alt und jung ist und vom Ursprung her
 5 dreifältig in ein einziges Wort gefaßt
   in unbegreiflicher Verflechtung ohne Widerspruch,
   der schmerzvoll starb und doch nie tot war,
   der keusch empfangen wurde und ohne Schmerzen
   als blühendes Kind geboren von einer schönen Jungfrau,
10 der viele Wunder gestiftet hat,
   die Hölle aufbrach, den Teufel in ihr vertilgte,
   der allen Wurzeln Dolden, Stengel gab durch Stammsaft,

II dem offenstehen die Kammern aller Herzen,
    der bösen, fehlerhaften, schwachen, guten, edlen,
    so daß er jeden Gedanken in ihnen sieht,
    dem Tun und Lassen unterworfen sind,
  5 die Himmelssterne, Sonne, Mond, die weite Erde,
    die Menschen, Tiere, alle Wasserströme,
    von dem alle Kunst und Weisheit ausgeht,
    der jeder Kreatur mit feinem Sinn
    fortwährend ihre Schönheit schafft, sie herrlich zeigt,
10 dem alle Tiere hier auf Erden dankbar sind,
    die zahmen und die wilden, daß er freigebig schuf
    den Samen für die Nahrung und ihn köstlich ausstreut,

III der Himmel, Erde ohne gründenden Boden
     ganz unverletzbar unterfangen hat und im Erdreich
     das Wasser auf geheimnisvollen Wegen rinnen läßt
     – es gäbe von der Fülle der Wunder überall
   5 vieltausendmal mehr zu singen, laut und prächtig,
     doch reicht dafür nicht meine Kunst –,
     der mir gegeben hat die lichte Seele, den Leib,
     Ehre und Besitz, Vernunft und das Kleid eines Christen:
     der helfe mir, ihm so zu danken,
10   daß ich vor allen meinen Feinden sicher wohne
     so hier wie dort, daß keiner mich zerschlage.
     O keusche Herrin, gib deine Hilfe mir dazu als Schild!

41 Wol auf und wacht, acht, ser betracht

41

I Wol auf und wacht,   acht,   ser betracht
den tag, die nacht   eur fräveleiche sünde,
das sich die selbig nicht erzünde
tiefflich in der helle gründe!
5 ritterlich vecht mit den leuen!
Für ir peissen und das keuen,
für ir reissen scharpfer kleuen
reuen   ser durch nimmer preuen
lass dich pei den gueten treuen
10 gen dem alden und dem neuen,
wo wir die und den erzürnet han.

II Gesell, dich weck,   reck,   ranslich streck
dich auf und schreck   den, der uns neur wil verhetzen,
unser dienst swachlich ergetzen
falschlich pei den snöden smetzen,
5 die wir im gelihen haben,
Damit er uns wil pegaben.
paide frauen und die knaben,
schaben   aus den engen naben
süll wir, flüchtikleichen traben,
10 das wir uns schön mügen laben
mit der höchsten pluemen lobesan.

III Los, hör mein don!   schon   dient den lon
von ainer kron,   die uns mit scharfen doren
swärlich erlost von dem zoren,
der ewigen helle horen,
5 die uns fraislich het verslunden,
Ser gevangen und gepunden;
mit den zorniklichen hunden
funden   trauren het wir unden.
das hat alles überwunden
10 ainer, der da ward geschunden
und genagelt auf des creutzes pan.

IV Ir horcht mich sain.   rain   ich eu main.
neur ja und nain   beschaid ich uns der märe
getreulichen an geväre.
unsre wort, werk und gepäre

41

I Nun auf, erwacht, seid achtsam und bedenkt genau
   bei Tag, bei Nacht euer freches Sündenleben,
   daß es nicht zum Brennen komme
   tief unten im Abgrund der Hölle!
5 Ritterlich kämpft mit den Löwen!
   Gegen ihr Beißen und ihr Malmen,
   gegen das Reißen ihrer Krallen
   laß es dich, um es nie mehr zu treiben,
   tief reuen bei den Guten, Wohlgesinnten
10 vor dem Alten und dem Jungen,
   wo wir sie und ihn erzürnt haben!

II Freund, ermuntre dich, reck, dehne, streck dich hoch!
   Verschrecke den, der uns nur auf den falschen Weg
   will hetzen, unsre Dienste schlimm belohnen wird,
   tückisch in den bösen Küssen,
5 die wir ihm geliehen haben
   und die er uns wiedergeben will!
   Ihr Damen alle und ihr Burschen,
   rausspringen sollen wir aus den engen Löchern,
   flüchtend laufen,
10 daß wir uns dann schön erquicken können
   zusammen mit der obersten Blume, die gepriesen sei.

III Horch, hör mein Lied! Dient eifrig um den Lohn
   der Krone, die mit ihren scharfen Dornen
   uns mühsam aus dem Zorn erlöst hat
   und von den Hörnern der ewigen Hölle,
5 die uns gräßlich verschlungen hätte,
   eingefangen und gefesselt;
   drunten bei den wütenden Hunden
   hätten wir nur Leid erfahren.
   Das hat alles abgewendet
10 einer, der gemartert wurde
   und genagelt an den Baum des Kreuzes.

IV Ihr hört mir träge zu. Ich mein's mit euch aufrichtig.
   Ich sag uns nichts als ja und nein, sag's, wie es ist,
   getreulich ohne böse Absicht.
   Unsre Worte, Werke, unser Gebaren

5 mich Wolkenstainer verseret,
Dorumb, das sich teglich meret
alles, das die werlt enteret.
geret   wert neur, was uneret,
falscher rat die untreu leret,
10 pös in pös sich nicht verkeret.
dorumb fürchtet gotes zorn ergan!

V   Vernempt mein schal,   hal   überal,
auf perg, in tal,   durch meines herzen schreien:
dient dem einen und den dreien,
damit das er uns welle freien
5 von des widervalles schiessen,
Also das wir doch geniessen
hoher gnaden, die entspriessen,
und das uns nicht well vergriessen
nach verdienen haisser läne ran [ ].

5 schmerzen mich, den Wolkensteiner,
darum weil sich täglich mehrt
alles, was der Welt nur Schande macht.
Geehrt wird nur, was Unehre bringt,
falscher Rat lehrt die Untreue,
10 bös bleibt bös und kehrt sich nicht zum Guten.
Darum fürchtet, daß Gott seinen Zorn vollstreckt.

V Vernehmt mein Singen, wie es überallhin tönt,
über Berge, Täler, weil es aus meinem Herzen schreit!
Dient dem Dreieinen,
daß er uns befreien wolle
5 von den Pfeilen eines Rückfalls,
daß wir doch noch empfangen dürfen
große Gnaden, die da wachsen,
und daß uns nicht verschütten wolle,
wie wir es verdienten, heißer Lawinen Schwall.

Anhang

Kommentar: Allgemeines

Überlieferung

Oswalds Œuvre ist im wesentlichen in drei Sammelhandschriften überliefert, die aus dem Umkreis des Dichters stammen – eine ungewöhnlich günstige Überlieferungslage.

A   Wien, Österreichische Nationalbibliothek, cod. 2777, 108 Gedichte, die Lieder mit Noten, 7 oder 8 Schreiber, Grundstock von 43 Gedichten 1425 datiert, in mehreren Schüben erweitert, Nachträge bis um oder nach 1436. Vorgeheftet ist ein Vollbildnis Oswalds mit Notenblatt, Greifenorden und Wappen. Das Bild ist heute weitgehend abgeblättert; eine Kopie aus dem Jahr 1900, die vielleicht einen weniger beschädigten Zustand wiedergibt, zweifellos aber teilweise als Rekonstruktion zu werten ist, wird im Tiroler Landesmuseum Ferdinandeum in Innsbruck aufbewahrt (vgl. im Faksimile S. 37 und Abb. 7, danach unsere Abb. S. 160).
Vgl. Oswald von Wolkenstein, Handschrift A, in Abb. hrsg. von Ulrich Müller und Franz V. Spechtler, Stuttgart 1974; Oswald von Wolkenstein, Handschrift A, Vollständige Faksimile-Ausgabe im Originalformat, mit Kommentar von Francesco Delbono, Graz 1977 (Codices selecti 59).

B   Innsbruck, Universitätsbibliothek, ohne Signatur, 118 Gedichte, die Lieder mit Noten, Grundbestand (Kl. 1–107) von einem Schreiber (= Schreiber 7 der Handschrift A), datiert 1432, Nachträge bis nach 1438; vorgeheftet Brustbild des Autors mit den Insignien des Greifen- und des Drachenordens, wohl von Pisanello oder aus seinem Umkreis (vgl. die Abb. auf dem Umschlag und S. 204).
Vgl. Oswald von Wolkenstein, Abbildungen zur Überlieferung I: Die Innsbrucker Wolkenstein-Handschrift B, hrsg. von Hans Moser und Ulrich Müller, Göppingen 1972 (Litterae 12); Oswald von Wolkenstein, Liederhandschrift B, Farbmikrofiche-Edition, Einführung und kodikologische Beschreibung von Walter Neuhauser, München 1987 (Codices illuminati medii aevi 8).

c   Innsbruck, Tiroler Landesmuseum Ferdinandeum, F. B. 1950, ein Schreiber um 1450/53, 116 Gedichte ohne Noten.
Vgl. Oswald von Wolkenstein, Abbildungen zur Überlieferung II: Die Innsbrucker Wolkenstein-Handschrift c, hrsg. von Hans Moser, Ulrich Müller und Franz Viktor Spechtler. Mit einem Anhang zum »Wolfenbütteler Porträt« und zur Todesnachricht Oswalds von Wolkenstein von Hans-Dieter Mück, Göppingen 1973 (Litterae 16).

Handschrift c steht B sehr nahe und ist wahrscheinlich größtenteils aus B abgeschrieben. A und B scheinen im Kernbestand auf gemeinsame Vorlagen zurückzugehen (Timm 1972). B hat sorgfältiger geordnet, vor allem Lieder gleichen Tons zusammengerückt. Die Lesarten von A und B sind, von gelegentlich vorkommenden Fehlern auf beiden Seiten abgesehen, meist gleichwertig, in einzelnen Fällen bietet A offensichtlich eine ältere Fassung des Autors. In den drei Haupthandschriften sind 124 Lieder und zwei Reimpaargedichte enthalten. Nur wenige von ihnen sind, z. T. in stark abweichenden Fassungen, auch anderweitig überliefert (vgl. Ranke 1934, Mück 1980). Außerdem hat man in späteren Handschriften und Liedern einige Textsplitter und Anklänge an Oswaldsche Formulierungen entdeckt (vgl. Walter Röll in: Kühebacher 1974, S. 228–236; Manfred Zimmermann in: Der Schlern 55 (1981), S. 346–348). Sie mögen teilweise einer Grundschicht von Formeln und Schemata entstammen, auf der schon Oswald aufgebaut hat, teilweise aber sind sie sicher auch ferne Reminiszenzen seiner Kunst. Schließlich gibt es einige Lieder, die in A, B und c fehlen, in anderen Handschriften aber dem Wolkensteiner zugeschrieben werden; von ihnen dürften einige tatsächlich Oswald gehören, andere bezeugen immerhin, daß der Name des Dichters verbreitet war (vgl. unten zu Lied 8).

Digitalisate der genannten Handschriften und der Streuüberlieferung sind nachgewiesen auf der Homepage der Oswald von Wolkenstein-Gesellschaft (Datum der Abfrage 6. 12. 2023): http://wolkenstein-gesellschaft.com/ueberlieferung.

Auswahl und Anordnung

Aus dem Œuvre Oswalds sind hier 41 Lieder, knapp ein Drittel des Gesamtwerks, wiedergegeben. Bei der Auswahl habe ich mich bemüht, neben der literarischen Qualität auch die Vielfalt der Themen und Typen zu beachten. Allerdings fehlen einige Typen, die im Œuvre selten vorkommen, hier ganz, so etwa die Kalendergedichte (Kl. 28, 67), die vielsprachigen Lieder (Kl. 69, 119), die erzählenden Passionslieder (Kl. 111, 114), die Hymnenübertragungen (Kl. 109b, 129, 130), die Rechtsdidaktik (Kl. 112, 113) und die Hussitenpolemik (Kl. 27).

Angeordnet sind die ausgewählten Lieder in drei großen Gruppen. Die erste Gruppe (1–16) enthält weltliche Lieder ohne autobiographische Bezüge, die für eine chronologische Einordnung verwertbar wären. Die Gruppe schlägt einen Bogen von Ich-Liedern der ›feinen‹ Liebe über Frühlingslieder, Liebesdialoge, Tagelieder zu Liedern der ›niederen‹ Liebe und Trinkszenen. In der Mittelgruppe (17–31) stehen in ungefähr chronologischer Folge Lieder mit deutlichen autobiographischen Bezügen. Die etwas kleinere Schlußgruppe (32–41) bringt, grob nach Themen geordnet, moralische und vor allem geistliche Lieder. Sie schließt mit dem Lied, das am spätesten in die Handschrift B eingetragen wurde und wohl als Oswalds letztes Lied zu gelten hat.

Text

Im Unterschied zur Ausgabe von Klein ist der Text in der Regel auf die ältere Handschrift A gegründet. Auf semantisch relevante oder sonst bemerkenswerte Abweichungen von der Leithandschrift (meist also A) wird im Text durch Kursivierung hingewiesen, im Kommentar sind dann die Lesarten der Leithandschrift und der anderen Haupthandschrift (meist also B) nachgewiesen. Auf die Überlieferung in der jüngeren, von B abhängigen Handschrift c wird zwar mit Blattangabe hingewiesen, Lesarten von c werden aber nicht verzeichnet. Banale Schreibfehler von A und B werden ohne Kursivierung und meist ohne Nachweis im Kommentar verbessert, bei A auch die relativ häufige Vertauschung von *n* und *m* in Flexionsendungen, soweit das Gemeinte klar ist. Die Graphie wurde zur Erleichterung einer historisch annähernd adäquaten Aussprache und zur Verdeutlichung der Reime stillschweigend reguliert. Insbesondere wurden Konsonantenhäufungen ohne erkennbaren Lautwert vereinfacht und die verschiedenen Graphien für die *u*-Laute nach dem vermutlichen Lautwert geregelt. Gewisse Varianzen wie *e/ä, ei/ai, ou/au, b/p* im Anlaut vor betonter Silbe, *pf/ph, k/ch* (gesprochen *k/kch*) im Anlaut, *k/kh* im In- und Auslaut, *ir/ier* und Schreibungen ohne oder mit Sproßkonsonant (*nimt/nimpt, mensch/mentsch*) oder Sproßvokal (*zorn/zoren*) wurden toleriert, wo nicht eine Verdeutlichung von Reim oder Vers wünschenswert erschien. Sonderregelungen für einzelne Texte sind im Kommentar genannt.

Edition der Melodien und Tonsätze

Wichtigstes Kriterium für die Art der Darbietung der Melodien in der Ausgabe war die praktische Musizierbarkeit. Aus diesem Grund sind die alten Schlüssel durch den (meist oktavierten) G-Schlüssel ersetzt, die Wiedergabe der Notenwerte und der rhythmischen Zeichen in A und B folgt ebenfalls dem heute Üblichen. Die mehrstimmigen Sätze werden in Partiturform geboten (in den Handschriften stehen die einzelnen Stimmen für sich), ›Takte‹ werden darin durch Linien zwischen den Notenzeilen angedeutet. Wiederholungen, die in den Handschriften oft (aber nicht immer) ausgeschrieben sind, werden – vor allem auch um die musikalischen Formen durchsichtig zu machen – grundsätzlich nicht ausgeschrieben; Melodievarianten in den Wiederholungen werden durch Buchstaben über den betreffenden Noten angegeben, davor steht jeweils das Kürzel Wh. Die Melodiezeilen wurden durchweg mit kleingedruckten Zeilenzählern versehen. Notwendige oder empfehlenswerte Ergänzungen (Vorzeichen, Noten) sind in spitze Klammern gesetzt. Grundsätzlich wurden für die Edition beide Handschriften berücksichtigt. Zugrunde gelegt wurde jeweils die Handschrift, auf die sich der Text stützt, meist also A. Rechts oben vor der Melodie bzw. dem Tonsatz finden sich die Blattangaben in den Handschriften, wobei die Leithandschrift jeweils an erster Stelle steht. Auf die (sehr aufwendige) Wiedergabe von Lesarten bei den mehrstimmigen Liedern konnte verzichtet werden, da man hierzu alles Nötige bequem im Editionsband von Pelnar findet. Anders verfahren wurde bei den einstimmigen Melodien, da die bisherigen Editionen die Abweichungen, wenn überhaupt, dann nur wenig übersichtlich bieten. Kleinere Abweichungen von den Melodieverläufen der jeweiligen Leithandschrift werden in der Ausgabe über den Noten in kleinen Buchstaben vermerkt. Bei

Nr. 12, 18, 22, 32, 34 und 35 erschien es sinnvoll, die Abweichungen synoptisch in Noten wiederzugeben. Um das praktische Musizieren zu erleichtern, wurde in den Fällen, in denen Töne mehrfach verwendet sind, die jeweilige Melodie, unterlegt mit dem neuen Text, wiederholt; Varianten in den Melodieverläufen und Unterschiede zwischen A und B konnten dabei dann unberücksichtigt bleiben.[1] Frühere Übertragungen (vgl. das Verzeichnis der Ausgaben) wurden selbstverständlich mit herangezogen.

Hinzuweisen ist auf einige Besonderheiten der Musikaufzeichnung in den Oswald-Handschriften. Obwohl die Tonhöhen präzise festgelegt sind, verstanden sich nötige Akzidentien in der Regel aus den Erfahrungen des praktischen Musizierens, weshalb sie meist nicht eigens notiert wurden. b- und Kreuzvorzeichen müssen deshalb in den modernen Ausgaben ergänzt werden. Der Großteil dieser Ergänzungen ist zwingend, da es sowohl bei einstimmigen Melodien wie in mehrstimmigen Sätzen darum geht, das im Mittelalter als Mißklang angesehene Intervall der übermäßigen Quarte (z. B. F – h) bzw. der verminderten Quinte (z. B. h – f), den sog Tritonus, durch Vorzeichnung zu vermeiden (F – b, Fis – h bzw. h – fis). Die eine oder andere sonstige Vorzeichnung kann man als Empfehlung verstehen; beim praktischen Musizieren wird man vielleicht gelegentlich andere Lösungen bevorzugen. Auf den ersten Blick mag es beim Musizieren verwundern, daß in einzelnen Melodieaufzeichnungen bisweilen vom sonst strikt durchgehaltenen Dreierrhythmus abgewichen wird. Dies ist etwa in Lied 13, Z. 2/7 sowie 12 + 13 der Fall. Hier ist indes zu beachten, daß Oswald immer wieder inhaltliche Momente auch melodisch auszudrücken versucht (vgl. dazu das Nachwort). In Lied 13 etwa dürfte sich die rhythmische Abweichung in 2/7 dem *sticklen perg* verdanken: die gegenüber dem fröhlichen Dreierrhythmus der vorhergehenden Zeile andersartige Linie aus aufsteigenden Sekunden verweist zweifellos auf den mühsamen Aufstieg auf die »wilde Höhe«. Dagegen heben die Melodiezeilen 12 + 13 die außerordentlichen Schönheitsmerkmale der Jäterin nachdrücklich ins Bewußtsein. Eine gewisse Freiheit gegenüber dem in der Edition fixierten Notentext ist beim praktischen Musizieren gewiß eingeräumt – dabei ist jedoch immer wieder zu prüfen, ob den Noten, so wie die Ausgabe sie bietet, nicht gewisse musiktheoretische bzw. ästhetische Prinzipien zugrunde liegen (auf die im einzelnen im Kommentar nicht hingewiesen werden kann).

Im Kommentar werden zur Erläuterung der Bauformen gelegentlich Kapitälchen für metrisch-musikalisch einander entsprechende Bauteile verwendet – zur Unterscheidung von den versal gesetzten Handschriftensiglen; die traditionelle Kanzonenform (Stollen – Stollen – Abgesang) wird dann z. B. durch AAB angedeutet.

---

[1] Folgende Mehrfachverwendungen von Tönen kommen in dieser Auswahl vor (das nach Handschrift B ›tonangebende‹ Lied steht voran): 5 – 38; 13 – 10; 20 – 37; 22 – 24 – 23 (vgl. auch 33); 27 – 30; 34 – 40 (tonangebend Kl. 28).

Zu den metrischen Formen

Die mit der musikalischen Form eng verbundene, aber doch auch eigenen Ansprüchen folgende metrische Form wird in einem eigenen Abschnitt erläutert. Soweit dies durch eigene Schemata geschieht, folgen diese weitgehend dem üblichen Verfahren: Die Hebungen (Versbetonungen) werden gezählt, die Reime durch Buchstaben bezeichnet, weibliche Reime mit einem zusätzlichen Strich versehen. Auftakte, bei Oswald nahezu immer gesetzt, werden nicht markiert, die seltene Auftaktlosigkeit ist durch ° gekennzeichnet. Für Waisen (reimlose Verse) steht anstelle des Reimbuchstabens x, für Kornreime (Reime, die erst in Folgestrophen ihre Entsprechung finden) K. Refrains sind durch Fettdruck hervorgehoben. Sind in der Ausgabe mehrere Reimglieder zu einer Zeile zusammengefaßt, werden sie im Schema durch kleine Bögen verbunden. Im Text sind die Anfänge metrisch-musikalischer Untereinheiten der Strophe durch Großbuchstaben markiert.

Zu den Abbildungen

Als Abbildungen sind vor allem die vier sicheren Bildnisse Oswalds von Wolkenstein beigefügt. Wiedergegeben sind (in starker Verkleinerung) die Porträts vom Anfang der beiden Haupthandschriften A und B (S. 160 und 204, vgl. dazu S. 315). Beide zeigen den Dichter bartlos mit Ordensinsignien, A stilisiert ihn als Adligen mit Wappen und Notenblatt, B präsentiert ihn im Stil früher italienischer Individualporträts. Mit dem in einigen Liedern erwähnten Bart ist Oswald außerdem dargestellt auf dem Denkstein am Brixener Dom (S. 20, vgl. dazu S. 402 f.) und als Randzeichnung in einer aus Südtirol (Neustift?) stammenden lateinischen Handschrift: Wolfenbüttel, Herzog August Bibliothek, cod. Guelf. 11 Aug. 4°, 202^v (S. 62, vgl. dazu Mück in den Abbildungen zur Überlieferung [S. 316]). Darüber hinaus hat man Oswalds Gesicht mit dem einen Auge auf mehreren zeitgenössischen Bildern zu entdecken geglaubt, immer bartlos. Da dort jedoch Name und Wappen fehlen, bleiben solche Identifizierungen ganz unsicher.

Auf S. 42 f. zeigen wir ferner die Aufzeichnung eines Liedes in Handschrift A. Im Original mißt jede Seite 36,8 × 26,8 cm, die Initialen sind rot und blau.

Kommentar zu den einzelnen Liedern

1   *Ain mensch von achzehen jaren klueg* = Kl. 57

Überlieferung, Lesarten: A 8^{rv}, B 25^r, c 54^{rv}. Hier nach A. II,8 *mich* fehlt B; III,1 *mensch nie* B. In A steht über dem Lied *Regina Margarita*. Wenn der Eintrag aus einer Vorlage stammt, könnte er ein Hinweis sein, daß Oswald dieses Lied vor Margarete von Prades (s. zu 18, III,1) vorgetragen hat. Vgl. auch Timm 1972, S. 156, Anm. 415.
    Melodie: Einstimmig. Zweiteilige Form AB (A = Z. 1–4, B = Z. 5–8), wobei beide Teile den gleichen Melodieschluß haben. Die Aufzeichnungen in A und B stimmen fast völlig überein. Vgl. auch S. 419.
    Metrische Form: 4a 4b 4a 4b | 4c 4c 4c 3K-. In II,1:3 Erweiterung des Reims.
    Typus: Sehnsuchtsklage mit starken Anleihen aus der Minnesangtradition (u. a. Ruhelosigkeit, Präsenz des Bildes der Geliebten in der Ferne, Erstarren in ihrer Gegenwart). Nicht traditionell sind die konkrete Altersangabe und die Anspielung auf die Einäugigkeit des Dichters.
    Literatur: Marold 1926, S. 175 f.

2   *Freu dich, du weltlich creatur* = Kl. 120

Überlieferung, Lesarten: A 16^{rv}, zur Aufzeichnung vgl. Timm 1972, S. 36 f.; nicht in B und c. II,1 *daz* zu *dez* verbessert? A.
    Melodie: Dreistimmiges Tenorlied. Vgl. Pelnar, Ed., S. 144–149. Discantus und Kontratenor wurden in A nachgetragen. Pelnar 1982, S. 104–106, vermutet eine französische Quelle des späten 14. Jahrhunderts. Die Melodieaufzeichnung ist teilweise fehlerhaft und bedarf an einigen Stellen der Ergänzung.
    Metrische Form: 4a 4a 4a 4a 1b-_1b-_4c 1c-_1c-_2d 4d 5K-. In II,5 ist der innere Reim verschoben.
    Typus: Schönheitspreis, die Geliebte als Kunstwerk Gottes. Die Beschreibung der körperlichen Schönheit bleibt dezent und ist erweitert um den Preis von Klugheit und adlig-anmutigem Verhalten. Knapps Versuch, das Lied als Marienpreis zu deuten, hat mich nicht überzeugt; vgl. generell Wachinger 2001.
    Literatur: Fritz Peter Knapp, Das weibliche Schönheitsideal in den Liedern Oswalds von Wolkenstein, in: ZfdA 131 (2002), S. 181–194, bes. S. 193 f.

3   *Ach got, wer eck ein belgerin* = Kl. 90

Überlieferung, Lesarten: A 55^v–56^r, B 37^{rv}, c 74^r. In B und c oberdeutsch. Hier nach A pseudo-niederdeutsch (›flämisch‹, vgl. Kl. 69). Einige oberdeutsche Diphthonge und andere Formen, die im A-Text sonst auch niederdeutsch vorkommen und daher vielleicht dem Schreiber zur Last fallen, habe ich ins Niederdeutsche transponiert. In korrektem Niederdeutsch war das Lied aber von vornherein nicht abgefaßt, wie schon der Reim I,2:4 zeigt (niederdeutsch *was* : *hat*). Abweichungen von A: I,3 *so so* A; *mein* A; I,8 *freuntlicken* A; I=II=III,13 *seine* A; *můdsn* A; II,4 *ick* A; II,5 *mein* A; II,8 *weyl* A; III,3 *mich* A; III,7 *stampaney* A.

Melodie: Nach B, in A steht der Text der ersten Strophe unter leeren Notenlinien. Die Notenzeilen 3 und 4 sind in B ausgeschrieben. Einstimmige Kanzone mit Refrain AABR.

Metrische Form:
   4a 4b | 4a 4b
   4c 2d- 4c 2d-
4e 4e 4e 2f- 6f-

Typus: Gegeneinandergestellt sind das gegenwärtige Leiden an der Trennung von der Geliebten (Str. II und III) und die Vorstellung, welche Möglichkeiten der Liebesannäherung ein Pilger hat (Str. I und Refrain). Das gegenwärtige Getrenntsein wird gemessen an der Trennung nach einer Liebesnacht (Tageliedsituation); diese – so ist der Text wohl zu verstehen – sei immer noch besser, weil sie ein vorheriges Beisammensein voraussetzt. Die Charakteristika des Pilgers sind – wie wohl auch in der historischen Realität – nicht deutlich von denen eines wandernden Semireligiosen (Begarden) unterschieden. In 18,IV findet sich die sehr ähnliche Vorstellung des in Liebesdingen erfolgreichen Begarden. Was an biographischer Realität hinter diesen ›Erinnerungen‹ steht, ist unsicher; meist denkt man an eine Pilgerfahrt Oswalds ins Heilige Land.

Literatur: Marold 1926, S. 227–229.

4   Frölich, zärtlich, lieplich und klärlich = Kl. 53

Überlieferung, Lesarten: A 32ᵛ–33ʳ, B 23ʳᵛ, c 52ʳᵛ. Hier nach A. II,5 *tieflich*] *lieplich* B; II,12 B] *trewlisch mülisch* A; III,4 *gedruckt* B; III,5 *wer*] *so wër* B; *da*] *gar* B; III,7 *lustlicher* B; III,8 B] *herczen* A; *allen*] *argen* B.

Musikalische Form: Zweistimmiger Satz. Tenor textiert, Discantus nur in A mit Textmarken versehen, wohl nicht als Andeutung einer vollständigen Textierung, sondern als Orientierungshilfen für den Instrumentalisten. Zu den Abweichungen in B vgl. Pelnar, Ed., S. 132 und 134. Der Satz entspricht dem eines anonymen französischen Rondeaus aus dem 14. Jahrhundert *En tes doulz flans*, s. French secular compositions of the fourteenth century, hrsg. von Willi Apel, American Institut of Musicology 1970 (Corpus mensurabilis musicae 53), Bd. 3, Nr. 244. Anders als dort ist bei Oswald nicht der Discantus, sondern nach deutschem Usus der Tenor textiert, auch wird der erste Teil nicht wiederholt. Vermutlich hat Oswald nicht das französische Original, sondern »eine instrumentale Zwischenüberlieferung« vorgelegen (Pelnar 1982, S. 103). Die Textform läßt sich jedenfalls weder vom Rondeau-Muster noch von den Traditionen deutschen Strophenbaus her verstehen.

Metrische Form: Die mit Schlagreimen, Gleichklängen und Anklängen reich geschmückte Sprachform scheint mit ihren rhythmischen Besonderheiten ganz vom musikalischen Satz her entworfen zu sein.

Typus: »Wachtraum der Phantasie« (Banta). Die Hauptmotive, Tageliedsituation, Tanz, Blumenpflücken und Liebesvereinigung, haben ihren Zusammenhang in der Situation eines Einsamen, der sich zur Geliebten hinwünscht.

I,5 *preis*] Wohl nicht zu mhd. *prîsen* ›rühmen, lobenswert machen‹, sondern zu *brîsen* ›schnüren, einfassen‹, in Neidharts Sommerliedern auch für das Ankleiden zum Tanz.

I,12 *schaunen*] Wohl nicht reimbedingte Variante zu *schön*, sondern aus altfrz. *jalne, jaune* ›gelb‹ (Banta, S. 61), hier zur Differenzierung von *gel* und zur Andeutung des Lehnwortcharakters mit ›beige‹ übersetzt.

II,1] Die Deutung der klangspielerisch gereihten Adverbien ist teilweise unsicher. Ich stelle *lünzlocht* zu bair. *lunzen* ›leicht schlummern‹ (Schmeller I, 1495), *münzlocht* zu schweizerisch *munzen* ›undeutlich reden, küssen‹ (Schweizerdt. Wb. 4,347), *klünzlocht* zu *klünseln, klünzeln* ›schmeicheln, schöntun‹ (DWb 5/11, Sp. 1300; Schmeller I, 1336), *zisplocht* zu *zispern, zispeln* ›flüstern, lispeln‹ (DWb 15/31, Sp. 1649; Schmeller II, 1159).

II,4 *pöschelochter*] Zu *bauschen, pauschen* ›schwellen‹ (DWb 1/1, Sp. 1199 und 7/13, Sp. 1513); vielleicht ließe sich auch die normalisierende Schreibung *pöuschelocht* rechtfertigen.

II,12 *trielisch, mielisch, vöslocht*] Den A-Lesarten vermag ich keinen Sinn abzugewinnen. Aber auch die Textherstellung nach B bleibt unsicher, weil die Erklärung unsicher ist. Klar ist *trielisch* zu *triel* ›Lippe, Mund‹. Die Form *mielisch* wird meist zu *smieren, smielen* ›lächeln‹ gestellt, was semantisch gut paßt, aber als Graphie nur erklärt werden kann, wenn man annimmt, daß das anlautende *s* vom Auslaut des vorausgehenden Wortes aufgesogen worden ist. Die Deutung von *vöslocht* als ›voll‹ (Banta, S. 65, nach Schatz) bleibt ganz unsicher.

III,13 *getusst*] Wohl zu *tuschen* ›schlagen, stoßen‹ (DWb 11.1.2/22, Sp. 1925).

Literatur: Frank G. Banta, Dimensionen und Reflexionen: Eine Analyse des Gedichtes ›Frölich, zärtlich‹ von Oswald von Wolkenstein, in: WdF 1980, S. 57–78 [zuerst engl. in: Journal of English and Germanic Philology 66 (1967), S. 59–75]; Ursula Schulze, Syntaktische Strukturen in den Liedern Oswalds von Wolkenstein, in: Bennewitz/Brunner 2013, S. 389–403, dort S. 392 f.

5   *Des himels trone* = Kl. 37

Überlieferung, Lesarten: A 34ᵛ, B 15ᵛ–16rʳ, c 41ʳᵛ. Hier nach A. I,17 *un*] *jn* B; II,17 *gefuret* A, *gefieret* B; III,7 *Ir*] *Sein* B; III,10 *durch* B] *in* A.

Form und Melodie: In A zweistimmig, Text nur dem Tenor unterlegt; in B nur der Tenor, danach ein geistliches Lied gleichen Tons (hier Lied 38), beide Lieder eingeordnet unter lauter einstimmigen Liedern. Vgl. Pelnar, Ed., S. 2–7. Nach Pelnar 1982, S. 21–30, liegt im Satz von A keine genuine Mehrstimmigkeit vor, da der Kontratenor völlig von der Tenorstimme abhängig ist; es handle sich um einen gehobenen, kunstvolleren Vortrag eines im Grunde einstimmigen Liedes. Die metrisch-musikalische Großform der langen, reimreichen Strophe (AABBC^{1}C^2) ist rhythmisch differenziert: A ist besonders reich an Melismen ohne strengen Takt; B beginnt in einem Zweiertakt, wobei die Wiederholung dieselbe Melodie anders betont (*verswúnden ist der sné* gegen *dés wil ích von hérzen*) und mündet dann wieder in den melismatischen Stil von A; C schließlich fällt in einen tanzartigen Dreiertakt.

Typus: Freude der Morgen- und Frühjahrsnatur und freudige Liebesgedanken sind eng verschränkt. Die eigene Liebe ist bei betonter Vermeidung jedes Grobianismus (*weiplich zucht*) der vitalen Lebenslust der Tierwelt parallelisiert (II,17–20). In der Tanzmotivik ist auch die Gesellschaft schon impliziert, die gegen Ende zum Mitfreuen aufgefordert wird (III,13–15). Der letzte Satz gilt Gottes Gnade, die solche Freude ermöglicht. Die Hauptelemente des Liedes können durchaus an literarische Traditionen angeknüpft werden: Tagelied, Frühjahrseingänge im Minnelied, Tanzaufruf in Neidharts Sommerliedern, Reigenlieder der Carmina Burana, geistliche Perspektivierung des Frühjahrs z. B. im Osterhymnus *Mundi renovatio*. Die Konkretion der Motive aber und ihre Kombination zu einer Atmosphäre der ungetrübten Harmonie zwischen Natur, individueller Erotik, Gesellschaft und christlichem Glauben sind ganz Oswalds Eigentum.

II,11 *enphangen*] Variante von *empfenget* ›entzündet‹ nach Marold 1926, S. 135.
III,20 *neur ain got*] Anklang an die Trinitätsformel ›[drei und doch] nur einer‹.
Literatur: Burghart Wachinger, Reim und Rhythmus bei Oswald von Wolkenstein, in: Bennewitz/Brunner 2013, S. 241–253. dort S. 250 f.

6 *Der mai mit lieber zal* = Kl. 50

Text, Lesarten: A 19^v–20^r, B 21^v, c 50^v. Hier nach A. 2 B] *bedeckt* A; 10 B] ein *cu* fehlt A; 22 *sang* B; 36 B] *grack3 gracket* A; 42–60, die musikalische Wiederholung des zweiten Teils, fehlt B, doch ist das Schlußwort *tan* unter der clausula-Note eingetragen; 42 *prach* A; 51 *so sprach* A; 56 *veyer* A; 58 *saylon* A; 60 *den* A. Die Beobachtungen von Erika Timm, S. 62–65, zur Aufzeichnung in den Handschriften A und B zeigen, daß B nicht direkt aus A abgeschrieben sein dürfte. Die weitergehenden Überlegungen Timms, daß die Verse 42–60, die in B fehlen, nur eine Gelegenheitserweiterung Oswalds darstellen und nicht zum eigentlichen Konzept des Textes gehören, überzeugen mich jedoch nicht. Was sie als Zeichen mangelhafter Durcharbeitung ansieht, scheinen mir teils oberflächliche Schreiberfehler zu sein, teils formale Freiheiten, wie sie sich Oswald auch sonst erlaubt.
Form, Vorlage, Typus: Zweistimmiger Satz der Form ABB. Vgl. Pelnar, Ed., S. 86–95. Das Lied hat den musikalischen Satz und die Nachahmung der Vogelstimmen (nicht

aber die metrische Form) übernommen von dem um 1400 sehr verbreiteten Virelai des Jean Vaillant, hrsg. von Gordon Greene, French Secular Music, Monaco 1982 (Polyphonic Music of the Fourteenth Century 19), Bd. 2, S. 170–174; vgl. auch Timm 1972, S. 137–139, und Fernand Leclercq, Questions à propos d'un fragment récemment découvert d'une chanson du XIVe sècle: Une autre version de *Par maintes fois ai owi* de Johannes Vaillant, in: Musik und Text in der Mehrstimmigkeit des 14. und 15. Jahrhunderts, hrsg. von Ursula Günther und Ludwig Finscher, Kassel [u. a.] 1984, S. 197–228; Übersetzung bei Herbert Loewenstein, Wort und Ton bei Oswald von Wolkenstein, Königsberg 1932 (Königsberger Deutsche Forschungen 11), S. 100 f. Auf diese Vorlage wird in Handschrift A verwiesen: zu Beginn des Tenor stehen da die Worte *Per montes foys*.

Es handelt sich um den einzigen Fall, in dem Oswald nicht nur die Musik, sondern auch Textelemente eines romanischen Liedsatzes übernommen hat. Der Abstand vom Vorbild ist allerdings gewaltig. Im französischen Text sind die Lautmalereien größenteils semantisch sinnvoll: *tue* ›töte‹, *oci* ›erschlage‹, *fi de li* ›pfui über ihn‹ (Hinweis von Nicola Zotz), *que te dit Dieu, Dieu* ›was dir Gott [gemeint wohl der Gott der Liebe] sagt‹. Die Szene stellt einen Streit zwischen Vögeln dar: Der Kuckuck stört den Liebesgesang der Nachtigall und will auch von Liebe reden; die ›guten‹ Vögel verbünden sich gegen ihn, nehmen ihn gefangen, wollen ihn töten und können nun wieder ruhig den Gott der Liebe anrufen – eine Szene, die offensichtlich den Gegensatz zwischen höfischem und unhöfischem Singen von Liebe meint. Ob Oswald Vaillants Text vollständig verstanden hat, ist unsicher. Jedenfalls sind bei ihm die übernommenen Vogelrufe reine Lautmalereien, denen er weitere hinzufügt. Vaillants geschlossene Szene ist in mehrfacher Hinsicht aufgebrochen. Der Kuckuck ist zum Sangeswettkampf vor allem durch Hunger motiviert, und dann mischen sich auch noch Rabe, Fohlen, Esel, Mühle, Müllerin und Bäuerin ins Frühjahrskonzert, das damit zum vitalen Lärm ausartet. Überdies wird die Stimme des menschlichen Beobachters, die bei Vaillant nur im Eingangsvers und, kaum von den Vogelstimmen zu unterscheiden, in den beiden Schlußversen zu hören war, angereichert: Sie taucht in Z. 36–38 das Treiben der Vögel kurz in komisches Licht und scheint am Ende (Z. 56–61) die Todverfallenheit dieses vitalen Treibens anzudeuten.

6 *galander*] Eine mediterrane Lerchenart, die wegen ihres Gesangs auch gern in Käfigen gehalten wurde.

16–22] Nach Berger/Tomasek handelt es sich bei Z. 16–21 um die Antwort der Nachtigall auf die ängstliche Frage der kleinen Vögel. Ich habe mich in der Zeichensetzung dieser Auffassung angeschlossen, obwohl man als Hörer die folgenden Vogelrufe spontan wohl als Realisierung des Konzerts verschiedener Vögel versteht. Z. 22 ist in Handschrift A durch den Konjunktiv *sing* noch als Reaktion auf die Bedrohung des Kuckucks formuliert, während in B der Erzähler mit dem Indikativ *sang* einen von der Reaktion der Singvögel völlig unberührten Kuckuck zeigt.

41] Ob Indikativ *behueb* oder Konjunktiv *behüeb* gemeint ist, läßt sich nach dem Schriftbild nicht entscheiden. Ich habe den Konjunktiv gewählt, weil im Irrealis die Vorstellung von einem Kampf oder Wettstreit um den Gral ein klein wenig konkreter wird. Den Indikativ müßte man übersetzen ›behielt den Preis‹. 42] Okken/Mück, S. 159, möchten die Schreibung *prach* retten und erklären sie als Fachwort der Musik. Aber der Musikterminus *brechen* (vgl. zu 32,I,11) wird anders konstruiert und würde kaum zum Wiehern des Fohlens passen. Die Parallelen von Z. 9, 15, 23, 51 sprechen für einen einfachen Schreibfehler.

44] Ein Sprichwort? Das Präsens spricht jedenfalls dafür, den Vers als Teil der Rede des Fohlens aufzufassen.

45] *lüejen* ist nur als schwaches Verb belegt. Okken/Mück, S. 159, nehmen daher Konjunktiv an: »Der Esel soll brüllen«. Der Kontext läßt aber Indikativ erwarten. Marold 1926, S. 162, verweist zur Erklärung der starken Flexion auf das verwandte ags. starke Verb *hlôvan*.

52–60] Es ist unklar, wie weit die Rede der Bäuerin reicht. Okken/Mück und Berger/Tomasek lassen sie bis zum Ende des Textes gehen mit weitreichenden Konsequenzen für ihre Interpretationen. Mir scheinen zumindest die letzten vier Verse dem Erzähler zu gehören (s. u.). Eine gewisse Zäsur ist auch nach Z. 54 zu spüren. Aber da Z. 55 wohl noch an den Esel gerichtet ist – zum alten Motivkomplex vom Esel mit der Leier vgl. Okken/Mück, S. 170–188 –, lasse ich die Rede der Bäuerin mit Z. 56 enden. Die Aufforderung, Musik zu machen bis zum elenden Tod, vordergründig eine zynische Rede der Bäuerin, scheint mir allerdings schon über die Szene hinauszuweisen und den Schlußpassus vorzubereiten. Da es aber wohl mehr auf das turbulente Klangbild als auf eine im Ablauf genau nachvollziehbare Szene ankommt, ist die Frage nach der Stelle der Anführungszeichen letztlich nicht so wichtig.

57–60] Diese Verse, die mir textlich und musikalisch noch einmal neu anzusetzen scheinen, halte ich für die Rede des beobachtenden und teilnehmenden Erzählers, der das vitale Treiben noch anfeuert.

58 f.] Walpurg ist sicher kein Hundename (Marold 1926, S. 163), aber auch für eine Bauernmagd (Okken/Mück) wäre es kein konventioneller Name. Mir scheint durch den Namen auf den Maianfang angespielt zu sein (vgl. den Beginn des Lieds). Der heute gültige Tag der hl. Walpurgis ist zwar der 25. Februar, und auch in Oswalds Kalendergedichten ist sie diesem Tag zugeordnet. Es ist aber bezeugt, daß im Kollegiatstift Brixen neben dem 25. Februar auch der 1. Mai als Fest der Walpurgis gefeiert wurde, s. Hermann Holzbauer, Mittelalterliche Heiligenverehrung. Heilige Walpurgis, Kevelaer 1972 (Eichstätter Studien NF 5), S. 119 f. Die Vorstellung einer Walpurgisnacht der Hexen war Oswald vermutlich nicht vertraut. Walpurg dürfte eher eine zur Anrede gewordene Datumsangabe sein; vgl. in Oswalds Kalendergedichten Sätze wie *Trinck, Martein, wein, und gens iss, Ott* (Kl. 67,65).

60] *rogken* stelle ich zu nordital. *roccolo* ›[Jagd mit dem] Vogelnetz‹. Der Aufruf an den Jäger, nun auch munter zu werden, steckt zugleich ein Hinweis darauf, daß die Singvögel und die vielfältigen vitalen Stimmen der Frühjahrsnatur dem Tode geweiht sind.

Literatur: Timm 1972, S. 62–65, 137–139 [u. ö.]; Okken/Mück 1981, S. 157–195; Christian Berger / Tomas Tomasek, Das Vogelstimmenlied Oswalds von Wolkenstein (Kl. 50), in: Gattungen und Formen des europäischen Liedes vom 14. bis zum 16. Jahrhundert, hrsg. von Michael Zywietz [u. a.], Münster [u. a.] 2005 (Studien und Texte zum Mittelalter und zur frühen Neuzeit 8), S. 9–29.

7 Gar wunniklich hat si mein herz besessen = Kl. 64

Überlieferung, Lesarten: A 25^r (vgl. auch Timm 1972, S. 39 f.), B 27^v, c 58^{rv}. Hier nach B. I,3 *schrick* A; III,1 *ich sol* A; III,2 *dir zedanck* A.

Melodie: Pelnar 1982, S. 67, vermutet, daß der Kanon einem französischen Liedsatz entnommen ist. Timm 1972, S. 40, Anm. 82, nimmt an, es handle sich um einen dreistimmigen Kanon, bei dem die Textstrophen des Dialogs simultan erklingen (sie verweist auf einen dreistimmigen Kanon Machauts als Parallele). Die dritte Stimme müßte dann mit dem 2. Viertel des 1. Taktes von Z. 3 der ersten Stimme beginnen.

Metrische Form: Nur Kornreime, Schema:

   5K^1- 3K^2-ͺ3K^3 2K^4 ͺ4K^5 4K^6- 4K^7

Typus: Liebesdialog mit monologischem Anfang. Die vorausgesetzte Situation – Einigkeit der Liebenden gegen die *melder*, die heimliche Liebesbündnisse verraten wollen – ist im zeitgenössischen Liebeslied sehr häufig.

8 Mir dringet, zwinget, frau, dein güet = Kl. 131

Überlieferung, Echtheit, Lesarten: Das Lied ist als einziges dieser Auswahl nicht in den Haupthandschriften überliefert. Es findet sich in München, Cgm 4871, S. 135 (recte 137) als Nachtrag von anderer Hand nach einer auf 1461 datierten Abschrift des Lohengrin-Epos. Die Überschrift lautet *Den Techst vbr^s das geleyemors wolkenstain*. Weil man angesichts der überragenden Bedeutung der Haupthandschriften die Streuüberlieferung von Oswald-Liedern unterschätzte, wurde das Lied lange für unecht gehalten. Erst durch einen Hinweis von Christoph Petzsch, daß sich die Überschrift auf die Chanson *Je loe amours* von Gilles Binchois bezieht (Germanistik 4 [1963], S. 645), war ein Schlüssel zu einem genaueren Verständnis gegeben, und seit die Streuüberlieferung insgesamt differenzierter beurteilt wird, ist man sich einig, daß die bislang vorgebrachten Argumente gegen die in der Überschrift behauptete Verfasserschaft Oswalds – nur er kann mit *wolkenstain* gemeint sein – wenig Gewicht haben. Lesarten: I,3 *ern*; I,8 *behaget*; I,17 *heint*] *mütt* oder *nintt*?; II,14 *kainer* Textverlust durch Beschneiden des Blatts; II,16 *so* beschnitten; II,17 *lieb*; III,2 *hie* beschnitten; III,4 *lenk*] *senck*; III,6 *liebster* beschnitten; III,8 *weicht*; III,10 *nu* beschnitten; III,12 *versert* beschnitten.

Musiksatz: Das Verdienst, die melodielos überlieferte Kanzone erstmals der auch in mehreren deutschen Quellen enthaltenen, offenbar sehr bekannten Chanson von

Gilles Binchois unterlegt zu haben, gebührt Hans Ganser, vgl. Mück/Ganser. Grundlage ist die Edition von Wolfgang Rehm, Die Chansons von Gilles Binchois (1400–1460), Mainz 1955 (Musikalische Denkmäler 2), Nr. 52. Gansers Unterlegung des Textes unter den Tenor wurde von Welker 1987, S. 203–207, 225 f., korrigiert. Die vorliegende Edition folgt seinem Vorschlag.

Metrische Form (nach Strophe II; Strophe I weicht im Aufgesang durch Variation des Reimgeschlechts und die überlange Zeile I,6 ab, Strophe III nur durch den weiblichen Reim in III,7 f.):

    1a‿1a‿2b- °2b‿2c 2d °1d 5e
    1f‿1f‿2g- °2g‿2b 2h °1h 5e
    4i 2i 2i 3k 4l 2l 2l 2l 2m 2m 2m 2m 4k

Typus: Liebesdialog mit werbenden Bitten des Mannes, zögernden Antworten der Frau. Verglichen mit anderen Liebesdialogen Oswalds ist hier die Haltung der Frau eher von Abwehr bestimmt. Eine gewisse Nähe ist allerdings von Anfang an durch die Anrede in I,6 gegeben, und die Frau kommt dem Werbenden schließlich mit einer Mahnung zur Treue entgegen. Die Abwehr könnte auch durch die vorausgesetzte Situation motiviert sein. Mehrere Formulierungen scheinen lautes Singen, vielleicht also ein Ständchen wie beim Mönch von Salzburg W 5, und damit die Gefahr von Öffentlichkeit vorauszusetzen.

Literatur: Hans-Dieter Mück / Hans Ganser, *Den techst vbrs das geleyemors wolkenstain*. Oswalds von Wolkenstein Liedtext Kl. 131 im Cgm 4871 und Gilles Binchois' Chanson *Je loe amours*, in: Lyrik des ausgehenden 14. und des 15. Jahrhunderts, hrsg. von Franz V. Spechtler, Amsterdam 1984 (Chloe 1), S. 115–148; Welker 1987, S. 203–207, 224–226; Welker 1990/91, S. 264; Burghart Wachinger, *Ma dame Mercye* und *swarz meidlin*. Zweifelhaftes am Rande des Œuvres Oswalds von Wolkenstein, in: Vom Mittelalter zur Neuzeit. Fs. Horst Brunner, Wiesbaden 2000, S. 403–422, dort S. 409–414.

9   *Wach auf, mein hort, es leucht dort her* = Kl. 101

Überlieferung, Lesarten: A 56^{rv}, B 40^v, c 79^r, außerdem, anonymisiert und im Gebrauch verändert, im Lochamer-Liederbuch und im Rostocker Liederbuch, vgl. zuletzt Franz-Josef Holznagel / Hartmut Möller, Ein Fall von Interregionalität. Oswalds von Wolkenstein ›Wach auf, mein hort‹ (Kl 101) in Südtirol und in Norddeutschland, in: ZfdPh 122 (2003), Sonderheft S. 102–133. Außerdem ist die Melodie mit Textanfang auch in zwei Orgeltabulaturen überliefert, vgl. Timm 1972, S. 151 Anm. 395. Hier nach A. II,3 *schal] hal* B; III,6 *Mich schaiden macht verzagen* B.

Melodie: Zweistimmiger Satz, in A und B nur der Tenor mit Text unterlegt. Vgl. Pelnar, Ed., S. 70–73. Nach Pelnar 1982, S. 72–74, Tenorlied mit Merkmalen genuiner Mehrstimmigkeit. Beide Handschriften weisen Schlüsselfehler auf, in A ist der Discantus schlüssellos aufgezeichnet, vgl. Pelnar, Edition, S. 70. Die Melodie ist zweiteilig A = Z. 1–3, B = Z. 4–6. Dabei ist der B-Teil aus Phrasen des A-Teils zusammengesetzt.

Metrisches Schema: Vier Kornreime (K), die erst in den Folgestrophen ihre Entsprechung finden:

2K¹ 2K² 4K³ 2a 2b 2a 2b 2a 2b 3K⁴-

Typus: Tagelied, ausschließlich aus den Reden von Mann und Frau bestehend (ohne Erzählpartien, ohne Wächter). Anders als in der älteren Tradition weckt der Mann die Frau, vgl. generell Sabine Obermaier, Wer wacht? Wer schläft? ›Gendertrouble‹ im Tagelied des 15. und 16. Jahrhunderts, in: Deutsche Liebeslyrik im 15. und 16. Jahrhundert, hrsg. von Gert Hübner, Amsterdam / New York 2005, S. 119–145.

I,3] Zu der Formel *blick durch die brau* vgl. Wachinger 2001.

Literatur: Christoph Petzsch, Oswalds von Wolkenstein *Wach auff mein hort* und *Ain tunckle farb*, in: JOWG 2 (1982/83), S. 243–265, dort S. 243–255 (Lit.).

10 *Los, frau, und hör des hornes schal* = Kl. 49

Überlieferung, Lesarten: A 17ᵛ–18ʳ, B 21ʳ, c 50ᵛ. Hier nach A. Tenor: 2] *überal ane qual* B; 14 B] *kurczliche* A; Discantus: 9 B] fehlt A.

Melodie: Der Satz ist in A dreistimmig, in B zweistimmig aufgezeichnet, die Mittelstimme (Kontratenor) fehlt in B. Vgl. Pelnar, Ed., S. 120–124. Allgemein vermutet wird die Herkunft aus französischer Mehrstimmigkeit. Zu einzelnen Fragen s. Pelnar 1982, S. 97 f. und die Varianten in Pelnar, Ed.

Metrische Form: Kanzonenstrophe, in Tenor und Discantus je verschiedene Versgestaltung, aber beide Stimmen sind durch Reime aneinandergebunden.

Typus: Zweistimmiges Tagelied mit Mannesrolle im Tenor, textlosen Hornstößen, Frauenrolle und Wächterrolle im Discantus. Vorwiegend ein Klangbild leichten Stils, aber nicht eigentlich komisch, wie Marold 1926, S. 159 f., meint.

Discantus 5] Zu einem Wort zusammengezogene Doppelformel, vgl. Marold 1926, S. 159. Vorausgesetzt ist, daß man nackt schläft.
Discantus 13] Sollen die niederdeutschen Formen den Wächter in sprachliche Distanz zum Paar rücken?

Literatur: Klaus Speckenbach, Tagelied-Interpretationen, in: Germanistische Mediävistik, hrsg. von Volker Honemann und Tomas Tomasek, Münster 1999, S. 227–253, dort S. 240–250 (Lit.).

11 Stand auff, Maredel, liebes Gredel = Kl. 48

Überlieferung, Lesarten: A 14ᵛ–15ʳ (vgl. Timm 1972, S. 30–33), B 20ᵛ, c 50ʳ. Hier nach A. Tenor: 3 *kiñt*] *zunt* B; 7–12 (zweiter Stollen) B] fehlt A; 13 *gretlin* AB; 16 A] *lock so wirstu ain bock* B. Discantus: 6 *smüczel* A, *süntzel* B; 8 *vnrain* AB; 10 A] *Chuntz kathry* B; 12 *genczleich des chunczleins* A, *Chünczlis gentzlich* B; 14 B] *kern* A; 18 *geit*] *pringt* B.

Musikalische Form: In A vierstimmig (Discantus, Triplum, Kontratenor, Tenor), in B zweistimmig (Triplum und Kontratenor fehlen). In beiden Handschriften sind Tenor und Discantus so textiert, daß sich ein simultan erklingender Dialog ergibt. Vgl. auch Pelnar, Ed., S. 102–109. Der Satz stammt von einem anonymen französischen Rondeau *Jour a jour la vie*, das auch textlos und mit lateinischen geistlichen Texten verbreitet war; Nachweis der Editionen Timm 1972, S. 139 Anm. 364.

Metrische Form: Die Bauform des Textes ist die einer großen Kanzonenstrophe (AAB). Die Rollentexte reimen überwiegend in sich selbst; nur an Zäsuren, wo beide Stimmen zum Einklang kommen (Z. 3, 6, 9, 12, 18), reimen sie aufeinander.

Typus: Tagelied im bäurischen Milieu, derber als die ländlichen Tagelieder von Steinmar (SM, S. 289) oder das ›Kühhorn‹ des Mönchs von Salzburg (W 3). Die Bäuerin hat als Weckende die Rolle des Wächters eingenommen, stellt sich aber als Herrin gegen das Liebespaar. Dabei wirkt offenbar auch der Typus des Mutter-Tochter-Streits von Neidharts Sommerliedern nach. In späteren Liedern und Gedichten ist das Thema der faulen Magd verbreitet, vgl. Okken/Mück, S. 132–153. Besonders bemerkenswert sind wörtliche Anklänge an Oswalds Lied in einem 1544 gedruckten Quodlibet (Röll); ob sie aus einem alten Lied stammen, das Oswald verarbeitet hat, oder Nachklänge seines Liedes sind, muß offen bleiben.

Tenor 1] Die erste in der langen Reihe von Aufforderungen zu häuslichen und landwirtschaflichen Arbeiten könnte vielleicht als Sexualmetapher verstanden werden, vgl. Okken/Mück, S. 114–116.

Tenor 4 und 6] Auffällig sind die vereinzelten Höflichkeitsformen in der Anrede an Magd und Knecht. Sonst wird die Magd geduzt, während sie die Bäuerin ihrzt.

Tenor 6] *verleucht* ›erleuchtet‹ muß hier im Sinne von ›an den Tag gebracht, offenkundig‹ gebraucht sein. Meine Übersetzung ist angeregt von einem Hinweis auf eine bairische Schelte bei Okken/Mück, S. 123; allerdings dürfte *hellig, hellicht* von *hallen* abgeleitet sein, vgl. DWb 4.2/10, Sp. 974.

Tenor 7] Der Befehl, die Nadel im Stadel zu suchen, der an die Redensart ›eine Nadel im Heuhaufen suchen‹ erinnert, treibt die Fülle der Befehle ins Komisch-Unsinnige.

Tenor 12] Die Form *werd* kann bairisch als Indikativ oder Konjunktiv aufgefaßt werden, vgl. auch 18,IV,8.

Tenor 15] Ich stelle *verzer* mit Schatz zu *verzerren*. Zu erwägen ist jedoch auch *verzern* ›verzehren‹, etwa in dem Sinn ›den Rock versetzen und das Geld verbrauchen‹. Ähnlich, aber ebenfalls unsicher, Hugo von Trimberg, Der Renner, hrsg. von Gustav Ehrismann, Tübingen 1909, v. 12809: *swenne si diu kleider hât verzert* von einer liebeslustigen Nonne. Vgl. auch die Redensart ›den Mantel (Rock) vertrinken‹ TPMA 7 (1998) S. 78 f.

Tenor 16] Bairisch *bocken* wird von Ziegen und Schafen gesagt, die nach dem Bock oder Widder verlangen (Schmeller I, 204); *lock* vgl. bairisch *locken* ›ein Kind im Arm tragen‹, *Lock* ›Kindsmagd‹ (Schmeller I, 1434). Die Lesart von B verstehe ich nicht, Marolds Erklärung (S. 158) überzeugt nicht.

Tenor 17 f.] Wenn meine Übersetzung richtig ist, macht die Bäuerin hier eine Wende vom Schelten zu Versprechungen für den Fall einer ordentlichen Heirat (so auch Marold). Diese Deutung ist aber höchst unsicher. Erwogene Alternativen: ›vier Schock Schläge gebe ich dir zu diesem einen Mann‹ oder ohne Komma nach *dock* ›vier Schock Puppen (= Kinder) sage ich dir von einem einzigen Mann voraus‹.

Discantus 4b] Schatz 1930, S. 50, paraphrasiert »wir können uns auch wehren«. Eine solche Drohung scheint mir aber nicht in den Duktus der Magdrede zu passen. Ich vermute eine Sexualmetapher. Meine Übersetzung stützt sich auf zwei Parallelen bei Oswald: *häcklin* Kl. 76,14 und *ich ... klob dasselbig bloch* Kl. 72,34 f. Zu erwägen wäre auch eine abweichende Bedeutung von *peil*, etwa ›Holz zum Verstopfen des Spundlochs eines Fasses‹ (Schmeller I, 229).

Discantus 8] Die Konjektur *und rain* für *vnrain* scheint mir unvermeidlich.

Discantus 12] Die Konnotationen des Namens Zillertal für den Südtiroler Ritter und sein Publikum sind schwer abzuschätzen.

Literatur: Marold 1926, S. 157–159; Treichler 1968, S. 61–69; Timm 1972, S. 139–144 [u. ö.] (s. Reg.); Walter Röll, Kontrafaktur. Zu Anlaß und Text des Hausherrin-Magd-Liedes Oswalds von Wolkenstein, in: Kühebacher 1974, S. 228–231; Okken/Mück 1981, S. 114–156; Pelnar 1982, S. 87 f.; René Wetzel/Robert Schulz, ›Swaig du faige haut, und schrei nicht laut!‹ Ästhetische Komplexitätsreduktion und Steuerung der Wahrnehmung in polyphonen Liedern am Beispiel von Oswalds von Wolkenstein ›Stand auff Maredel‹ (Kl 48), in: Bennewitz/Brunner 2013, S. 339–357.

12 *Treib her, treib überher* = Kl. 92

Überlieferung, Lesarten: A 55ʳ, B 38ʳᵛ, c 75ʳᵛ. Hier nach A. I,3 A] *schäfflin* B; VI,4 A] *Von hewt das mir mein mutter bot* B; XI,2 *ist* A, *was* B; XIII,2 *mein vßerwelts* A, *du wunniklicher* B; XV,3 *rosenfarber* A, *röselochts* B.

Melodie: Einstimmig. Es handelt sich um eine zweiteilige Liedform ABB. Die Wiederholung von Z. 3/4 ist nur in Handschrift B ausgeschrieben.

Metrik: Die ungewöhnlich kleine Strophenform (1x 6a 1b 3a 1b 3a) läßt sich formgeschichtlich allenfalls an Neidharts Sommerlieder anschließen. Handschrift B hat, vielleicht irritiert von der Kürze der Strophe, je vier Strophen graphisch zusammengefaßt, als handle es sich um eine Großstrophe AAAA.

Typus: Liebesdialog verliebter Hirten. Muster hat man in alpenländischen Hirtenzwiegesängen gesucht. Oswald mag solche gekannt und auch an solche gedacht haben. Zurufe wie »treib her« sind in ›Kühreihen‹ so weit verbreitet, daß man sie wohl auch für Oswalds Zeit voraussetzen darf. Sehr fraglich aber scheint mir, ob auch zusammenhängende Liebesdialoge zwischen Hirt und Hirtin, wie Okken/Mück, S. 562 f., einen aus dem Anfang des 19. Jahrhunderts zitieren, fürs frühe 15. Jahrhundert anzunehmen sind. Die Auffassung, daß Oswald den »Hütekinder-Singsang verulkt habe« (Okken/Mück, S. 566), verkennt m. E. die erotische Zartheit, die bei aller punktuellen Drastik die Szene auszeichnet (vgl. dagegen Lied 11). Der kunstvolle Dialogaufbau, der den Prozeß der erotischen Wiederannäherung erkennen läßt, und die idyllische Sicht aufs Landleben scheinen mir kaum ohne den Hintergrund von Vergils Bukolik und der von ihr ausgehenden Tradition denkbar zu sein, auch wenn ganz fraglich ist, wie Oswald diese kennengelernt haben könnte. In der deutschen Liedtradition gibt es jedenfalls eine solche Sicht auf ein in sich geschlossenes (nicht von einem Liebhaber höheren Stands erfahrenes) Landliebesleben vor Oswald nur vereinzelt und nur ansatzweise, soviel ich sehe, am ehesten in zwei Tageliedvariationen: Steinmar (SM, S. 289) und Mönch von Salzburg ›Kühhorn‹ (W 3). Eine breite Rezeption antiker Bukolik in deutscher Sprache setzt erst viel später ein.

XVI,4] Okken/Mück haben S. 554 die zwei Deutungsmöglichkeiten für *wat* herausgestellt. Gut bezeugt ist *wât* ›Kleidung‹. Da die Liebesvereinigung schon vorher vollzogen wurde und beide offensichtlich nachts zuhause leben, käme nur uneigentlicher Gebrauch in Frage, am ehesten eine Umschreibung der Personen: ›ihre Kleider‹ = ›ihre Gestalten‹, ›sie‹. Noch genauer paßt das Substantiv *der Wat* (DWb 13/27, Sp. 2569), ein mit *waten* ›waten, treten‹ verwandtes Wort (mit altem kurzen *a*), für das im Elsaß die Bedeutung ›niedergetretener Wiesenstreifen‹, in Lothringen ›getretener Pfad‹ bezeugt ist. Obwohl die Beleglage mehr als dürftig ist, habe ich diese Deutung bevorzugt. Im Kontext der Szene ist der Unterschied allerdings nicht gravierend.

Literatur: Okken/Mück 1981, S. 533–570.

13 *Ain jetterin, junk, frisch, frei, fruet* = Kl. 83

Überlieferung, Lesarten: A 43ᵛ, B 34ʳᵛ, c70ᵛ–71ʳ. Hier nach A. I,11 *An als verscheuchen* B; III,11 *Von solchen sachen* B.

Melodie: Einstimmiges Lied der Form AA'B. Zum Bautyp vgl. Timm 1972, S. 128 f., Anm. 319. Vom 2. Stollen ist in beiden Handschriften nur die Schlußerweiterung notiert, in A mit dem Hinweis *Clasula*, d. h. Clausula. Vor dem Refrain steht in beiden Handschriften *Repeticio*. Die Aufzeichnung der Melodie in A ist schlüssellos. Vgl. auch S. 319.

Metrische Form:
4a 4b 4a 4b 3c-
4d 4e 4d 4e 3c- 2c-
2f 2f 4g 2h- 2h- 2i- 2i- 4g

Typus: Erotikon vor dem Hintergrund der Pastourellentradition. Vogeljagd und erotisches Geschehen sind assoziiert und werden in den doppeldeutigen Wörtern *kloben* (II,4 und III,8) und *voglen* (III,1 und III,7) ganz ineinandergeblendet. Die *jetterin*, ein Mädchen, das auf dem Feld Unkraut jätet, ist wie die in vergleichbaren Kontexten üblichere *graserin* als freies Liebesobjekt aus niederem Stand gesehen. Der Vogelsteller lauert zunächst auf sie (I,6–11), dann schlüpft sie ›vielleicht‹ von sich aus zu ihm in die Laubhütte (II,8–11), im Sexualakt wird sie sich schließlich als die Überlegene erweisen (III,5–9).

I,2–8] Helmkamp, S. 116, vermutet, daß bei einigen Wörtern (*stickle, löch, verreuchen, staude*) sexuelle Konnotationen evoziert werden sollen. Ich halte das, z. T. schon aus sprachlichen Gründen, für verfehlt.

I,8] *luxs* fasse ich als (vom Substantiv *luchs* abgeleitetes) Verbum auf.

I,9] Die *preun* für die weibliche Scham ist u. a. in der Neidhart-Tradition belegt.

I,10 f.] Die Infinitive verstehe ich als Appelle ans Ich.

I,12] Die erotische Ausstrahlung adelt das Mädchen in den Augen des Verführers.

I,16] Die Konnotationen des Adjektivs *piergisch* sind schwer zu erraten. Okken/Mück, S. 444–446, denken aufgrund einiger Belege an ›grob, bäurisch‹; das scheint mir hier nicht zu passen. Der Kontext legt eher eine Vorstellung von Freiheit im Gebirge, weit ab von Haus und mütterlicher Aufsicht, nahe.

II,1–7] Zur Technik der Vogeljagd mit dem Kloben s. Deutsche Jagdtraktate des 15. und 16. Jahrhunderts, Tl. 1, eingel. und hrsg. von Kurt Lindner, Berlin 1959, S. 27–43, danach Okken/Mück, S. 446–449. Ein Kloben ist eigentlich ein gespaltenes Stück Holz (daher auch Metapher für die Vulva wie in III,8). Bei der ausgereiften Jagdtechnik besteht er aus zwei genau ineinander passenden Leisten, die man durch eine Schnurvorrichtung zum Zusammenklappen bringen kann, wenn sich ein Vogel, angelockt von der Nachahmung eines Vogelrufs oder durch einen bereits gefangenen Lockvogel, draufsetzt. Der Jäger versteckt sich in einer Hütte aus frischen Zweigen.

II,3 *auf dem Lenepach*] Nach Mayr ist das heutige Lanebach gemeint, eine Gruppe von Höfen auf 1500 m Höhe im Tauferer Tal, ein bis zwei Stunden von Burg Neuhaus entfernt, wo Oswald zeitweise als Pfleger der Grafen von Görz wohnte. Die Situation scheint mir allerdings einige Entfernung von einer Siedlung vorauszusetzen.

III,1–2] Wörtlich ist wohl noch von der Vorbereitung der Vogeljagd die Rede, doch legt sich jetzt die Sexualmetaphorik darüber, die sich dann im Rest der Strophe ganz durchsetzt.

III,11] Vermutlich eine Sexualmetapher, abgeleitet vom Hineinschubsen des Brots in den Backofen oder vom Vögelbraten? Vgl. auch das ebenfalls nicht ganz geklärte

Birnenbraten bei Neidhart 47,23–25. In Handschrift B gemildert. Okken/Mück, S. 461, denken dagegen bei *bachen* an eine Graphie für *wachen*.

Literatur: Christoph Petzsch, Die Bergwaldpastourelle Oswalds von Wolkenstein, in: ZfdPh 87 (1968), Sonderheft, S. 195–222; Sabine Christiane Brinkmann, Die deutschsprachige Pastourelle. 13. bis 16. Jahrhundert, Göppingen 1985 (GAG 307), S. 165–174; Okken/Mück 1981, S. 430–461; Norbert Mayr, Das Vogelfängerlied Oswalds von Wolkenstein, in: Der Schlern 56 (1982) S. 35–40; Kerstin Helmkamp, Jenseits der Pastourelle, in: Mittelalterliche Lyrik. Probleme der Poetik, hrsg. von Thomas Cramer und Ingrid Kasten, Berlin 1999, S. 107–121 (Lit.); Johannes Klaus Kipf, ›frisch, frölich – frey, frút‹. Oswalds Pastourellen Kl 76 und 83 in Überlieferungskontexten, in: Bennewitz/Brunner 2013, S. 162–180; Frank Fürbeth, Komik und Lachen im Werk Oswalds von Wolkenstein (am Beispiel von Kl 54, 83 und 19), in: Bennewitz/Brunner 2013, S. 205–224, dort S. 213–217.

14 *Fro, fröleich so wil ich aber singen* = Kl. 79

Überlieferung, Lesarten: A 39[r], B 32[v]–33[r], c 68[rv]. Hier nach A. I,1 *FFöleich* A, *FRölich* B; II,2 *ermel* A; III,3 *des*] *das* B; III,5 *so* fehlt B; IV,1 *mich dunkt ir welt*] *was bedürfft ir mein ze* B; IV,2 *neur*] *ia* B; IV,6 *ain*] *mein* B; IV,5 u. 7 *ott* fehlt B; IV,8 *also smächt*] *habt versmächt* B; IV,9 *dein*] *den* B.

Melodie: Zweistimmiges Tenorlied der Form AB AB CC A'B A'B, d. h. eine Kanzone mit repetiertem Steg und geringfügig variiertem, ebenfalls repetiertem dritten Stollen. Zwischen den Aufzeichnungen in beiden Handschriften bestehen teilweise größere Unterschiede, vgl. dazu Pelnar, Ed., S. 36–39, und Pelnar 1982, S. 58–60. Die Melodiewiederholungen sind in beiden Handschriften nur im Tenor ausgeschrieben. Die Ausgabe orientiert sich an A.

Metrische Form (nach Str. II–IV, vgl. zu I,1):
2a͜ 3b- 3c | 2a͜ 3b- 3c
4d 4d
2e͜ 3f- 3g | 2e͜ 3f- 3g

Typus: Dialoglied ohne erzählende Redeeinleitungen, Werbung eines bäurischen Mannes um ein höhergestelltes Fräulein mit entsprechenden Anredeformen (Ihr – du). Ähnlich angelegt ist Kl. 82 (mit weniger deutlicher Standesdifferenz und mit einem Refrain, der wohl dem Erzähler/Sänger in den Mund gelegt ist). Wahrscheinlich greift Oswald (wie gleichzeitig Eberhard von Cersne) mit diesen Liedern auf romanische Liedtypen zurück. Möglicherweise war er u. a. angeregt durch eine Tenzone des provenzalischen Dichters Raimbaut de Vaqueiras, in der die Standesverhältnisse allerdings, wie in der Pastourelle üblich, umgekehrt sind: Werbung eines provenzalischen Herrn um eine einfache Genueserin mit Auskosten der Sprachgegensätze. Vgl. zuletzt Hages-Weißflog. Die Hinweise zur »literarhistorischen Einordnung« der Lieder Kl. 79 und 82 bei Okken/

Mück, S. 394–427, zielen eher auf sehr allgemeine sozialhistorische Hintergründe: Aufstiegswünsche von Bauern aus Herrensicht als komisch empfunden.

I,1] In der Melodieaufzeichnung beider Handschriften entsprechen dem ersten Halbvers von Zeile 1 und 3 sechs Noten, der Text hat in den Parallelzeilen der Strophen II bis IV vier, in I,3 drei Silben mit klingender Kadenz. Das macht die Zweisilbigkeit des Halbverses in I,1 verdächtig. Die Aufzeichnung in A mit doppeltem *F* legt nahe, daß eine Silbenwiederholung wie in I,3 beabsichtigt war.

II,2 *ermel*] ›Ärmchen‹ oder ›Ärmel‹ (so Okken/Mück, S. 339 f.).

II,3] Es ist nicht sicher zu entscheiden, ob der Gürtel hier nur als schmückendes Kleidungsstück der Adligen oder, wie meine Übersetzung voraussetzt, als Symbol der Jungfräulichkeit gemeint ist.

II,5] Die Überlegungen von Okken/Mück, S. 340 f., überzeugen nicht; zu *sehen* ›aussehen‹ vgl. DWb 10,1/16, Sp. 133 f.

II,10 *brächstu*] Wohl Graphie für *brächtest du*.

III,7] Okken/Mück, S. 344, denken an eine Konstruktion in Analogie zu *mich nimt wunder*, ohne damit einen überzeugenden Sinn zu finden.

IV,6] Überhöfliche Distanzanrede in der dritten Person, durch den Übernamen *Richtdenpflueg* ironisiert.

IV,7] In der Pastourellen- und Neidhart-Tradition und in Schwankerzählungen ist immer nur von der Mutter des Mädchens die Rede. Hier eine den Werber als Muttersöhnchen entlarvende Umkehrung.

Literatur: Okken/Mück 1981, S. 339–350; Elisabeth Hages-Weißflog, Die Lieder Eberhards von Cersne. Edition und Kommentar, Tübingen 1998 (Hermaea NF 84), S. 120–137; Cyril Edwards, Mothers' boys and mothers' girls in the pastourelle: Oswald von Wolkenstein, *Frölich so wil ich aber singen* (Kl. 79), in: Modern Language Studies 35 (1999), S. 70–80.

15 *Her wiert, uns dürstet also sere* = Kl. 70

Überlieferung, Lesarten: A 32^r, B 29^v–30^r, c 63^v. Str. I auch in München, Cgm 715, 182^v fragmentarisch erhalten, dazu im Register dieser Handschrift 5^v der Titel *Ein rädel von wirtten*. Hier nach B. II,1 *sprich* fehlt einmal B; III,1 *wolst dus* A; IV,2 *fro*] *frow* B, *fraw* A; IV,5 *durta* AB; V,1–VI,6 fehlt A.

Melodie: Dreistimmiger Kanon, in B unter der Überschrift *fuga*. Die Ausgabe orientiert sich an B. Zu den Varianten vgl. Pelnar, Ed., S. 44. Zur Verdeutlichung der Einsätze sind jeweils Taktstriche eingefügt.

Zur metrischen Form: Die Vierheber von Zeile 1 und 3 sind mehrfach auftaktlos. Die repetierenden Zeilen 2, 4 und 6 betonen nicht auf dem Reimwort.

Typus: Dörfliche Wirtshausszene mit Trinken, Tanzen, erotisch-obszönen Reden und am Ende der Aufforderung, das Essen im Dorf nicht zu versäumen. Da im Kanon die Stimmen sich überlagern, entsteht der Eindruck eines Stimmengewirrs.

I,5] Fortsetzung des Satzes von I,3. II,5 f.] Obszöner Witz.
III] Die Sprecherin ist wohl eine andere als die Gretel von Strophe II. IV,1] Angeredet sind m. E. zwei Spielleute im syntaktischen Chiasmus. Anders Matthias Feldges (in: Literatur – Publikum – historischer Kontext, hrsg. von Gert Kaiser, Bern 1977, S. 148 f.), der *Lippel* als Attribut zu *Hainzel* im Sinn von ›ungeschickter, dummer Mensch‹ auffaßt. Bei *Pfeif auf* denken Okken/Mück, S. 236, an eine Sackpfeife; vielleicht ist eher die Einhandflöte mit Becken gemeint, vgl. unten zu IV,3, dazu Horst Brunner, *Gunterfai sein bek derschal*, in: Fs. Walter Haug und Burghart Wachinger, Tübingen 1992, Bd. 2, S. 625–640 und Astrid Eitschberger, Musikinstrumente in höfischen Romanen des deutschen Mittelalters, Wiesbaden 1999 (Imagines medii aevi 2), S. 174–177. Philipp, der zweite Spielmann scheint ein anderes Instrument zu haben, eine Maultrommel?
IV,3] Ich fasse *bäggel* als Diminutiv zu *beck* auf, s. zu IV,1.
IV,4] Drei Paare gemäß der Aufforderung von IV,3; *Lutzei* ist also keine Variante von Lutz/Ludwig, sondern meint Lucia.
IV,5] Die von Okken/Mück, S. 243 f., erwogene Anknüpfung an den Pflanzennamen Dort/Durt scheint mir keinen überzeugenden Sinn zu ergeben. Ein Zusammenhang mit mhd. *dûren*, wie sie Schwanholz, S. 145 f., vorschlägt, ist lautgeschichtlich kaum möglich. Ich wage eine Konjektur.
V–VI] Warum die beiden Strophen in A fehlen, ist nicht erkennbar. Grundsätzlich erlaubt die offene Struktur des Liedes Abbruch oder Fortsetzung nach jeder Strophe.
V,1] Für *seusa möstel* erwägen Okken/Mück, S. 244 f., verschiedene Deutungen. Ich habe mich, ohne ganz sicher zu sein, für eine entschieden und denke, daß der Reigen mit dem Brausen eines schäumenden Mosts verglichen sein könnte.
V,3] Wenn *Hainreich* der Spielmann *Hainzel* von IV,1 ist, dann fungiert er hier wohl als Vortänzer. Für *jöstel* werden seit Marold, S. 193, erwogen: ›Tanzliedchen nach Art des Leonardo Giustiniani‹ oder ›kleine Tjost‹ (in irgendeinem metaphorischen Sinn). Beides ist nicht recht überzeugend. In der Annahme, daß auch viele Zeitgenossen Oswalds das Wort nicht kannten, habe ich es unverändert übernommen.
V,5] Wahrscheinlich obszön gemeint.
VI,1] Ein Tanz vor dem Essen, wie er hier vorausgesetzt zu sein scheint, ist ungewöhnlich, vgl. Schwanholz, S. 153 f. Vielleicht hat man sich vorzustellen, daß die Jugend auf dem Dorfanger schon tanzt und trinkt, während die Alten den Festschmaus vorbereiten, den die Jungen natürlich nicht versäumen möchten.

Literatur: Marold 1926, S. 192–194; Okken/Mück 1981, S. 230–269; Schwanholz 1985, S. 105–192.

16 Wol auf, wir wellen slaffen = Kl. 84

Überlieferung, Lesarten: A 45ʳ, B 34ᵛ–35ʳ, c 71ʳᵛ, außerdem in abweichenden Fassungen im ›Augsburger Liederbuch‹, München, Cgm 379, 120ʳᵛ und in ›Fichards Liederbuch‹ (verbrannt), vgl. Mück 1980, I, S. 208 f., 290 f., II, S. 77–83. Möglicherweise liegt in einem Schreibereintrag *tragt den her leysse tragt den her leyse* in einer Dresdener Handschrift eine Reminiszenz an IV,1 vor, vgl. zuletzt Mück, S. 177. Hier nach B. II,5 *mu ° ß* A; V,1 *well*] *söll* A; V,6 *dorzue*] *darüb* A.

Melodie: Zweistimmiges Tenorlied. In A sind beide Stimmen, in B ist nur der Tenor textiert. Die Ausgabe folgt B, in A finden sich Schlüsselfehler. Zu Details vgl. Pelnar, Ed., S. 12–15, und Pelnar 1982, S. 34 f.

Metrische Form:
3a- 3x- 3b | 3a- 3b | 3a- 3a- 3b
Typus: Wirtshausszene, Aufbruch der Zecher.

I,1–4] Der Anfang könnte die Umkehrung des Beginns eines Tagelieds sein, das allerdings erst um 1530 schriftlich überliefert ist: *Wol auff, wir wollens wecken, weckens ist an der zeit, daz wir si nicht erschrecken, wo lieb und lieb beinander leit* (Altdeutsches Liederbuch, hrsg. von Franz M. Böhme, Leipzig 1877, Nr. 112), vgl. Norbert Mayer-Rosa, Studien zum deutschen Tagelied, Diss. Tübingen 1938, S. 108–110.

III,4] *stoub* ›Staub‹ ist im Kontext schwer zu verstehen. Da *ürn* ein Flüssigkeitsmaß ist, dürfte der Wein gemeint sein. Vergleichbar sind vielleicht *Staub* für zerstiebende Wassertropfen bei Regen oder bei einem Wasserfall (DWb 10.2.1/17, Sp. 1077) oder *Stäuber* ›leichter Rausch, berauschendes Getränk‹ (Schweizerdt. Wb. 10, 1939, Sp. 1089 f.). Vielleicht ist ein moussierender Wein gemeint.

III,7] Schatz 1930, S. 35, stellt *sich beküren* zu bairisch *sich erkirnen* und *übergeben* (Schmeller I, 1294; etymologisch wohl ›sich auskernen‹). Ich bleibe bei seinem Ansatz, obwohl das abweichende Präfix Schwierigkeiten macht.

III,8] Okken/Mück, S. 470–472, versuchen, den Vers als positiven Hinweis auf polnische Gastlichkeit zu verstehen, indem sie Z. 5 und 8 als einen Satz zusammenziehen und Z. 6 f. als Parenthese auffassen. Mir scheint das syntaktisch-stilistisch wenig plausibel. Negative Klischees über osteuropäische Völker gibt es auch sonst bei Oswald.

IV,1] Man hat immer wieder erwogen oder sogar als sicher behauptet, daß hier ein realer Fürst gemeint sei, etwa Oswalds Landesherr oder der gichtbrüchige Pfalzgraf Ludwig III., den Oswald einmal in fast vertrautem Ton preist. Aber ein Fürstenlob auf einen betrunkenen Fürsten überstiege wohl doch den Spielraum eines Tiroler Landadligen. Auch wäre das Motiv innerhalb des Liedes isoliert. Und es müßte, wenn ein Mensch getragen werden soll, doch wohl lauten *da mit er uns nicht falle*. Zu Boden werfen (*fellen*) kann die Zecher nur der Wein, der wie ein Fürst über sie herrscht, sie aber glücklich macht. Die Metapher *fürst* kann sich also nicht wie in den meisten bislang herangezogenen Parallelen auf den Vergleich mit anderen Weinen beziehen (*aller wein ein fürste*, DWb 4.1.1/4, Sp. 846). Die Aufforderung, den *fürsten* sachte zu tragen, dürfte sich auf den bereits getrunkenen Wein beziehen.

V,3] Oswald gebraucht *betten* bereits transitiv, vgl. Kl. 4,49 f., es handelt sich also um ein persönliches Passiv. Obwohl die Zecher nach Hause zu ihren Ehefrauen wollen (Str. I), kommen ihnen beim Blick auf die Magd anzügliche Gedanken an deren Bett, die dann von der Erinnerung an das schlechte Essen verdrängt werden.

Literatur: Mück 1980, I, S. 189–199, 208 f., 290 f.; Okken/Mück 1981, S. 464–486; Schwanholz 1985, S. 270–345, 367–406.

17 *Ach senleiches leiden* = Kl. 51

Überlieferung, Lesarten: A 20^v–21^r, B 22^{rv}, c 51^{rv}. Hier nach A. I,6 B] *sein* A; I,8 *treu*] *gnad* B; II,4 B] *delphin* A; II,6 *enzunt* B; II,10 B] *alle* A; B] *gute* A; III,12 B] *mich* A.

Musikalische und metrische Form: Zweistimmig, nach Pelnar bodenständiges Tenorlied. Vgl. Pelnar, Ed., S. 8–11, dazu Pelnar 1982, S. 31–33. Der Text ist in A beiden Stimmen, in B nur dem Tenor unterlegt. Die Stollenwiederholung ist in beiden Handschriften ausgeschrieben. Die Ausgabe folgt A, zu den Abweichungen in B s. Pelnar, Ed., S. 8. Metrisch-musikalisch handelt es sich um eine Kanzone mit drittem Stollen: AABA:

Metrisches Schema von Str. I:	Melodie:
3a- °1a- °1a- °1a- °2b 5b	A
3c 1c 1c 1c 2d 5d	A
3e 4f 3e 3f	B
2e 1g 1g 1g 2f 5f	A

Die Stollenanfänge sind rhythmisch variabel (eine bis drei Silben vor dem Terzsprung im Discantus). Bei den Reimhäufungen der Stollen variiert das Reimgeschlecht, doch sind die Auftakte so geregelt, daß der Rhythmus nicht verändert wird (nach dem freien Anfang regelmäßig alternierend). Vgl. auch zu III,1.

Typus: Liebesklage. Mehrere Motive stehen in der Tradition des klassischen Minnewerbungsliedes. Doch wird hier, anders als dort, eine bereits bestehende, aber gestörte Liebesbeziehung vorausgesetzt. Auch wird das sexuelle Begehren deutlicher artikuliert.

Datierung und biographischer Hintergrund: Die Zeile I,5 wird meist und wohl mit Recht als Anspielung auf die von Oswald mehrfach erwähnte und auch durch einen späten Brief bezeugte Pilgerfahrt ins Heilige Land verstanden (vgl. aber auch unten zur Stelle). Ein Zusammenhang von Pilgerfahrt und Forderungen der Geliebten ist allerdings nur in poetischen Äußerungen bezeugt, deren Realitätsgehalt fraglich ist (vgl. zu 18,IV).

I,5] Im Tale Josaphat östlich von Jerusalem wurde nach Ioel 3 [Joel 4] das Jüngste Gericht erwartet. Es ist nicht ganz auszuschließen, daß der Satz aufs Endgericht anspielt und bedeutet ›treibt mich in den Tod‹. Vgl. Siegfried Hardung, Die Vorladung vor

Gottes Gericht, Bühl-Baden 1934, S. 56–65. Wahrscheinlich aber steht der Name hier in konkretem Sinne pars pro toto für das Heilige Land, in dem Oswald ja tatsächlich gewesen ist. Auf Pilgerreisen war das Tal Josaphat, wo auch die Grabkirche Marias stand, ein wichtiges Ziel. In einem späteren Brief (Lebenszeugnisse, Nr. 163) gibt Oswald dem Pfalzgrafen Ludwig III. gute Ratschläge für eine Pilgerfahrt ins Heilige Land und mahnt ihn, in unsicheren Gegenden vorsichtig zu sein *vnd besunderlich inn dem tal ze Josophat, da vnser fraw leyt*.

I,7] Die Schreibung *schaid* in A verstehe ich als Konjunktiv, B setzt mit *schaidt* eindeutig den Indikativ.

II,4–8] Das eindrucksvolle Bild dürfte kaum ganz unabhängig von tradiertem Wissensgut sein, auch wenn es dieses stark verändert. Nach Vincentius Bellovacensis, Speculum naturale, Graz 1964 (Nachdr. der Ausg. Duaci 1624) 17,109, S. 1304, und Konrad von Megenberg, Das Buch der Natur, hrsg. von Franz Pfeiffer, Stuttgart 1861, S. 250 und anderen spielen Delphine vor einem Unwetter an der Meeresoberfläche und zeigen so den Seeleuten die aufziehende Gefahr an.

III,1] Die Zeile ist reimlos. Ein systemgerechter Reim auf *-affen* (Timm 1972, S. 66: *beschaffen*) würde allerdings zu rhythmischen Schwierigkeiten beim Übergang zu Vers 2 führen.

III,5] Möglicherweise ist *macht* hier konkret zu verstehen als männliches Glied, vgl. DWb 6/12, Sp. 1405.

Literatur: Burghart Wachinger, Liebeslieder vom späten 12. bis zum frühen 16. Jahrhundert, in: Mittelalter und frühe Neuzeit, hrsg. von Walter Haug, Tübingen 1999 (Fortuna vitrea 16), S. 1–29, dort S. 17–20.

18 *Es fuegt sich, do ich was von zehen jaren alt* = Kl. 18

Überlieferung, Lesarten: A 9ʳ–10ʳ, B 7ʳ–8ʳ, c 17ʳ–19ᵛ. Hier nach A. I,12 B] *gleich* A; I,13 *marstaller* AB; I,16 *manichen* A, *manchen* B; B] *beste* A; II,3 B] *gelds* A; II,9 *arn̄* A, *arm* B; II,15 B] *grestews* A; III,6 B] *nadlin* A; III,9 *in* B] fehlt A; III,10 B] *spreuss* A; IV,2 B] *gancz* A; IV,4 B] *end* A; IV,5 B] *sucht* A; IV,7 B] *gnaden* A; IV,8 B] *mein* A; V,6 *gewūnē* B; V,12 *geröst* A; V,12 *liebe* B; V,14 *mains* A, *ains* B; V,15 B] *gnad* A; VI,5 B] *swer* A; VI,6 B] *halb doch* A; VI,10 B] *grossen* A; VI,11 B] *kain* A; VI,16 *mȳßt* B; *erbarmen* AB; VII,6 *erdreich* A, *ertereich* B; VII,7 B] *alls der* A; VII,9 *vrtail hat ratt* (*hat* gestrichen!) A; VII,15 B] *hat* A; VII,16 *flamme* B.

Melodie: Einstimmiges Lied. In beiden Handschriften sind die Wiederholungen ausgeschrieben. In A finden sich einige Aufzeichnungsfehler: Z. 2/6 im 2. Stollen fehlerhafte Textunterlegung; da die 9. und 10. Note versehentlich ausgelassen wurden, läuft der Text weiter bis zur 2. Note der folgenden Zeile, zum Ausgleich wurde in dieser Zeile an vorletzter Stelle zweimal a eingeschoben. In Z. 7 wurde *so* übergeschrieben, nachträglich wurde eine weitere Note (F) eingeschoben, die in der Ausgabe getilgt ist. Z. 4/8: In Z. 4 fehlt irrtümlich die 5. Note (D). In Handschrift B ist Z. 6 die drittletzte Note (F) verdoppelt, d. h. *do ich* wird hier nicht zu einer Silbe zusammengezogen. In Z. 7 steht nach der 5. Note ein weiteres Achtel F.

Metrische Form:	Melodie:
6a 6a 6a 5b-	A
6c 6c 6c 5b-	A
2d 2d 2e, 2f 2f 2e, 2g 2g 2e, 5b-	B
2h 2h 2i, 2k 2k 2i, 2l 2l 2i, 5b-	B

Dasselbe metrische Schema ist in Kl. 41 mit einer anderen Melodie verwendet. Mit derselben Melodie erscheint der Ton auf Kanzonenform verkürzt (AAB) in Kl. 8. Johannes Rettelbach, Variation – Derivation – Imitation. Untersuchungen zu den Tönen der Sangspruchdichter und Meistersinger, Tübingen 1993, S. 175 f., weist auf eine erstaunliche Ähnlichkeit des metrischen Schemas von Kl. 8 mit Schonsbekels Ton und Regenbogens Briefweise hin. Sollte sich Oswald hier von einem Meisterliedton haben anregen lassen, so wären die Veränderungen gravierender als bei Lied 22 (= Kl. 1), insbesondere wenn man Kl. 8, wofür einiges spricht, für jünger hält als das vorliegende Lied.

Typus und Aufbau: Rückblick in einer Krisensituation. In zwei Strängen, die in der Schlußstrophe verknüpft und reflektiert werden, ist das Erlebte ohne Rücksicht auf die Chronologie thematisch geordnet. Die Strophen I bis III zeigen, mehrfach in Katalogen, die Begegnungen mit der großen, vielfältigen Welt: Auszug aus Neugier, Erfahrung von Not, Armut und Gefahr, aber auch Bestehen durch Mitspielen in verschiedenen Rollen bis hin zu einem glänzenden, freilich ambivalenten Erfolg auf der Weltbühne. Die Strophen IV bis VI dagegen handeln von Innerlichkeit und Minne; der Versuch einer religiösen Umkehr führt zu fragwürdigen irdischen Liebeserfolgen, die eine große Liebesleidenschaft aber wird nur als Leid erfahren. Die Schlußstrophe (VII) macht deutlich, was vorher höchstens leise angeklungen war: Die Liebesleidenschaft gab *muet* für das Leben in der Welt (VII,6), das Dichten und Singen, zweifellos vor allem ein Singen von Liebe, hat auch zum Erfolg in der Welt verholfen (VII,9 f.). Die ›vernünftigen‹ Alternativen zum bisherigen Leben, die das fortgeschrittene Lebensalter nahelegt, Eheschließung und gute Werke, lassen noch einmal spüren, wie kostbar die ›verrückte‹ Intensität des bisherigen Lebens und Dichtens war.

Datierung: Nach der Westeuropareise (bis Frühjahr 1416) und vor der Eheschließung mit Margarete von Schwangau, die vielleicht 1417 stattgefunden hat, in einer Urkunde vom Januar 1419 jedenfalls schon als zurückliegend vorausgesetzt ist.

I,1–6] Der Aufbruch des Knaben von zuhause ist als neugieriges Weglaufen ins Elend stilisiert. Die Realität dürfte anders gewesen sein. Vielleicht wurde Oswald als Knappe einem ritterlichen Herrn anvertraut.

I,4] Die geläufige Formel für eine religiöse Gliederung der Menschheit ›Christen, Juden, Heiden‹ ist hier geographisch umgeprägt (Müller, S. 15 f.). Daß dabei die ›Griechen‹, die orthodoxen Christen, in Opposition zu den ›Christen‹, den römischen Katholiken, geraten, ist im Kontext kaum boshaft gemeint, wäre aber kaum möglich ohne das tief eingewurzelte Mißtrauen des Westens gegenüber Byzanz.

I,5] Vermutlich entweder symbolische Gaben (Notgroschen oder Glückspfennig und Heimwehbrot) oder hyperbolische Ausdrucksweise (›so gut wie nichts‹).

I,7] Man könnte *von fremden freunden* auch als asyndetisches Paar von Substantiven auffassen: ›von Fremden und Freunden‹.

II,1–4] Daß Oswald alle genannten Länder wirklich gesehen hat, braucht wohl nicht bezweifelt zu werden (vgl. dagegen zu dem Länderkatalog von Lied 27). Die verschiedenen Motivationen und finanziellen Bedingungen der Reisen sind hier unscharf und sicher unvollständig angegeben; es kommt an dieser Stelle wohl nur auf ihre Verschiedenartigkeit an. Vers 3 läßt sich, wenn man denn biographische Informationen herauslesen will, am ehesten auf die Pilgerreise beziehen, von der Oswald andernorts andeutet, sie sei auf Wunsch der Geliebten unternommen worden (vgl. Lied 17 und hier zu Str. IV).

II,1] Fahrten nach Preußen zur Teilnahme an Kämpfen des Deutschen Ordens gegen die heidnischen Litauer waren damals beim deutschen Adel beliebt. Die Tatarei, das Reich der Goldenen Horde, hatte ihr Zentrum im Wolgabecken, umfaßte aber im Westen auch die Halbinsel Krim, zu der Oswald vom Schwarzen Meer her (vgl. II,12) gekommen sein mag. Die Türken beherrschten zu Oswalds Zeit noch nicht Konstantinopel/Istanbul, wohl aber große Teile Kleinasiens, die Dardanellen und Teile des Balkans. *Über mer* ist der traditionelle Ausdruck für das Heilige Land.

II,2] Matthias Feldges, in: ZfdPh 95 (1976), S. 374–399, versteht unter *Ispania* an dieser Stelle alle Länder der kastilischen Dynastie, d. h. die Iberische Halbinsel ohne Portugal und Granada; vgl. dagegen zu Lied 27, I,15.

II,4] Ruprecht von der Pfalz, deutscher König 1400–10; Sigmund, deutscher König 1410–37. Der Adler ist das Königswappen. Gegen Schatz 1930, S. 100, und DWb 10.3/19, Sp. 1252, nehme ich für *streifen* nicht die heraldische Bedeutung an, da sie für das Reichswappen nicht zu passen scheint. Es dürfte sich um den nominalisierten Infinitiv von *streifen* ›mit bewaffneter Macht umherziehen‹ handeln (DWb 10.3/19, Sp. 1276). Bei Ruprecht handelt es sich wohl um dessen Italienfeldzug 1401, an dem Oswald demnach teilgenommen hat. Für Sigmund kommt dessen venezianischer Feldzug 1412/13 in Frage, falls nicht (unter Vernachlässigung der kriegerischen Konnotationen von *streifen*) die diplomatische Westeuropareise von 1415/16 gemeint ist.

II,5 f.] Vom Sprachenkatalog darf man linguistische Exaktheit nicht erwarten. *Mörisch* ist vermutlich Arabisch, *windisch* eine west- oder südslawische, *reuschisch* eine ostslawische Sprache; *lampertisch* faßt die verschiedenen regionalen Verkehrssprachen Oberitaliens zusammen; für *roman* wurden verschiedene romanische Sprachen erwogen, zuletzt, wohl mit den besten Gründen, Provenzalisch. Vgl. Jens Lüdtke, Oswald von Wolkenstein und die romanischen Sprachen, in: Logos semantikos. Fs. Eugenio Coseriu, Berlin [u. a.] 1981, Bd. 1, S. 303–312.

II,7 *wann mir zerann*] Entweder ›wenn mir [das Geld] ausging‹ oder ›nur ist mir [ihre Kenntnis] wieder abhanden gekommen‹.

II,8] *trummen*] kann entweder ›Trompeten, Horn oder Posaune blasen‹ oder ›trommeln‹

bedeuten; die beiden weiteren Belege bei Oswald (Kl. 19,25.139) legen, ohne beweisend zu sein, die erste Bedeutung nahe. Zu *pfeifen* vgl. Müller 1968, S. 21 Anm. 7.

II,11 *hoch und nider*] Gemeint ist sicher nicht das Auf- und Abschwellen des Sturms, sondern wahrscheinlich die Wirkung des Sturms auf die Wellen, das Rauf- und Runterdrängen; *meres gelider* meint wohl das Meer in allen seinen Teilen, sei es horizontal-geographisch, auf hoher See und in den Buchten, sei es vertikal, in Wellenbergen und Wellentälern. Etwas einfacher wäre der Satz, wenn man *des* als Schreibfehler für *der* annähme: ›der das ganze Meer in seinen Höhen und Tiefen angriff‹.

II,12–16] Nach einem Bericht von Markus Sittichus zu Wolkenstein (1563–1620) war der Schiffbruch auf dem Schwarzen Meer auch in einer Art Votivbild in einer von Oswald gestifteten Kapelle des Doms zu Brixen dargestellt (heute nicht mehr erhalten).

II,13 *wargatin*] Wohl Schreibung für *bargatin*, dieses vermutlich ein früher Beleg für *Barkettine* (Diminutiv zu *Barke*), vgl. Deutsches Fremdwörterbuch, 2. Aufl., Bd. 3, 1997, S. 168 f., s. aber auch *Brigantine*, ebd. S. 501–503. Gemeint ist wohl ein kleines Küstenschiff.

II,14–16] In *haubtguet, gewin* klingt kaufmännische Terminologie an, die öfter vorgeschlagene Übersetzung ›Kapital und Zins‹ paßt aber nicht, da es sich um Waren handelt. Ob Oswald auf eigene Rechnung oder im Auftrag eines Kaufmanns unterwegs war, muß offen bleiben.

III] Die längste geschlossene Erzählpartie des Liedes gilt einem Höhepunkt der Frankreich-Spanien-Reise von 1415/16 im Gefolge König Sigmunds. Allerdings wird offenbar nicht die größte Ehrung dargestellt, die Oswald bei dieser Gelegenheit erfahren hat, seine Aufnahme in den Kannen- und Greifenorden, mit dessen Insignien er sich später stolz hat porträtieren lassen, eine Ehrung für ritterliche Bewährung. Vielmehr handelt es sich um eine Auszeichnung, die für die königliche Gesellschaft komische Züge hatte. Insbesondere wenn man die zweite Darstellung des Vorgangs in Kl. 19 mit heranzieht, darf man vermuten, daß hier vorwiegend der Künstler, Sänger und Unterhalter geehrt wurde. – Die fremdsprachigen Brocken können als aragonesisch-katalanische oder als katalanisch-kastilische Mischformen verstanden werden, vgl. Lüdtke (s. oben zu II,5 f.), S. 307.

III,1] Margarita de Prades, 29jährige Witwe Martins I. von Aragon.

III,4] ›Bindet es nicht mehr los!‹

III,14–16] König Sigmund war vom 18. September bis Anfang November 1515 in Perpignan und bemühte sich, zur Beendigung des abendländischen Schismas den Rücktritt des von westeuropäischen Herrschern gestützten Pedro de Luna als Papst Benedikt (XIII.) zu erreichen. Dieser wird hier distanziert ›ihr‹ Papst genannt. Anwesend waren in Perpignan außer den Genannten u. a. »Karl III. von Navarra, Königinwitwe Katharina von Lancaster, Regentin in Altkastilien und León-Galizien, Ferdinand I. von Kastilien und Aragonien, seine damals einundvierzigjährige Gemahlin Eleonore von Albuquerque und die junge, schöne Margarethe von Prades« (Schwob

1977, S. 114). James Ogier, Oswald von Wolkenstein – Clowning around in Perpignan, in: JOWG 11 (1999), S. 173–180, hier S. 175 f., glaubt, in einer spanischen Chronik die genaue Gelegenheit entdeckt zu haben, von der hier die Rede ist. Politischen Erfolg hatte Sigmund jedenfalls erst im November in Narbonne, als die spanischen Könige sich von Pedro de Luna lossagten, der seinerseits aber nie den Anspruch auf die Papstwürde aufgegeben hat.

IV] Welche realen Vorgänge hinter dem hier erzählten Versuch einer Conversio stehen, ist unklar. Meist wird die Strophe auf Oswalds Pilgerfahrt ins Heilige Land bezogen. Trotz berechtigter Bedenken von Alan Robertshaw (in: Ges. Vorträge 1978, S. 468–470) bleibe ich bei dieser Deutung, weil die Alternativen noch weniger überzeugen. In Lied 17 ist die Pilgerfahrt ebenfalls als Erfüllung einer Forderung der Geliebten stilisiert; in Lied 3 spricht der Dichter von Liebeserfolgen im Pilgergewand.

IV,2] Beg(h)arden, die männliche Variante der viel häufiger belegten und besser erforschten weiblichen Beginen, waren Männer, die ein gemeinschaftliches geistliches Leben in freiwilliger Armut führen wollten, ohne in einen Orden einzutreten. Sie ernährten sich teilweise von handwerklichen Tätigkeiten, teilweise aber auch durch Betteln. Sie standen vielfach in schlechtem Ruf und wurden immer wieder der Häresie verdächtigt und verfolgt. Neben den gemeinschaftlich lebenden Brüdern scheint es auch herumziehende Begarden gegeben zu haben, und mit solchen könnte sich Oswald hier vergleichen.

IV,8] Anklang an das Motiv vom Minnenarren.

IV,9–12] Gemeint sein dürften Liebeserfolge, allerdings wohl nicht bei der einen Geliebten, da sonst die große Liebesklage von Strophe V und VI kaum verständlich wäre.

IV,10] Der *lappe* ist wohl eine lappenartige Verlängerung, vielleicht an der Kapuze.

V–VI] Die Symptome der Liebesbetroffenheit sind überwiegend topisch.

V,9 f.] Der Schreiber von A dachte offenbar an *roesten* ›rösten, quälen‹; die Syntax (*bin*, nicht *wird*) und der Kontext (200 Meilen) lassen aber an ein Verbum der Bewegung denken. Nach Schatz 1930 liegt ein irreguläres Partizip von *raisen* vor. Flucht vor der Geliebten aus übergroßer Liebe ist als Motiv selten, vgl. aber Burkart von Hohenfels, Lied V, Str. 2 (KLD I, S. 36).

VI,1–3 *Nio*] Die griechische Insel Ios. Daß keine Männer zu sehen waren, erklärt Edward Schröder, AfdA 49 (1930), S. 181, damit, daß die Männer die meiste Zeit auf See waren.

VI,5] *hurd*, eigentlich ›Flechtwerk‹, meint hier offenbar den geflochtenen Tragkorb als Metapher für Last.

VI,14] Der *segen* muß wohl ein Abschiedssegen sein, etwa zu der von der Geliebten geforderten Pilgerfahrt?

VI,15 f.] Mit der B-Lesart *müßt*, die wohl als Konjunktiv Präteriti zu verstehen ist, hat der Satz irrealen Sinn: ›wenn ich wüßte, daß ich ihr nie wieder begegne, dann müßte ...‹ Die A-Lesart *muß*, die ich als Indikativ Präsens auffasse, scheint mir sinnvoller.

VII,1 f.] Die Stelle ist ein wichtiges Zeugnis für die Errechnung des Jahrs von Oswalds Geburt. Walter Röll, Der vierzigjährige Dichter, in: ZfdPh 94 (1975), S. 377–394, bes. S. 378, will die Verse so verstehen, daß der Dichter tatsächlich etwa vierzig

Jahre alt sei, abgezogen würden zwei Jahre lediglich vom *toben, wüeten*, nicht vom Lebensalter, und gemeint seien die in IV,2 genannten zwei Jahre. Diese Interpretation scheint mir syntaktisch-stilistisch schwierig, auch werden die zwei Jahre des Conversio-Versuchs ja keineswegs rein positiv dargestellt. Beachtenswert scheint mir aber Rölls Hinweis darauf, daß das vierzigste Lebensjahr vielfach als Schwelle genannt wird. Das Bewußtsein vom Nahen dieser Schwelle mag die Formulierung beeinflußt haben. Fürbeths allegorische Interpretation der Zahl 38 überzeugt mich nicht.

Literatur: Müller 1968, S. 10–54 (Lit.); Hirschberg/Ragotzky 1984/85, S. 95–114; Alan Robertshaw, Chivalry, love, and self-advertisement in Oswald von Wolkenstein's ›Es fügt sich‹, in: Modern Language Review 82 (1987), S. 887–896; Burghart Wachinger, Die Welt, die Minne und das Ich. Drei spätmittelalterliche Lieder, in: Entzauberung der Welt. Deutsche Literatur 1200–1500, hrsg. von James F. Poag und Thomas C. Fox, Tübingen 1989, S. 107–118, dort S. 114–118 (Lit.); Frank Fürbeth, ›wol vierzig jar leicht minner zwai‹ im Zeichen der verkehrten Welt: Oswalds ›Es fügt sich‹ (Kl 18) im Kontext mittelalterlicher Sündenlehre, in: JOWG 9 (1996/97), S. 197–220.

19 *Rot, weiss ain frölich angesicht* = Kl. 87

Überlieferung, Lesart: B 36ᵛ, c 72ᵛ, fehlt in A. III,1 *Sÿndlichen* B. Metrische Form und Melodie wie Lied 13.

Typus: Liebeslied, überwiegend in der 3. Person gehalten, am Ende adressiert an *M*, d. h. Oswalds Braut/Ehefrau Margarete von Schwangau. I: Der Schönheitspreis ist aufs Gesicht beschränkt und wirkt durch die ungewöhnliche Einbeziehung von Kleid und Schleier wie eine Bildbeschreibung (vgl. Christoph Petzsch in: WdF 1980, S. 133 f.). II und III,1–5, 10 f. verstehe ich, so erstaunlich dies bei der Verlobten oder Ehefrau sein mag, als Variante des Minnesang-Topos ›scheues Verstummen angesichts der Geliebten‹. In Spannung dazu steht die Freude an der Geliebten in I,9–11 und im Refrain.

I=II=III,16] Die Aufforderung *freu dich* scheint mir hier (wie vielleicht auch 2,I,1) eine ähnliche Funktion zu haben wie in spätmittelalterlichen Mariengrüßen, wo *gaude / freu dich* auch zur Variation von *ave* eingesetzt wird. Geistliche Konnotationen scheinen mir dennoch fernzuliegen.
II,5 und III,2 *teutsch*] In der Handschrift stehen die alemannischen undiphthongierten Formen *tutzsch, tútzsch*. Schatz 1930, S. 130, stellte sie zum mundartlichen *tutschen* ›sich kosend anschmiegen‹. Der Kontext erlaubt aber nur die Deutung ›Deutsch‹. Dabei geht es allerdings nicht um die konkrete Sprache Deutsch (etwa gegenüber einer fremdsprachigen Geliebten), sondern um das Vermögen, deutlich und offen zu sprechen.
III,1] Der überlieferte Text ergibt keinen passenden Sinn. Schatz hat in der Ausgabe

süenlichen ›erlösend, freundlich‹ konjiziert, in seinem Wörterbuch von 1930 schlägt er *sainlichen* ›träge, selten‹ vor. Meine Konjektur geht davon aus, daß nur der Rubrikator versehentlich die falsche Initiale gemalt hat.

III,2] Weder die Annahme fehlender Deutschkenntnisse der Geliebten noch die Erklärung, sie wolle nicht verstehen, scheinen mir im Kontext des Liedganzen plausibel; ich fasse *verstan* daher auf als ›fähig sein etwas zu tun, sich auf etwas verstehen‹.

III,6] Die Konkretisierung der Geliebten durch Nennung des Anfangsbuchstabens ihres Namens ist erstmals beim Mönch von Salzburg belegt (W 7) und im 15. und 16. Jahrhundert nicht selten. In anderen Liedern geht Oswald immer von der Kurzform *Gret* aus. Sollte der Bezug auf den vollen Namen in Verbindung mit der großen Scheu, die das Lied thematisiert, ein Indiz dafür sein, daß das Lied aus der Frühzeit der Beziehung stammt?

III,10 f.] Eine schwierige Formulierung. Ein Vergleich mit früheren Liebesbeziehungen, wie ihn Hofmeister 1989, S. 250, vermutet, wäre gegenüber der Adressatin kränkend und paßt kaum zum Tenor des Liedes. So habe ich eine sehr freie Verwendung von *tet ich es* angenommen. Erwähnt sei, daß ich auch eine Konjektur erwogen habe: ... *tet ich es felden* ›ohne irgend etwas zu verraten würde ich es kunstvoll darstellen‹, vgl. *velden* in diesem Sinn bei Johann von Würzburg, Wilhelm von Österreich, hrsg. von Ernst Regel, Berlin 1906, v. 1453. Aber Oswald hätte dann wohl gesagt *wolt ich es felden*.

20 *Ain tunkle farb in occident* = Kl. 33

Überlieferung, Lesarten: A 30^v–31^r, B 15^r, c 38^v–39^r. Hier nach A. I,1 *in*] *von* B; I,5 *mich*] *mir* B; I,6 *fröleich*] *freuntlich* B; I,7 *dem*] *meim* B; I,9 *die*] *all* B; I,11 *went*] *weckt* B; II,7 *so* B, *sü* A; II,10 *gar*] *dann* B; III,11 *und*] *das* B.

Melodie: Einstimmiges Lied. In beiden Handschriften sind die Wiederholungen ausgeschrieben. In B geringe Abweichungen, außer den angegebenen Varianten noch: Z. 6 über *frö-leich* d c; Z. 8 über *mein clag nicht* d d c. Zur Interpretation vgl. Schadendorf.

Metrik: **Melodie:**

2a 2b 3c- | 2a 2b 3c- A^1A^2

2d 2d 2d 3e- | 2f 2f 2f 3e- B^1B^2

1g- 1g- 2h 3i- | 1k 1k 2h 3i- CD

So Strophe I; die Schlagreime in den Zeilen 9 und 11 variieren. Nach derselben Melodie gehen drei weitere Lieder Oswalds, die in Handschrift A verstreut aufgezeichnet sind, in Handschrift B zusammengerückt stehen: Kl. 33–36. Nur Kl. 34 (hier Lied 39) bewahrt auch das anspruchsvolle Reimschema vollständig. In Kl. 35 (hier 37) und Kl. 36 fehlen die Schlagreime von Z. 9 und 11. Das vorliegende Lied aber ist offensichtlich das älteste und ›tonangebende‹ Lied der Gruppe. Ein auffälliges Melisma in Z. 10 über dem Wort *beseufte* darf darum wohl mit Petzsch als musikalische Interpretation des Textes verstanden werden.

Typus: Sehnsuchtsklage des einsam Liegenden mit Umkehrung von Tageliedmotiven. Von den relativ seltenen älteren Beispielen solcher »Antitagelieder« (Müller) unterscheidet sich das Lied durch die starke Akzentuierung der Not des sexuellen Begehrens und durch die namentliche Nennung der Ehefrau im öffentlich gesungenen Lied.

I,1] Genaue Umkehrung des Tageliedmotivs, daß die Helligkeit im Osten die Liebenden erschreckt. Wenn man annimmt, daß das Lied auch die lange Dauer der Nacht vermitteln will und dazu schon mit dem Abend einsetzt, stellt sich dieses poetische Umkehrverfahren sogar gegen die Naturbeobachtung, nach der der Westen noch am längsten hell ist.

I,7] Die imaginierte nächtliche Situation und der Gesangsvortrag des Lieds sind ineinander geblendet. Vgl. auch III,4.

III,5] In Lied 21,II,16 steht *retzli* eindeutig als Metapher für das männliche Glied. Vermutlich soll auch hier Sexuelles zumindest assoziiert werden.

III,9 *auff hohem stuel*] Zu erwägen ist ein Platz des öffentlichen Vortrags, ›Kanzel‹ oder ›Lehrstuhl‹, zu Oswalds Zeit noch kaum ›Singstuhl (eines Meistersängers)‹. Vielleicht lag für Oswald aber doch ein Thron oder der Ehrensitz an einer Tafel näher. Aber auch so wird in Verbindung mit dem lauten Jubel wohl wieder die öffentliche Situation des Liedvortrags eingeblendet.

III,11 f.] Erneuter Anklang ans Tagelied mit seiner letzten Liebesvereinigung vor dem Abschied (*gen tag … schrenket*). In der Wortwahl aber zeigt sich gegenüber dem vorausgegangenen leidenschaftlichen Verlangen eine gewisse Beruhigung, besonders deutlich in dem Gesellschaftswort *hoflich*.

Literatur: Christoph Petzsch, Text- und Melodietypenveränderung bei Oswald von Wolkenstein, in: DVjs 38 (1964), S. 491–512; George F. Jones, ›Ain tunckle farb‹ – zwar kein ›tageliet‹ aber doch ein Morgen-Lied, in: ZfdPh 90 (1971), Sonderheft S. 142–153; Ulrich Müller, Ovid ›Amores‹ – *alba – tageliet*, in: DVjs. 45 (1971), S. 451–480, dort S. 467–469, wieder in: Der deutsche Minnesang, hrsg. von Hans Fromm, Bd. 2, Darmstadt 1985, S. 362–400, dort S. 382–384; Christoph Petzsch, in: JOWG 2 (1982/83), S. 256–265; Dagmar Hirschberg, Zur Funktion der biographischen Konkretisierungen in Oswalds von Wolkenstein Tagelied-Experiment ›Ain tunckle farb von occident‹ Kl. 33, in: PBB 107 (1985), S. 376–388; Mirjam Schadendorf, Individuallied und Kontrafaktur. Zum Verhältnis von Text und Melodie in den Liedern Kl 33 bis 36, in: JOWG 9 (1996/97), S. 239–257; Hartmann 2005, S. 355–357; Gert Hübner, ›fewr in dem tach‹. Oswald von Wolkenstein, das Begehren und der Minnesang, in: Bennewitz/Brunner 2013, S.87–102, dort S. 92; Kathrin Gollwitzer-Oh, Erinnerung – Begierde – Imagination. Überlegungen zu Oswalds von Wolkenstein ›Ain tunckle farb‹, in: Bennewitz/Brunner 2013, S. 117–135; Regina Toepfer, Oswald von Wolkenstein und sein Sprecher-Ich. Spiel mit autobiographischen Elementen in den Liedern Kl 3, 33 und 39, in: Bennewitz/Brunner 2013, S. 225–240, dort S. 230–234.

21 Wol auf, wol an = Kl. 75

Überlieferung, Lesarten: A 35ʳ, B 31ʳ, c 66ʳᵛ. Hier nach A. I=II=III,23 *macht* B; III,6 *Wolf fuxs den has* B; III,8 *durchrewt* A, *bestreut* B; III,16 B] *deinem trost* A.

Form: Zweistimmiges Tenorlied der Form AAB¹B². Zu den Unterschieden zwischen den Handschriften vgl. Pelnar, Ed., S. 24 und 26, und Pelnar 1982, S. 50 f. Der Text wird von beiden Stimmen gleichzeitig gesungen, ausgenommen den Beginn des Refrains. Dieser ist in beiden Handschriften durch *Repeticz* bzw. *Repeticio* markiert.

Metrische Form: Alle Verse bestehen aus Zweihebern, nur die Enden der Strophenteile sind erweitert. Die Zweiheber werden, auch an melodisch entsprechenden Stellen, teils ›jambisch‹ xx′xx′(x), teils ›trochäisch‹ x′xx′x realisiert.

Typus: Sängeraufruf zu Frühlings- und Liebesfreuden. In der Mittelstrophe fordert der Sänger Ösli und Gretli, für das Publikum als der Autor und seine Gattin erkennbar, zum Frühlingsbad auf und inszeniert sie in einer erotischen Szene. Dabei mag neben dem Brauch der Frühlingsbäder auch ein Liedtypus Badelied, der mit einiger Wahrscheinlichkeit erschließbar ist (Mertens), eingewirkt haben. Pastourelle und Hochzeitscarmina, die Mertens auch heranziehen möchte, scheinen mir dagegen fern zu liegen. Die pikante Einzelszene bleibt eingebunden in ein Fluidum gesellig erfahrenen Wiedererwachens der Lebens- und Liebesempfindungen.

II,5 f.] Da der Aufruf zum Bad vorangegangen ist, dürfte es sich um Blumen handeln, die in den Badezuber gestreut werden; vgl. das Bild zu Jakob von Warte in der Manesseschen Handschrift, C 46ᵛ.

II,7 f.] Was Mätzli (Name oder schon lexikalisierte Bezeichnung einer Dienstmagd?) genau machen soll, bleibt unklar. Soll sie Laubzweige stecken, vielleicht als angedeuteten Sichtschutz bei dieser öffentlich-intimen Szene? Vgl. auch Kl. 21,34 f. und 21,45. II,9] Der *putter* ist ein Zuber zum Baden, vgl. Norbert Richard Wolf in: Frauenlieder, Cantigas de amigo, hrsg. von Thomas Cramer [u. a.], Stuttgart 2000, S. 92 Anm. 17.

II,12 *schaidli*] Sicher nicht ›Scheide‹ (so Schatz 1930, S. 94), sondern entweder zu *schaitel* ›Scheitel‹ für Kopf oder Haare oder eher zu *schait* ›Holzscheit‹ metaphorisch für das männliche Glied.

II,16] Zu *retzli* vgl. *ratz* in 20,III,5.

III,3 f.] Vgl. Mertens, S. 332. Daß Pilze (die ja keine typischen Frühjahrsgewächse sind) sexuelle Assoziationen wecken, scheint mir einleuchtend, Fruchtbarkeitsmotive aber liegen bei diesem Lied ganz fern.

Literatur: Volker Mertens, Der Sänger geht baden. Oswald in seinen ›Margarethen‹-Liedern: poetologisch, performativ, kulturwissenschaftlich in ›fröhlicher Pluralität‹, in: Text und Kultur. Mittelalterliche Literatur 1150–1450, hrsg. von Ursula Peters, Stuttgart/Weimar 2001 (Germanistische Symposien – Berichtsbände 23), S. 329–344, dazu Diskussionsbericht S. 352 f.; Manuel Braun, Lebenskunst oder: Namen als biographische

Referenzen bei Oswald von Wolkenstein, in: Bennewitz/Brunner 2013, S. 138–162, dort S. 143 f.

22 *Ain anefangk* = Kl. 1

Überlieferung, Lesarten: A 1^{rv}, B 1^{rv}, c 1^{r}–2^{v}. Das Lied steht in beiden vom Dichter selbst in Auftrag gegebenen Liederhandschriften als erstes Stück der Sammlung. Auf dem heute stark abgeriebenen Bild der Handschrift A ist Oswald dargestellt mit einem Blatt in der Hand, auf dem die Anfangsworte dieses Liedes mit Noten stehen. Diese Auszeichnung des Liedes verdankt sich wohl nicht nur den für einen Anfang geeigneten ersten Worten, sondern spiegelt auch eine besondere Wertschätzung durch den Dichter. Hier nach A. – I,15 *dem* A, *der* B; I,16 *das selbe*] *die selber* B; I,17 *da bei*] *bey dem* B; I,18 B] *zergen* A; II,4 B] *trewr stat?* (abgerieben) A; II,6 *auf erd kain mentzsch* B; II,7 B] *gewild* A; II,14 *las* A, *los* B; III,2 *offt dick* B; III,15 *durch manchen* B; III,16 *sy mir enphrympt* A, *emphrembt sy mir* B; III,18 A] *büssest* B; IV,8 *abenteurlich* A, *aubenteurlichen* B; IV,15 *gehalden* B; V,8 *geploßet* B; V,12 *grossen* B; V,15 B] *zǎrtlichn̄* A; V,18 B] *liebe* A; B] *pǔnde* A; VI,2 *den hab so fräuelich* B; VI,6 *eysny* B; VI,12 *ichs* B; VI,13 *die guet*] *mein fraw* B; VI,17 *klagt* B; VI,18 *ist*] *was* B; VII,14 *ichs* B. Zur Diskussion der Varianten in Text und Melodie s. Timm 1972, S. 87–89: Hans Moser, in: Kühebacher 1974, S. 104–106; Lorenz Welker in: Das Mittelalter 5 (2000) H. 1, S. 115–117; sowie unten zu I,15 f. und VI,17 f.

Melodie: Einstimmiges Lied. Kanzone, deren Abgesang melodisch als repetierter Steg und sehr kurzer Schlußteil gestaltet ist. Die Wiederholungen sind in beiden Handschriften ausgeschrieben. Fassung B ist eine Terz tiefer notiert als A, wodurch sich eine andere Tonalität ergibt. Es wurde vermutet, daß die Schlüsselung in B fehlerhaft ist, dies ist indes unsicher. Möglicherweise stellt B eine überarbeitete Fassung dar.

Metrische Form, Geschichte und Gebrauch des Tons:

    2a 5b- 4c 3b- 4c 5d   A
    2a 5e- 4f 3e- 4f 5d   A
    4g 3h | 4g 3h | 4i 5i   BBC

»Die beiden letzten Verse bilden ein sententiöses Reimpaar, dessen resümierender Charakter musikalisch dadurch unterstrichen wird, daß die beiden Zeilen den dritten Stollenvers variierend und den sechsten identisch wiederholen« (Röll 1981, S. 56). Die kurzen Anfangsverse der Stollen stellen mehrfach einen Leitbegriff heraus. – Demselben Schema und derselben Melodie folgen noch sechs weitere Lieder, die in Handschrift B alle unmittelbar an dieses anschließen (Kl. 2–7), darunter die Lieder 24 und 25 dieser Auswahl. Mit dem Verfahren mehrfachen unveränderten Gebrauchs eines Tons steht Oswald hier näher als sonst bei der Praxis der Sangspruch-Meisterlied-Tradition. Dies ist kein Zufall. Der Ton ist, wie Röll gesehen hat, eine Variante von Regenbogens Grauem Ton, einem vielbenutzten Meisterliedton. Wenn man von der verschiedenen Reimordnung absieht und einzelne Verse zusammenzieht, folgen beide Töne sowohl in den Stollen wie im Abgesang dem nicht ganz gewöhnlichen Muster von 7–7–4–5 Hebungen. Oswald hat hier also einen Ton der Meisterlied-Tradition übernommen, aber seine Reimordnung verändert und ihm eine neue Melodie gegeben. Aber dem mehrfachen Gebrauch des Tons setzt er doch Grenzen: Vier weitere Lieder (Kl. 11, 12, 95 [hier 33], 111) variieren nochmals die Reimordnung und bieten zwei weitere Melodien. Vgl. Röll 1981, S. 56; Johannes Rettelbach, Variation – Derivation – Imitation. Untersuchungen zu den Tönen der Sangspruchdichter und Meistersinger, Tübingen 1993, S. 126 f., 176 f.

Typus und Realitätsbezug: Hintergrund ist die Gefangenschaft von 1421 im Zusammenhang mit dem Erbschaftsstreit, vgl. S. 405. Einem etablierten literarischen Typus läßt sich das Lied nicht zuordnen, vgl. Schwob 1979, S. 101–112. Es handelt sich um Reflexionen in Todesangst über Liebe und Sünde, situiert (wenn auch sicher nicht zu Ende gedichtet und schriftlich fixiert) in der Gefangenschaft durch die ehemalige Geliebte. Die gegenwärtigen Eisenbande sind mit früheren Liebesumarmungen kontrastiert (I,15 f., II,13–18), metaphorisch als Fesseln der weltlichen Liebe (V,18) und ironisch als kalte Umarmungen (VI,13–18) bezeichnet, aber auch als Fallen Gottes auf dem Weg des Sünders gesehen (IV,7–18, VI,6).

I,1–6] Negative Ausführung des bekannten Psalmwortes *initium sapientiae timor Domini* ›die Furcht des Herrn ist der Weisheit Anfang‹ (Ps. 110,10 [111,10]).

I,9] Die hl. Katharina von Alexandrien gehört zu den vierzehn Nothelfern. In der Familie Vilanders-Wolkenstein scheint es außerdem eine Tradition der Katharinen-Verehrung gegeben zu haben (Schwob 1979, S. 119). Überlegungen Schwobs (ebd., S. 120 f.), daß auch das Datum des Tags der Heiligen (25. November) eine Rolle bei dieser Anrufung gespielt haben könnte, scheinen mir allzu unsicher.

I,13–16] Die spiegelnde Strafe – Eisenbande für Umarmungen – ist als persönlicher Gruß Gottes interpretiert, wohl weil damit auch ein Hinweis zum Verstehen der Situation gegeben ist. Zum Prinzip der spiegelnden Strafe vgl. W. Schild, Talio(n), in: LMA 8 (1997) Sp. 446 f., sowie unten zu 34, I,10. In Handschrift B ist die Spiegelung der ›Sache‹ zur Identität der Person verändert.

I,17 f.] Das allbekannte Liebe-Leid-Sprichwort führt hier das für das Lied zentrale Thema Liebe ein, zunächst noch in einer Prägung, die das Leid als etwas später Hinzutretendes erscheinen läßt; vgl. zu III,1 f.

III,1 f.] Hier ist das Liebe-Leid-Sprichwort (vgl. I,17 f.) zugespitzt zu einem Wehtun aus Liebe.

III,3–5] Eventuell wäre eine andere syntaktische Gliederung möglich: Punkt nach Z. 3, Komma nach Z. 5. Ich habe mich für die syntaktisch glattere, inhaltlich schwierigere, aber auch pointiertere Gliederung entschieden: auch noch in der Gefangenschaft ist die Liebe nicht ganz zerrissen, von Seiten der Frau in der eisernen Umarmung (vgl. VI,13), von Seiten des Gefangenen in Fürbitte und Unschuldsbeteuerung (VII,15–18).

III,6–10] Das Bild der Waage, bei der noch nicht über Leben oder Tod entschieden ist, scheint in den folgenden Versen ein anderes Waagebild zu evozieren, die Seelenwaage, bei der nach Gut und Böse über Seligkeit oder Verdammnis der Seele entschieden wird.

IV,7–9] Schwob 1979 weist S. 85–88 verschiedene metaphorische Verwendungen von Schlinge oder Falle nach und meint, hier seien die Fallstricke des Teufels gemeint. Vom Teufel ist hier jedoch nicht die Rede, es geht vielmehr um den Freiheitsraum, den Gott dem Sünder eine Zeit lang läßt, bis dieser sich nicht in Sünden (in denen er schon vorher lebt), sondern in den Folgen der Sünden verfängt, wodurch er wieder auf Gott verwiesen wird.

IV,13] Vgl. im Zusammenhang mit dem ersten Gebot Exodus [2. Mose] 20,5 *ego sum Dominus Deus tuus fortis zelotes* ›ich bin der Herr dein Gott, stark und voll Eifer‹.

IV,18] *nachhengen* kann, ausgehend von der Vorstellung ›dem Pferd die Zügel lassen‹, fast Gegensätzliches bedeuten, auch bei Oswald: ›nachgeben, gewähren lassen‹ (ursprünglich bezogen auf das Pferd; vgl. Kl. 30,46) und ›nachjagen‹ (ursprünglich bezogen auf das Wild, vgl. Kl. 52,11). Gegen Hartmann, S. 51, scheint mir hier nur die erstgenannte Bedeutung zu passen.

VI,10] Gemeint sind offenbar Daumenschrauben als Folterinstrumente.

VI,17 f.] Die Textfassung der Handschrift B bleibt bei dem Präteritum, das in der Strophe vorherrscht. Der A-Text sieht zwar das Einschließen als vergangenen Vorgang, läßt aber Klage und Unbarmherzigkeit noch andauern, betont also das Andauern der Gefangenschaft.

Literatur: Schwob 1979, S. 66–140; Hartmann 1980, S. 45–85; Hirschberg/Ragotzky 1984/85, S. 79–95; Beate Kellner, Minne- und Weltabsagen bei Oswald von Wolkenstein und Walther von der Vogelweide. Exemplarische Überlegungen zu L. 66,21 und Kl 1, in: Bennewitz/Brunner 2013, S. 51–67.

23 *Es nahent gein der vasennacht* = Kl. 60

Überlieferung, Lesarten: A 23[r], B 26[r], c 56[r]. Hier nach A. II,3 *zamen*] *lieben* B; II,7 B] *haimlich* A; III,1 *des* B] *das* A; *watt* A, *pfat* B.

Melodie: Einstimmiges Refrainlied. Die drei letzten Noten von Z. 11 und die ganze Z. 12 sind in B fälschlich eine Sekunde tiefer notiert. Der Refrain ist in beiden Handschriften durch *Repeticio* markiert. Zur Interpretation vgl. Stäblein 1970, S. 188 f., und Stäblein 1972, S. 156–159. Bauform: A¹A²B, Refr. CB + Coda.

Metrische Form:
    4a 4b | 4a 4b | 4c 2d- 4c 2d-
  2e 2e 4e | 4e 2f- 4x 2f- | 3f-

Typus und biographischer Hintergrund: Aufruf des hinkenden Sängers zu Fastnachts- und Frühjahrsfreude und zur Liebe, bittere Variation des Sängeraufrufs in Neidharts Sommerliedern. Unter den Folgen der Gefangenschaft leidend, beschuldigt Oswald seine frühere Geliebte der Heimtücke.

I,8] Die Präposition *für* ist doppeldeutig: ›statt einer Liebesnacht‹ oder ›zum Zweck eines lieblichen Vorwärtshumpelns‹.

I,15] Es ist kaum zu entscheiden, ob hier der Sänger, aus seiner traditionellen Rolle fällt und sich aggressiv gegen die laute Fastnachtsgesellschaft wendet, oder ob es sich um den Zuruf eines der Feiernden an den grantelnden Sänger handelt; *plehe*, wohl zu *blæjen* ›meckern, blöken‹, kann kaum, wie Okken/Cox erwägen, nomen agentis sein, eher Imperativ mit dem Sinn einer aggressiven Imitation des oder der Angeredeten; *plerren* wohl nicht, wie ich früher vermutete, zu *plarren* ›anstarren, gaffen‹, sondern zu *plerren* ›blöken, schreien‹.

II,1–3] Für den Gegensatz *wild – zam* habe ich keine gute neuhochdeutsche Übersetzung gefunden.

II,6] Vgl. auch Hans Schwarz, Mhd. *smutz* als Lockruf und Interjektion, in: ZfdA 96 (1967), S. 154–163.

III,1] Zur Assoziation von Fastnacht und Frühjahr vgl. Arne Holtorf, Neujahrswünsche im Liebesliede des ausgehenden Mittelalters, Göppingen 1973 (GAG 20), S. 78 f.

III,5 f.] Oswalds Gefangennahme war im Herbst.

III,7] Man hat aus dieser Stelle in Verbindung mit anderen Liedaussagen geschlossen, daß Oswalds frühere Geliebte Anna Hausmannin ihn zu einer *kirchvart* aufgefordert habe, und auf dieser sei er dann überfallen worden. Das bleibt sehr unsicher. An dieser Stelle kann *vart* auch einfach ›Vorgehen, Verhalten‹ bedeuten. Die Verbform *schrau* ist eine Nebenform zu mhd. *schrîen*, der von ihr abhängige Akkusativ *vart* legt eine Analogie zu *zeter, wâfen, mort, vride schrîen* nahe und damit die Bedeutung ›öffentlich ausrufen‹, vgl. DWb 9/15, Sp. 1719–21.

Literatur: L. Okken / H. L. Cox, Untersuchungen zu dem Wortschatz der Lieder Oswalds von Wolkenstein 54, 55, 59 und 60. IV., in: Neophilologus 57 (1973), S. 156–172.

24 *Wenn ich betracht* = Kl. 3

Überlieferung, Lesarten: A 2^r, B 2^r, c 3^v–4^r. Hier nach A. I,6 v^s*bessern* AB; II,4 *gleich* A; II,8 B] *des p. das* A; II,9 B] *Mantasalem* A; III,4 Röll 1968] *truglichn̄ der* A, *truglicher* B; III,12 *der von wolkenstein* B; III,15 B] *bedenk* A; III,17 *den frumen freulin* B; III,18 *für*] *über* B. Melodie und metrische Form wie Lied 22, s. dort. In den Handschriften ohne eigene Melodieaufzeichnung.

Typus: Beispielreihe zur Bosheit schöner Frauen, an die Oswald als letztes Exempel sich selbst anschließt. Gegenüber dem gewichtigen Ernst der Interpretationen von Röll (existenziell) und Hartmann (weltanschaulich) sieht Schnyder vor allem im Schluß ironische Züge.

Quellen: Die Beispiele entstammen überwiegend der biblischen Geschichte, sind dem Dichter aber zweifellos schon aus ähnlichen Zusammenstellungen zugeflossen. Es gab Beispielreihen zu verschiedenen Themen, wichtig hier neben der Frauenbosheit Gefahren der Liebe (Minneklaven) und Macht des Todes (»Wo sind ...«), und da in ihnen teilweise dieselben Exempelfiguren vorkamen, ist es auch gelegentlich wie hier zu Vermischungen gekommen. Es ist also nicht anzunehmen, daß der jeweilige Ausgangspunkt der Tradition, den ich im Folgenden nenne, Oswald präsent war. Auch andere Bezüge und Parallelen zur Bibel dürften nicht auf eigener Bibellektüre beruhen, sondern durch geistliche Literatur vermittelt sein.

I,1–5] Röll, S. 160, verweist auf Ecclesiastes [Prediger, Kohelet] 7,26 f. I,6] Der Vers ist metrisch überfüllt. Röll, Kommentar, möchte *guet* streichen. Damit würde stringenter gleich auf das Thema der bösen Frau hingelenkt. Im Blick auf Z. 4 und den Schluß des Liedes scheue ich mich jedoch vor einem so stark sinnverändernden Eingriff. Die Möglichkeit eines unübertrefflichen Gutseins der Frau bleibt damit vorläufig bestehen und kann am Ende wieder aufgegriffen werden.

I,8] Apocalypsis [Offenbarung] 12. Röll, S. 161, verweist auf Sirach 25,22 f. *non est caput nequius super caput colubri, et non est ira super iram inimici* [Lesart: *mulieris*]. *commorari leoni et draconi placebit quam habitare cum muliere nequa.* ›Es ist kein Kopf so listig wie der Schlange Kopf und ist kein Zorn so bitter wie Frauenzorn. Ich wollte lieber bei Löwen und Drachen wohnen denn bei einem bösen Weibe.‹

II,9] Von Methusalem ist nur Genesis [1. Mose] 5,21–27 die Rede, dort findet sich nichts, was hier paßte. Vermutlich ist er irrtümlich aus einer Beispielreihe zur Unausweichlichkeit des Todes übernommen, vgl. Röll, S. 157.

II,9 f.] Zu Samson und Dalila s. Iudicum [Richter] 14–16.

II,11 f.] David, der mit der Frau des Urias gesündigt hat (II Samuel 11), war nicht Opfer einer bösen Frau, stammt also eher aus den Exempelreihen für die Gefahren der Liebe. Salomon wurde durch seine Liebe zu ausländischen Frauen zur Abgötterei verführt, vgl. III Regum [1. Könige] 11.

II,13–16] Zur Erzählung von Aristoteles, der sich von Phyllis, der Geliebten Alexanders des Großen, verführen ließ, ihr als Reitpferd zu dienen, und so von ihr bloßgestellt wurde, vgl. Rolf Wilhelm Brednich in: Enzyklopädie des Märchens 1 (1977), Sp. 786–788; Hellmut Rosenfeld in: ²VL 1, 1978, Sp. 434–436; Eckehard Simon in: ²VL 11, 2004, Sp. 130–133. – *überschrait* fasse ich nicht konkret auf (›bestieg ihn wie ein Reitpferd‹), da ein Schreiten zum Damensitz, wie ihn alle bildlichen Darstellungen der Geschichte zeigen, nicht zu passen scheint.

II,17 f.] Nur in wenigen Fassungen der weitverzweigten Erzähltraditionen von Alexander dem Großen wird berichtet, daß Alexander, als er in einem Glaskasten die Tiefen des Meeres erkunden wollte, die Haltekette einer Geliebten anvertraute, die ihm ewige Treue geschworen hatte; kaum war Alexander unten, wurde sie von einem Liebhaber verführt und ließ die Kette fallen, Alexander rettete sich mit einem Trick. Vgl. z. B. Jans von Wien, Weltchronik v. 19235–19440, in: Jansen Enikels Werke, hrsg. von Philipp Strauch, Hannover/Leipzig 1900 (MGH Dt. Chron. 3); D. J. A. Ross, Alexander and the Faithless Lady. A Submarine Adventure, London 1967; Wunderlich, S. 139–143. II,18] Absalon gehört wegen seiner Schönheit (II Samuel

14,25) in die Tradition der Exempla für die Unausweichlichkeit des Todes. Sein Beischlaf mit den Konkubinen seines Vaters David (II Samuel 16,20–22) macht ihn kaum geeignet als Exempel für die Bosheit von Frauen. Vgl. auch Wunderlich, S. 126 f.
III,5] Zur Flucht des Elias vor der Königin Isebel s. III Regum [1. Könige] 19.
III,6] Genesis [1. Mose] 39,7–20.
III,8 f.] Matthäus 14,1–12, Marcus 6,14–29.
III,12] Das Präteritum *hank* muß nicht, wie man gemeint hat, bedeuten, daß das Lied später entstanden ist als Lied 23, in dem das Hinken als gegenwärtig inszeniert wird. Das Präteritum ist auch durch die Exempelrolle motiviert.
III,15] Anklang an die traditionelle Vorstellung der Frau Welt.
III,17] Röll, S. 160, verweist auf Sirach 25,11 *beatus qui inhabitat cum muliere sensata* ›Wohl dem, der ein vernünftig Weib hat‹. Die Stelle mag, vermittelt durch Oswalds unmittelbare Quellen, anregend gewirkt haben. Doch legte die Diskurstradition in jedem Fall eine Wendung ins Positive nahe. In der Lesart von B ist sie höfisch akzentuiert.

Literatur: Walter Röll, Oswald von Wolkenstein und andere ›Minnesklaven‹, in: Ges. Vorträge 1978, S. 147–177; Hartmann 1980, S. 98–131; André Schnyder, Auf die Couch mit Oswald? Vorschlag für eine neue Lesart von Kl 3, in: GRM NF 46 (1996), S. 1–15. Zur Tradition (ohne Erwähnung von Oswalds Lied) s. auch Werner Wunderlich, Weibsbilder al fresco. Kulturgeschichtlicher Hintergrund und literarische Tradition der Wandbilder im Konstanzer Haus ›Zur Kunkel‹, Konstanz 1996, S. 124–156, 178–181; Regina Toepfer, Oswald von Wolkenstein und sein Sprecher-Ich. Spiel mit autobiographischen Elementen in den Liedern Kl 3, 33 und 39, in: Bennewitz/Brunner 2013, S. 225–240, dort S. 226–230.

25 *Ich sich und hör* = Kl. 5

Überlieferung, Lesarten: A 12^v, B 2^v, c 5^{rv}. Hier nach A. I,5 *des*] *wes* B; I,6 B] *clainepfannt* A; II,2 B] *bedeckt* A; II,12 *wannes* A, *slaffes* B; II,13 *ringen springen louffen* B; II,15 *für singen hůst ich* B; III,2 A] *bey dem nym war* B; III,9 B] *chirchgan* A; III,11 A] *bestan* B; III,13 *ich* B] fehlt A; III,15 A] *kindlin* B; III,18 A] *Junck man vnd weib versaumt nicht gottes huld* B.

Melodie und metrische Form wie Lied 22, s. dort. In den Handschriften ohne eigene Melodieaufzeichnung.

Typus und Datierung: Altersklage mit Betonung des körperlichen Verfalls, auch als Mahnung an die Jugend. 1425, als das Lied in den Grundstock der Handschrift A eingetragen wurde, war Oswald etwa 48 Jahre alt, war viel auf Reisen, und danach lebte er noch zwanzig Jahre. Viele der angeführten Zeichen des Alters sind literarisch vor Oswald belegt, einzelne wohl auch nicht realistisch (z. B. weißes zu schwarzem Haar). Classen 1991, S. 188–201 vermutet ein Altersgedicht von Antonio Pucci als Vorbild Oswalds, doch gehen die gemeinsamen Züge nicht über Topisches hinaus. Andererseits wird man die Klage nicht als nur topisch abtun dürfen. In der Zeit nach seiner ersten Gefangenschaft hatte Oswald offensichtlich mit deren körperlichen Folgen zu kämpfen (vgl. Lied 23), und mit der Klage über die beschädigte Stimme nimmt er ein sehr individuelles Alterszeichen in die Beschreibung auf.

I,2] Hartmann weist S. 153 darauf hin, daß Oswald selbst in den Jahren nach seiner ersten Gefangenschaft in großer wirtschaftlicher Bedrängnis war.
I,6] Die Deutung der Stelle ist schwierig. Ich gehe davon aus, daß nicht etwa ein Unterschied ›auf der Erde – unter der Erde‹ gemeint ist (dagegen spricht das Präteritum: auch jetzt ist das Ich noch auf der Erde). Am ehesten dürfte auf Oswalds Reisen angespielt sein; statt *do*, bei Oswalds Schreibern ganz überwiegend zeitlich gebraucht und vom örtlichen *da* unterschieden, würde man allerdings *wo* erwarten. Noch besser in den Kontext würde passen ›und (weil ich fast schwebte) kaum bemerkte, daß mich die Erde trug‹; aber dieser Sinn wäre nur durch eine Konjektur *das* für *do* zu erreichen.
I,18] Marold 1995, S. 14, versteht *rimphen* wörtlich: »Wenn ich singe, muß ich das Gesicht verziehen.« Ich vermute eher metaphorische Übertragung auf die Stimme.
II,3] Gegen Hartmann, S. 154 Anm. 346, stelle ich *plasnirt* weiterhin zu dem heraldischen Terminus *blasenieren* ›ein Wappen ausmalen, auslegen‹.
III,5] Abwandlung eines Satzes, der sonst Toten in den Mund gelegt ist, vgl. Hartmann, S. 155 Anm. 352.
III,17] Der Satz kann sich auf die Torheit der Jugendjahre oder auf die Alterstorheit beziehen.

Literatur: George Fenwick Jones, The ›Signs of Old Age‹ in Oswald von Wolkenstein's ›Ich sich und hör‹ (Klein No. 5), in: Modern Language Notes 89 (1974), S. 767–786; Hartmann 1980, S. 153–175.

26 ›Nu huss!‹ sprach der Michel von Wolkenstain = Kl. 85

Überlieferung: B 35^v–36^r, c 71^v–72^r, ferner eine kürzere und entstellte Fassung von drei Strophen im ›Augsburger Liederbuch‹ von 1454, München, Cgm 379, 120^{rv}, abgedruckt u. a. bei Klein im Apparat und bei Seidel. Daß das Lied in Handschrift A fehlt, könnte mit politischen Rücksichten in der Zeit der Anlage dieser Handschrift zusammenhängen. Wie weit die Fassung des ›Augsburger Liederbuchs‹ schriftlose Überlieferung voraussetzt, ist kaum zu entscheiden; daß ihre zweite Strophe, die in Bc fehlt, auf Oswald zurückgeht, ist jedoch nicht zu bezweifeln (vgl. unten zum historischen Hintergrund). Lesart: VII,3 *fraidige* B.

Melodie und metrische Form: Einstimmiges Lied. Der Text ist gebildet aus zwei reimreicheren Varianten des verbreiteten Hildebrandstons, benannt nach dem ›Jüngeren Hildebrandslied‹. Die aus dem 16. Jahrhundert überlieferte Melodie zum ›Jüngeren

Hildebrandslied‹ und Oswalds Melodie sind allerdings ganz verschieden. Die metrische Grundform des Tons sind paargereimte Langzeilen nach dem Schema 3x-‿3a, 3x-‿3a, 3x-‿3b, 3x-‿3b. Oswalds Anverse (die ersten Versteile) entsprechen ganz der Tradition, auch in den Kadenzvarianten (IV,2; VI,3) und in den sporadisch eingesetzten Zäsurreimen (IV,3 f.; VI,1 f.). Die Abverse sind öfter verkürzt und weisen gelegentlich weibliche Kadenzen auf, was beim Singen leicht aufgefangen werden kann. Ein gegenüber der Tradition gehobener Formanspruch zeigt sich in der Reimordnung der Abverse: in Strophe I bis III aaaK (mit strophenverbindendem Kornreim), in Strophe IV bis VII aaaa. Der formale Unterschied scheint mit der Entstehungsgeschichte zusammenzuhängen, s. u. Typus: Politisches Parteilied mit Gefechtsbericht. Aus dem großen und diffusen Bereich historisch-politischer Ereignisdichtung dürften einige Schlachtlieder ein Modell geboten haben, an das Oswald anknüpfen konnte. Auch Derivationen des Hildebrandstons kommen in solchen Liedern vor, so z. B. in den beiden Schweizer Liedern über die Schlacht bei Näfels 1388, die freilich in ihrer überlieferten Gestalt wohl jünger sind als Oswalds Lied. Die größere Lebhaftigkeit der Darstellung mag mit Oswalds persönlichem Stil, mit der größeren zeitlichen Nähe und mit der Konzentration auf die Perspektive der drei Wolkensteiner zusammenhängen. Ein Einfluß der Szenenschilderungen der italienischen Caccia (Classen) scheint mir hier unwahrscheinlich, obwohl Oswald durchaus Caccias gekannt und rezipiert hat.

Historischer Hintergrund: Auseinandersetzungen zwischen Herzog Friedrich von Österreich und dem Tiroler Adel zogen sich über viele Jahre hin. Kampfhandlungen im Umkreis von Burg Greifenstein (heute ›Sauschloß‹ oberhalb von Siebeneich im Etschtal nahe Bozen) sind außer durch dieses Lied nur durch knappe urkundliche Erwähnungen bekannt. Greifenstein war im Besitz der mit den Wolkensteinern befreundeten Starkenberger, der bedeutendsten Gegner des Herzogs und Anführer des gegen diesen gerichteten Adelsbunds, der auch die »Gemein der Landschaft«, d. h. die Städte und kleineren Orte, einzubinden versuchte. Im November 1423 erreichte der Herzog jedoch auf dem Landtag zu Meran, daß der Adelsbund für aufgelöst erklärt wurde. Am 17. Dezember hat er die meisten Adelsbündner amnestiert, nicht jedoch die Starkenberger. In dieser Urkunde werden auch die »Frevel« im Feld vor Greifenstein erwähnt. Nochmals genannt wird das *gebrechen ... auch von Greiffenstain wegen*, offenbar derselbe Vorfall, in einer Vorladung der Brüder Wolkenstein vor den Landtag in Innsbruck vom 21. April 1424 (Lebenszeugnisse, Nr. 143). Ulrich von Starkenberg verteidigte Greifenstein gegen die herzogliche Belagerung noch bis November 1426. So spät aber können sich die Brüder Wolkenstein nicht mehr aktiv und mit anschließendem Triumphlied gegen den Herzog gestellt haben. Die Ereignisse, auf die sich das Lied bezieht, dürften also am ehesten 1423 vor dem 17. Dezember stattgefunden haben.

Norbert Mayr, der erstmals für eine Datierung im Zusammenhang mit der Situation von 1423 eingetreten ist, beruft sich auch auf die mittlere Strophe der Kurzfassung des Liedes im ›Augsburger Liederbuch‹. Diese Strophe, die in Bc fehlt, lautet in leicht geregelter Graphie und mit einer von der Form erzwungenen Wortumstellung so:

> Die pünd die sind ⌈gewunnen,   si sind gefallen.⌉¹
> wie pald wir si derschnellen   mit klainem schallen.
> das rieten mir die pfaffen   und die von Halle
> und etlich gest im lande,   die ich bekalle.

---

1 ga fallē sy sind gewūnē

Das wäre wohl etwa so zu übersetzen: ›Die Bünde sind überwunden, sie sind gefallen. Wie schnell wir sie auseinanderstieben lassen ohne viel Lärm! Das hatten die Pfaffen gegen mich ausgeheckt und die von Hall und etliche Landfremde, die ich beschreie (gegen die ich anklagend meine Stimme erhebe).‹ Die Strophe verdächtigt, historisch durchaus plausibel, die *pfaffen* (d. h. wohl vor allem Bischof Berthold von Brixen), die Leute von Hall (in Tirol) und etliche Landfremde (vielleicht herzogliche Räte), daß sie schuld an dem Konflikt seien. Ob die *pünd* ein Bündnis der Gegner meinen oder die ›Fesseln‹ der Belagerung (so Ranke 1934, S. 165) oder wie ich vermute, konkrete Barrieren der Gegner aus Flechtwerk (so nicht belegt, aber vgl. *bunt* ›Barriere im Brettspiel‹, auch als Metapher gebraucht), muß nicht entschieden werden. Anders aber als Mayr meint, ist die Auflösung des Adelsbunds von Oswalds eigener Partei in dieser Triumphstrophe nicht angesprochen.

Die Fassung Bc, um die es hier geht, behandelt zwei Kampfepisoden, an denen die Brüder Wolkenstein beteiligt waren, im Gesamt der Auseinandersetzungen vermutlich eher unwichtige Episoden, die denn auch nicht mit einem Sieg, sondern mit einem Entkommen enden. Wie sich das Treffen im Ried unterhalb von Ravenstein im unteren Sarntal (in der Luftlinie etwa 5 km von Greifenstein) zu dem Ausfall verhielt, bleibt undeutlich. Auffällig ist, daß die Strophen, die davon berichten, auch eine andere Reimordnung aufweisen (s. o.). Womöglich ist das Lied also nicht in einem Zuge entstanden. Die Fassung des ›Augsburger Liederbuchs‹ bietet allerdings Verse aus beiden Teilen, ihre Vorstufe muß also auch bereits beide Teile enthalten haben.

III,2] Das obere Feld ist offenbar der Bereich etwas oberhalb der vorgeschobenen Felsspitze, auf der Greifenstein liegt, die einzige Stelle, von der aus man die Burg beschießen konnte.
III,3] Variante der Redensart ›mit gleicher Münze heimzuzahlen‹.
V,3] Okken/Mück, S. 496, sehen in der Schreibung *Raubenstain* eine polemische Umbenennung und schließen daraus, daß es sich um Feinde der Wolkensteiner handeln müsse. Ich kann die Graphie nicht für so auffällig halten und meine, daß es in der Situation Adel gegen Bauerngemeinden eines deutlicheren Hinweises bedurft hätte, wenn Leute aus einer Burg als Gegner der Wolkensteiner aufgetreten wären.
VI,3] Zu den nachweisbaren Verwendungen von *glöggeln* s. Okken/Mück, S. 499. Ich habe, ausgehend vom etymologischen Zusammenhang mit *Glocke*, eingesetzt, was der Sinn zu fordern scheint.
VI,4] Okken/Mück, S. 501 f., denken an Belagerungsmaschinen: Schutzdächer und Mauer-

bohrer. Da das Gefecht nicht mehr vor dem belagerten Greifenstein zu denken ist, scheint mir die Normalbedeutung der Wörter näher zu liegen. Unter den vom Herzog angeführten Vergehen des Adelsbundes wird auch Brandstiftung genannt.

Literatur: Klaus Jürgen Seidel, Der Cgm 379 der Bayerischen Staatsbibliothek und das »Augsburger Liederbuch« von 1454, Diss. München 1972, S. 497–513; Norbert Mayr, Die Belagerung von Greifenstein fand nicht statt – Das Greifensteinlied Oswalds von Wolkenstein in neuer Sicht, in: Ges. Vorträge 1978, S. 411–419; Okken/Mück 1981, S. 487–515; Classen 1987, S. 181–225; Classen, in: Monatshefte 80 (1988), S. 459–468; Karina Kellermann, Abschied vom ›historischen Volkslied‹. Studien zu Funktion, Ästhetik und Publizität der Gattung historisch-politische Ereignisdichtung, Tübingen 2000 (Hermaea NF 90), S. 256 f.

27 Durch Barbarei, Arabia = Kl. 44

Überlieferung, Lesarten: A 49^{rv} (außerhalb des Grundstocks von 1425), B 18^v–19^r, c 47^r–48^r. Hier nach A. I,7 A] *reussen preussen* B; I,18 *bey salern* A, *vor saleren* B; I,19 *deselbs* B; *blaib* A, *belaib* B; *in*] *an* B; I,22 *runden kofel smal* B; I,26 B] *sach* A; I,27 *twingt*] *tůt* B; I,29 *tuet*] *dick* B; I,30 *hand* B; II,1 *gesach* A, *beschach* B; II,18 *rotzig*] *růssig* B; III,3 *des wunscht ich nicht* B; III,4 *in*] *neur* B; III,19 *nye hat geswecht* B.
    Melodie: Einstimmiges Lied der melodischen Struktur AABB. In Handschrift A sind die Wiederholungen nicht notiert, in B ist die erste Wiederholung ausgeschrieben.
    Metrisches Schema:
        4a 4a 4a 4a 2a 3b-
        4c 4c 4c 4c 2c 3b-
        4d 3e- 4d 3e- 4d 3e- 4d 3e- °2e-
        4f 3g- 4f 3g- 4f 3g- 4f 3g- °2g-
    Alle Verse haben Auftakt bis auf die durch ° markierten Schlußverse der B-Teile. Nach demselben Schema, jedoch ohne diese rhythmische Differenzierung, und nach derselben Melodie geht auch Lied 30.
    Typus und biographischer Hintergrund: Klage über die bedrängte Lebenssituation des beim Herzog in Ungnade gefallenen Landadligen. Zu datieren ist das Lied offensichtlich in den Herbst-Winter 1426/27, als Herzog Friedrich fast den gesamten Adel unterworfen und auf seine Seite gebracht hatte und Oswald sich zunehmend isoliert fühlte.

I,1–17] Der Länderkatalog, der hier als Folie für die Darstellung der gegenwärtigen Begrenztheit dient, enthält überwiegend, aber wohl nicht ausschließlich Länder, in denen Oswald vermutlich gewesen ist. Zur Identifizierung vgl. auch Müller, S. 78 f. Ich habe in der Übersetzung den Fremdheitscharakter der Namen öfter bewahrt, um vorschnellen Gleichsetzungen mit gegenwärtigen Benennungen einen gewissen Widerstand entgegenzusetzen.

I,1] In *Barbarei* dürfte der Volksname der Berber durch eine Reminiszenz an *Barbaren* überformt sein.
I,3] Zu *Tartarei* vgl. zu 18, II,1.
I,4] *Romanei* meint das zu Oswalds Zeit schon stark geschrumpfte byzantinische Reich.
I,5] Gemeint ist wohl das antike *Iberia* südlich des Kaukasus, das heutige Georgien.
I,7] *Preussen* ist das Deutschordensland, benannt nach den alten baltischen Prußen. *Eiffenlant* vielleicht für *Eistenlant* ›Estland‹. I,15] Nach Mathias Feldges, ZfdPh 95 (1976), S. 374–399, ist mit *Ispanie* hier das kurze Zeit unabhängige Reich León-Galizien gemeint.
I,16] Kap Finisterre westlich von Santiago de Compostela.
I,19.26] Die Präteritalformen in Handschrift A sind offensichtlich Schreibermißverständnisse.
I,28–30 und II,20–30] Vgl. Lied 18,VII. Müller spricht S. 83 geradezu von einem »szenischen Selbstzitat«.
II,14] Mit *sinder* ›Schlacken‹ sind wohl nicht wertlos gewordene Relikte früheren Glanzes, etwa Souvenirs, gemeint, sondern einfach der häßliche Gegensatz.
II,19] Müller, S. 81 Anm. 2, deutet *vich* als ›Ungeziefer‹; an den als Belege angeführten Stellen ist jedoch die uneigentliche Verwendung des Worts durch den Kontext klargemacht, hier nicht. Die Normalbedeutung ›Vieh‹ aber bliebe nach der Nennung der Tiere in Z. 16 matt, wenn man *vich*, durch Komma beigeordnet, in Parallele zu *sackwein* setzt. Ich vermute, daß *vich* als Dativ aufzufassen ist (so auch, allerdings in der Konsequenz abweichend, Robertshaw 1977, S. 107 Anm. 4). Daß Rinder Essig durchaus gerne mögen, scheint mir dem nicht unbedingt zu widersprechen. Wichtig ist nicht die realistische Beobachtung, sondern die Negativierung in jedem Glied des Vergleichs. Vgl. zu 20,I,1.
III,19] Das finite Verb des Nebensatzes ist eingespart. Zu erwägen ist allerdings, ob *hab* statt als Substantiv ›Besitz‹ als konjunktivische Verbform aufzufassen ist.
III,21] Die Übersetzung von *raide* richtet sich nach der Bedeutungsangabe von Schatz 1930, S. 91, ›herrlich‹, weil sie im Kontext am ehesten einen guten Sinn ergibt. Die allgemeinen Wörterbücher weisen jedoch kein Adjektiv dieser Bedeutung nach.
III,30] Die Graphie *verwaisen* in beiden Handschriften läßt an eine Ableitung von ›Waise‹ denken, mhd. *verweisen*, hier sicher nicht ›verwaist, elend werden‹ (so Schatz) – da es sich um ein schwaches Verbum handelt, kann die hier vorliegende Form kein Partizip sein –, sondern ›zu Waisen machen‹. Besser in den Kontext und zur Mehrzahl der Reimwörter paßt jedoch *verweisen*, mhd. *verwîsen* ›abweisen‹.

Literatur: Müller 1968, S. 76–86; Lambertus Okken, Oswald von Wolkenstein: Lied Nr. 44. Wortschatz-Untersuchung, in: Kühebacher 1974, S. 182–218; Schwob 1979, S. 192–195; Anton Schwob, *hûssorge tuot sô wê*. Beobachtungen zu einer Variante der Armutsklage in der mhd. Lyrik, in: JOWG 1 (1980/81), S. 11–97, bes. S. 91–97; Michael Dallapiazza, Ist Oswalds Liedschaffen protomodern? Anmerkungen zu einem heiklen Thema, in: Bennewitz/Brunner 2013, S. 419–430, dort 424–428.

28 Durch abenteuer tal und perg = Kl. 26

Überlieferung, Lesarten: A 42ᵛ–43ʳ, B 12ʳᵛ, c 31ʳ–33ᵛ. Hier nach A. I,1 *perg vnd tal* B; I,2 *raisen*] *varen* B; III,6 *gelerēt* A, *geleret* B; III,8 *verferrent* A, *verferret* B; III,10 *versterent* A, *versteret* B; IV,9 *in*] *güt* B; V,1 *Darinn*] *Also* B; VII,8 *hinden*] *nyden* B; IX,1 *tunkel*] *tunckeln* B; IX,6 *da*] *so* B; IX,10 *abguallen*; XI,10 *Von bomen nicht geboren* B; XIII,1 *rett*] *sprach* B; XIII,6 *die traut*] *getraut* B; XIV,6 *der fürst*] *mein herr* B; XV die Strophe fehlt Bc, vgl. unten zur Stelle; XVI,5 *Mit*] *Mein* B; XVI,8 *pin ich vil*] *so wird ich* B; XVI,9 *von seiner macht*] *zwar vmb die mynn* B.

Melodie: Einstimmige Kanzone der Form AABBC, wobei c die Melodie von A variiert. Die Wiederholungen sind in beiden Handschriften ausgeschrieben.

Metrisches Schema:
4a 5b- | 4a 5b- ‖ 4c 5d- | 4c 5d- ‖ 4x 3d-

Typus: Bericht über die Gefangenschaft von 1427. Zu den biographischen Zusammenhängen vgl. die Literatur und hier S. 406. Hochstilisierte Erwartungen und Erinnerungen an ritterlich-höfischen Glanz dienen der Darstellung von angsteinflößenden und widerlichen Erfahrungen als Folie, rücken sie in eine ironische Distanz und lassen sie stellenweise komisch wirken. Daß die Bloßstellung des herzoglichen Personals eine versteckte, aber scharfe Kritik am Herzog bezwecke, wie Schwob 1979, S. 196–216, vermutet, halte ich nicht für wahrscheinlich. Auch die neueren Interpretationen von A und U. M. Schwob 1999 vor dem Hintergrund der mittelalterlichen Formen der Unterwerfung scheinen mir die komischen Züge nicht genügend zu berücksichtigen.

I,1f.] Anklang an Verhaltensmuster höfischer Romane, vgl. besonders den ›Erec‹ Hartmanns von Aue; s. auch zu XIV,10.

I,3–II,6] Der angebliche Reiseplan entspricht zumindest teilweise den Stationen der Gesandtschaftsreise von 1415/16, auf die auch ausdrücklich Bezug genommen wird (II,2–6). Tatsächlich handelte es sich nur um einen Versuch, Tirol zu verlassen, um der Ladung Herzog Friedrichs zu einem Landtag in Bozen auszuweichen.

I,7f.] *liberei* bedeutet das mit einem Zeichen geschmückte Hofkleid, das die Zugehörigkeit zu einem Hof und damit auch dessen Rechtsschutz symbolisiert, vgl. DWb 6/12, Sp. 853f. Allgemein wird angenommen, daß Oswald hier den Kannenund Greifenorden meint, zu dessen vollem Ornat auch Blümlein, nämlich Lilien in den Kannen, gehören (vgl. das Bild in Handschrift B). Wenn diese Annahme stimmt, hat sich die Erinnerung an die Gesandtschaftsreise von 1415/16 verselbständigt. Dem Publikum dürfte bekannt gewesen sein, daß Oswald diesen Orden schon besaß. Ein für die Hörer plausibler Reiseplan müßte sich auf ein anderes Ziel richten.

II,1–4] Eroberung von Ceuta (Septa) am 21. August 1415. Einziges Zeugnis für Oswalds Beteiligung.

II,5f.] Die maurischen Könige von Granada aus dem Geschlecht der Nasriden führten den Beinamen ›Söhne des Roten‹. Oswalds Formulierung läßt offen, wie er 1415/16 empfangen worden war.

II,7f.] Die Sporen gehören zu den Insignien des Ritters. Bei den *kindlin* ist vermutlich an Knappen als Begleiter gedacht. II,10] Vgl. zu VIII,1.

III,6–10] Graphie der Reime geregelt nach Marold 1926, S. 92. III,9] Wasserburg ist nicht sicher identifiziert. Erwogen wurden Wasserburg am Inn und Wasserburg am Bodensee als reale Ziele von Oswalds Fluchtversuch. Die Formulierung klingt aber eher nach einer konkreten Station auf dem Weg nach Fellenberg (so meine Übersetzung) oder nach einem Verlies, in das gebracht zu werden Oswald fürchtete.

IV,2] Zu Fellenberg, einer herzoglichen Burg bei Innsbruck, vgl. Schwob 1977, S. 194f.

IV,5f.] Vgl. II,7f.

IV,9f.] Ironisch: Ablaß (Nachlaß von Sündenstrafen) erteilt ein Priester aufgrund von guten Werken; *haimeleichen* d. h. gar nicht.

V,7] Schwob 1979, S. 201, denkt an die verhaßten *merker* des Minnesangs. Ich halte Märkel für einen normalen Eigennamen.

V,9 *der fürst*] Herzog Friedrich.

VI,2] Eine Beteiligung an den Kämpfen gegen die heidnischen Preußen war für junge Adlige eine Chance zu ritterlicher Bewährung und wurde nicht selten mit repräsentativem Aufwand unternommen. Hier ironisch für die große Begleitung.

VI,7 X,10] Die genauen Umstände der Haft in Innsbruck werden nicht ganz klar. VI,7–10 läßt eher an ein dunkles Verlies denken, die folgenden Strophen an eine Gefangenschaft in einem Hinterhof in enger Eß- und Schlafgemeinschaft mit den unstandesgemäßen herzoglichen Aufpassern, möglicherweise auch mit weiteren Häftlingen. Daß VII–X nochmals Zustände auf Fellenberg schildern (so Schwob 1979, S. 202f.), scheint mir wenig plausibel. Vgl auch zu X,2.

VIII,1] Peter Heizer ist vermutlich der Stubenheizer von II,10. Gleichwohl könnte es sich um einen Eigennamen handeln, aus dem II,10 eine Berufsbezeichnung herausgesponnen wurde.

X,2] Nach Schwob (in: Literaturwiss. Jb. NF 19 [1978], S. 162, und Schwob 1979, S. 202) handelt es sich um Hans Kopp, der ein Jahr später als Pfleger von Fellenberg nachweisbar ist. Wenn diese Identifizierung stimmt, beweist sie doch m. E. nicht, daß die Schnarchszenen auf Fellenberg zu denken sind.

X,3] *Hafenreuß* ist eine Variante zu mhd. *altriuze, riuze* ›Flickschuster‹, einem Wort unsicherer Herkunft, vgl. ²DWb Bd. 2, Sp. 616 s.v. *Altreisz*. Hier nach Marold 1926, S. 93, Wortspiel mit mhd. *rûzen, riuzen* ›schnarchen‹.

XI,1–4] Zu den genannten Personen vgl. Schwob 1979, S. 208f. XI,9f.] Die Handschriften A und B verwenden hier verschiedene Redensarten, die doch den gleichen Sinn ergeben. Zu A vgl. nhd. ›aus solchem Holz geschnitzt‹, zu B ›solche Leute wachsen nicht auf den Bäumen‹ (DWb 1/1, Sp. 1189; TPMA Baum 310–312).

XII] Während in anderen Liedern immer nur die ehemalige Geliebte als Gegnerin und Verantwortliche für die Gefangenschaften genannt wird, wird hier etwas realitätsnäher wenigstens für die gegenwärtige Gefangenschaft deutlich, daß es mehr Prozeßgegner gibt: *meines puelen freund* ist, wenn man die Form regulär als Singular auffaßt, wohl Martin Jäger, der von Anfang an der Hauptkontrahent Oswalds war (*freund* könnte auch ›Verwandter‹ bedeuten, doch ist eine Verwandtschaft zwischen Jäger und der Hausmannin bislang nicht nachgewiesen). Möglich ist aber vielleicht auch ein irregulärer Dativ Plural, vgl. Schatz 1930, S. 8b. Dann wären alle Prozeßgegner gemeint. Der Name der (inzwischen verstorbenen) Hausmannin wird hier zum ersten und einzigen Mal in Oswalds Liedern genannt.

XIII,6–8] Oswalds Künstlerrolle wird auch XIV,6 und vielleicht schon XI,9 f. angesprochen. Ob sie vom Herzog auch in der Realität goutiert wurde, ist nicht zu entscheiden. Sicher kommt es dem Dichter darauf an, der Situation, die auf politischer Ebene einer Unterwerfung gleichkam und auf wirtschaftlicher Ebene zwar relativ günstig, aber doch teuer ausging, ein Gegengewicht zu geben und sich seinem Publikum als erfolgreicher Künstler zu präsentieren.

XIV,3] Vgl. Lebenszeugnisse, Nr. 168–172.

XIV,7 f.] Anton und Ute Monika Schwob 1999b, S. 207, deuten die Szene als flegelhafte Verletzung des Rituals der Unterwerfung (deditio). Mir scheint im frühzeitigen Lachen des Herzogs eher ein freundliches Signal der schnellen Entspannung zu liegen. Unklar ist, wer daraufhin *heult*. Daß der Gefangene auf ein überraschend gnädiges Verhalten des Herzogs mit Schluchzen reagierte, wäre zwar verständlich. Daß Oswald dies aber im Lied darstellte, ist unwahrscheinlich. Darum denke ich eher an eine Reaktion der umstehenden Hofleute, die dem Querkopf Oswald auch nicht wirklich böse sein können.

XIV,10] Vielleicht ist mit *verreiten* auf den dem *verligen* (vgl. I,2) entgegengesetzte Fehler eines idealen Ritters angespielt (vgl. Hartmann von Aue, *Iwein*). Dann wäre etwa so zu übersetzen: ›Bei deinem Unglück hättest du nicht ins Abenteuern ausweichen sollen.‹

XV] Daß diese Strophe in Handschrift B fehlt, kann verschiedene Gründe haben. Denkbar ist auch, daß sie mit Heimkehr und abschließendem Fürstenlob ursprünglich den Liedschluß bildete, den Oswald dann schon bald durch den moralisch-religiösen Schluß in Strophe XVI ersetzen wollte. Zu Oswalds Bürgschaft für seinen entfernten Verwandten Aldriget von Castelbarco vgl. Schwob 1977, S. 202 f., 206, und Lebenszeugnisse, Nr. 173.

XVI,9] Handschrift B hebt in der Tradition der anderen Gefangenschaftslieder stärker auf die Liebesthematik ab.

XVI,10] In der Handschrift A folgt noch der Stoßseufzer *Ultimus versus est verissimus* (›Der letzte Vers ist überaus wahr.‹), danach die Dichtersignatur *Per Oswaldum Wolckenstainer*, vielleicht von Oswald selbst stammende Glossen der Vorlage.

Literatur: Marold 1926, S. 91–94; Schwob 1979, S. 55–65, 196–216; Kerstin Helmkamp, Die ›Gefangenschaftslieder‹ Oswalds von Wolkenstein, in: JOWG 9 (1996/97), S. 99–109; Anton Schwob / Ute Monika Schwob, Von der Ungnade zur Gnade. Zur Inszenierung der mittelalterlichen deditio in Oswalds von Wolkenstein Lied ›Durch aubenteuer tal und perg‹ (Kl. 26), in: Sprache – Kultur – Geschichte. Fs. Hans Moser, Innsbruck 1999, S. 101–114 [a]; A. Schwob / U. M. Schwob, Von den ›alten Freiheiten‹ zum ›österreichischen Recht‹. Oswald von Wolkenstein als parteiischer Zeitzeuge im Lied Kl. 26 ›Durch aubenteuer tal und perg‹, in: Ethische und ästhetische Komponenten des sprachlichen Kunstwerks. Fs. Rolf Bräuer, Göppingen 1999 (GAG 672), S. 197–208 [b]; Lebenszeugnisse, Bd. 2, 2001, S. 244–276; André Schnyder, ›Ich lob den tag, stund, weil, die zeit minut und quint‹. Zeit und Ewigkeit bei Oswald, in: Bennewitz/Brunner 2013, S. 31–50, dort S. 38–42.

29 *Wie vil ich sing und tichte* = Kl. 23

Überlieferung, Lesarten: A 28^v, B 10^v–11^r, c 27^{rv}. Hier nach A. Dort ist Strophe IV von anderer Hand nachgetragen, ein Zeichen markiert, wo sie eingeschoben werden soll. I,6 *Wie ferr ich von jm ker* B; I,8 *ser*] *not* B; I,13 *jm* B, *dinn?* A; I,14 *wart*] *walt* B; I,16 *langst* B; I,17 B] *landen* A; I,24 *Wer ich gewesen los* B; I,27 *fert syben ich* A *auf Rasur, siben mal ich* B; I,31 *und*] *er* B; II,2 *mein*] *ein* B; II,10 *tieff in eins* B; II,12 *mein r. z. den sl.* B; II,29 *Mein houbt hett volgesungen* B; III,8 B] *nase spicz* A; III,20 B] *groß* A; III,23 B] *nachent* A; III,25 *sumper* A; III,26 *kläpffen* B; III,28 *gawkel* A, *gouggels* B; III,29 B] *welt* A; III,31 B] *dauch* A; V,11 *und stumpfleich*] *stumpfflichen* B; V,13 *solt*] *wurd* B.
    Melodie: Einstimmiges Lied der Form AABB. Beide Handschriften bieten nur Melodieincipits, vollständig findet sich die Melodie nur zum vorausgehenden Lied Kl. 22. Der in A fehlende Schlüssel ist in der Ausgabe nach B ergänzt. Die Wiederholungen sind in beiden Handschriften nicht ausgeschrieben.
    Metrische Form: Langzeilenstrophe, jeder der vier Strophenteile (AABB) entspricht metrisch einer Hildebrandsstrophe mit Zäsurreimen (vgl. zu Lied 26).
    Aufbau, Entstehung, Typus: Anfang und Ende des Liedes bilden Todesmahnungen, gerichtet an das Ich, an die Fürsten und an alle Menschen, abgeschlossen durch eine Kritik der verblendeten Welt. In diesem Rahmen werden sieben selbsterlebte Situationen als Beispiele der Todesnähe erzählt. Die ersten sechs von ihnen sind allerdings als komische Unfälle dargestellt und spiegeln eher das Lachen dessen, der nochmal davongekommen ist. Das Lied ist vermutlich in einer ersten Fassung noch zu Lebzeiten der Hausmannin entstanden (vgl. das Präsens in III,16) und hatte auf dieser Stufe nur sechs Lebensgefahren besungen. Der Strophe IV mit der siebten Lebensgefahr fehlt der Zug zur Komik, und hier ist die Geliebte als verstorben erwähnt. Daß in A Strophe IV nachgetragen ist und bei der Zahlenangabe in I,27 radiert wurde, dürfte noch ein äußeres Indiz der Überarbeitung sein, bei der die Anpassung von III,16 versäumt wurde. Sollte Michel Beheim, der ein Lied von seinen sechs größten Nöten gedichtet hat, die Erstfassung gekannt haben? Vgl. Die Gedichte des Michel Beheim, hrsg. von Hans Gille und Ingeborg Spriewald, Bd. 2, Berlin 1970 (DTM 64), Nr. 329. Die Reihung einer festen Zahl von Gefährdungen in einem Katalog ist jedenfalls sonst ohne Parallele. Möglicherweise gaben Kataloge der Freuden und der Schmerzen Marias das Muster ab.

II,2–16] Erste Gefahr: Turnierunfall.

II,17–24] Zweite Gefahr: Schiffbruch, vgl. zu Lied 18, II,12–16. II,25–32] Dritte Gefahr: Vermutlich handelt es sich um einen Konflikt zwischen Oswald und seinem älteren Bruder Michael, der zwischen 1400 und 1406 stattfand. Nach einem viel später abgefaßten Bericht des Bartholomäus von Gufidaun hatten die Brüder Oswald und Leonhard die Kleinodien von Michaels Frau gestohlen und diese beschuldigt, sie habe sie mit Liebhabern durchgebracht. Als Michael die Wahrheit erfuhr, kam es zu einem heftigen Streit, *das her Michel den Oswaldt wundet auf den tot vnd vieng jn* (Lebenszeugnisse, Nr. 218). Daß im Lied von einem Verlust eigenen Besitzes die Rede ist, dürfte Schönfärberei sein.

III,1–8] Vierte Gefahr: Ertrinken, sonst nirgends erwähnt.

III,9–16] Fünfte Gefahr: Gefangenschaft von 1421, vgl. S. 405.

III,17–32] Sechste Gefahr: Sturz auf der Ungarnreise. Zu dieser vgl. S. 406. Das Wort *taugkel* stellt Hans Fromm (zitiert bei Müller 1968, S. 64) zu ungarisch *tavakkal* (Soziativ-Plural) ›mit den Seen (Teichen, Weihern usw.)‹.

IV] Siebte Gefahr: Gefangenschaft von 1427, vgl. Lied 28.

Literatur: Marold 1926, S. 85–87; Müller 1968, S. 55–75; Treichler 1968, S. 84–88; Ulrich Müller, Beobachtungen und Überlegungen über den Zusammenhang von Stand, Werk, Publikum und Überlieferung mittelhochdeutscher Dichter: Oswald von Wolkenstein und Michel Beheim – ein Vergleich, in: Kühebacher 1974, S. 167–180, dort S. 173–177; Schwob 1979, S. 216–223; William C. McDonald, Concerning Oswald's *Wie vil ich sing und tichte* (Kl. 23) as religious autobiography, in: JOWG 2 (1982/83), S. 267–286; Manuel Braun, Lebenskunst oder: Namen als biographische Referenzen bei Oswald von Wolkenstein, in: Bennewitz/Brunner 2013, S. 138–162, dort S. 153 f.

30 *Wer machen well den peutel ring* = Kl. 45

Überlieferung, Lesarten: A 53^r, B 19^{rv}, c 48^r–49^r. Hier nach A. I,14 *tar man da*] *turrent jr* B; I,15 *wol vff* B; II,1 *tranck* B; II,11 *Zwar guter kurczweyl sicht man vil* B; III,7 *von*] *jn* B; III,12 *trueg*] *trait* B; III,13 *die*] *zway* B; III,17 *vil grosser sleg der was* B; III,18 *mit ... vnd mit* B.

Melodie und (mit winziger Differenz) metrische Form wie Lied 27, s. dort. Zu diesem Lied ist in beiden Handschriften nur der Anfang Z. 1–3 notiert.

Typus: Satire auf Überlingen am Bodensee. Angeprangert werden überhöhte Preise für schlechtes Essen und Trinken, unfreundliche Behandlung der Gäste, bäurisches Milieu, Langeweile und ein häßliches Mädchen. Es handelt sich um das negativste aus einer kleinen Gruppe von Liedern über Städte: Kl. 98 Konstanz, 99 Nürnberg, 122 Augsburg, 123 Konstanz, vgl. auch Kl. 103, hier Lied 31. Immer geht es Oswald dabei nicht um die Städte als solche, sondern um die Stilisierung von Erfahrungen bei geselligen Gelegenheiten. Insofern stehen diese Lieder mit dem Interesse an Stadtbeschreibungen und Städtelob, das sich im 15. Jahrhundert entfaltete (vgl. Hartmut Kugler, Die Vorstellung der Stadt in der Literatur des deutschen Mittelalters, München 1986 [MTU 88]), nur in sehr entferntem Zusammenhang. Ähnlichkeiten des Typus mit Gedichten von Antonio Pucci, wie sie Classen 1991, S. 167–187, zeigen möchte, scheinen mir allzu vage.

Datierung: In der älteren Forschung wurde das Lied in die Zeit des Konstanzer Konzils datiert, und es ist in der Tat nicht unwahrscheinlich, daß Oswald Überlingen schon damals besucht hat. Für eine spätere Datierung sprechen zwei Argumente: (1.) Das Lied ist im Ton von Kl. 44 (hier Lied 27) von etwa 1426/27 gedichtet, ist in allen Handschriften erst als zweites Lied dieses Tons eingetragen und verzichtet auf eine rhythmische Finesse (Auftaktlosigkeit in einigen Versen) des Tonvorbilds. (2.) I,5 werden Konstanzer Schillinge genannt; solche Münzen wurden ab 1417 in geringer Zahl geprägt, zu gängigen Zahlmitteln wurden sie erst ab 1423 (vgl. Elisabeth Rau, Die Münzen und Medaillen der oberschwäbischen Städte, Freiburg i. Br. 1964, S. 19 f.). Oswald scheint aber schon im Sommer 1417 nach Tirol zurückgekehrt zu sein. So setzt man das Lied heute um die Zeit des einzigen urkundlich nachweisbaren Aufenthalts Oswalds in Überlingen an: Im September 1430 hatte sich König Sigmund in Überlingen einquartiert, um das Ende von Konstanzer Zunftunruhen abzuwarten. In der Gesandtschaft, die am 16. Dezember den königlichen Schiedsspruch von Überlingen nach Konstanz brachte, war auch Oswald von Wolkenstein, vgl. Lebenszeugnisse, Nr. 219. Da das Konstanzlied Kl. 98 sehr wahrscheinlich auf ein Fest im Januar 1431 Bezug nimmt (Anton Schwob, in: JOWG 1 [1980/81], S. 223–238), wird das Überlingenlied mit diesem Ansatz auch zeitlich in die Nähe eines anderen Städtelieds gerückt und kann sogar als Kontrast zu diesem verstanden werden. Allerdings läßt der Text nichts von den Begleitumständen einer königlichen Einquartierung erkennen, sondern vermittelt eher den Eindruck von Öde.

I,4–8] Zu den Preisangaben, die vermutlich maßlos übertrieben sind, vgl. Okken/Mück, S. 1 f.

I,9] Mit *kraut* ist wohl Weißkraut gemeint; Sauerkraut wurde erst später üblich, vgl. Okken/Mück, S. 3 f.

I,25 f.] Das Messen mit verschiedenen Ellen ist sprichwörtlich, vgl. Karl Friedrich Wilhelm Wander, Deutsches Sprichwörter-Lexikon, Bd. 1, Leipzig 1867, Nachdr. Darmstadt 1964, Sp. 807 f.

I,29 f.] Überlegungen zum Sinn der schwierigen Stelle bei Okken/Mück, S. 22–24. Ich fasse *wellen* als ›wälzen, rollen‹ auf und beziehe es auf die Münzen, die der Wirt einsammelt.

II,16] Anders als Okken/Mück, S. 29–32, denke ich an den noch heute geläufigen Ausdruck ›Katzenmusik‹ für schlechte Musik. II,19 f.] Okken/Mück, S. 32 f., denken an sexuelle Konnotationen; das überzeugt mich nicht. Meine Überlegungen gehen aus von dem Sprichwort *Waz touc der slegel âne stil, dâ man blöcher spalten wil* (Freidank 126,13 f.). Der Kauf, der die Überlinger ärgern soll, könnte also meinen: höchstens wenn ich ein Gerät zum Dreinschlagen mit einer Ratte bezahlen könnte.

II,30 *fleder*] Wohl nomen agentis zu *fledern*, vgl. Okken/Mück, S. 36; allerdings scheint es mir passender, bei *fledern* hier von der Bedeutung ›mit einem Flederwisch kehren‹ auszugehen, da vor allem auf die Habgier des Wirts abgehoben ist.

III,7–21] Die Verkehrung des Schönheitspreises ist topisch. Vgl. u. a. Christoph Petzsch, Verkehren des Schönheitspreises in Texten gebundener Form, in: DVjs. 54 (1980), S. 399–422; Okken/Mück, S. 65–103.

III,26/29] Weder *maienkranz* noch *ofen* dürften Schlüsse auf die reale Jahreszeit der vorgestellten Szenen erlauben; es geht um den Gegensatz zwischen höfischer Freude und Bedrängtheit noch am Zufluchtsort.

Literatur: Okken/Mück 1981, S. 1–113 (Lit.); Walter Röll, Oswald von Wolkenstein, in: Genie und Geld, hrsg. von Karl Corino, Nördlingen 1987, S. 21–34, dort S. 23–25.

31 *Wer die ougen wil verschüren mit den brenden* = Kl. 103

Überlieferung: B 41^v, c 81^{rv}, fehlt A. Hier nach B.

Musikalischer Satz: Durchkomponiertes zweistimmiges Tenorlied, vgl. Pelnar, Ed., S. 158 f., und Pelnar 1982, S. 106 f. Melodievorlage war das Rondeau des Nicolas Grenon *La plus jolie et la plus belle*, vgl. Welker 1987, S. 200–207; Welker 1990/91, S. 263.

Metrische Form:
°6a- 2a-̲ 2a-̲ °5b | 4K- °4b | 2c̲ 2c 2d̲ 2d 4d 4d

Typus und historischer Hintergrund: Das Lied spiegelt die Atmosphäre in der königlichen Kanzlei im Winter 1432 während eines wenig erfreulichen Aufenthalts in Piacenza. König Sigmund war im September 1431 zu einem seit langem geplanten Zug nach Italien aufgebrochen. Wegen der initialienischen Konflikte gingen die Verhandlungen schleppend voran, zur erhofften Kaiserkrönung kam es erst 1433. In Piacenza hielt sich Sigmund mit seinem Gefolge von Ende Dezember 1431 bis Ende März 1432 auf. Am 10. Januar 1432 schrieb er Oswald von Wolkenstein, er brauche ihn für einige Sonderaufträge (Lebenszeugnisse Nr. 231). Oswald dürfte gleich aufgebrochen sein.

I,1] Wohl eine Anspielung auf schlechte Heizmöglichkeiten und rauchende Kamine.
I,4] Spöttische Entstellung von Lombardei.
II] Spott auf Hermann Hecht, Protonotar und Sekretär König Sigmunds. Der *Gülcher* ist Peter Kalde, ein geistlicher Herr aus Setterich, der ebenfalls in der königlichen Kanzlei arbeitete.
II,3] *stain* = stainen. Zu Stein als Gewicht s. DWb 10.2.2/18, Sp. 1997 f. Da die Leber auch als Sitz des Durstes galt, ist wohl auf die Trinkfreudigkeit des Hermann Hecht angespielt.
II,4] Ein Vorgriff auf die Kaiserkrönung, die erst am 31. Mai 1433 in Rom erfolgte.
II,9] Anspielung auf die Sprache des Jülichers.
III,1–3] Erinnerung an frühere Festlichkeiten; zum Konstanzer Fest s. Kl. 98 und oben zu Lied 30. Angesprochen sind Hermann Hecht (s. o.) und der Registrator Marquart Brisacher. Als *mein öheim* (was keine Verwandtschaft bedeuten muß) ist im zeitlich nahestehenden Lied Kl. 105 Matthäus Schlick bezeichnet, Sekretär des Königs und Bruder des Kanzlers. Er dürfte auch hier gemeint sein.

III,6 *conscienz*] ›Gewissen‹ muß hier wohl auf Geld bezogen werden.
IV] Sebastian ist bislang nicht identifiziert. Der Ton ist deutlich schärfer als gegenüber den vorher genannten Personen. Florenzola ist nach Schatz 1930 ein Ort bei Florenz.
IV,2 *cum dola*] ›con doglia, mit Schmerz‹.

Literatur: Marold 1926, S. 247f.; Mayr 1961, S. 102–104, 107–110; Müller 1968, S. 189–192; Tomas Tomasek, Reiseanekdoten in Liedern Oswalds von Wolkenstein (Kl 19, Kl 103), in: Bennewitz/Brunner 2013, S. 443–451, dort S. 448f.

32 *Zergangen ist meins herzen we* = Kl. 116

Überlieferung, Lesarten: A 48^v–49^r, B 47^v–48^r, c 92^{rv}. Hier nach B. I,6 *des wasser rünst* A; I=II=III,23 *an*] nach A.
   Melodie: Einstimmiges Lied der Form AABBCC. Die Wiederholungen sind in beiden Handschriften nicht ausgeschrieben; der Refrain ist mit *Repeticio* markiert. Die Unterschiede zwischen den Fassungen sind wohl als Aufführungsvarianten zu beurteilen.
   Metrische Form:
      4a 4a 4b 3c- | 4d 4d 4b 3c-
      4e 4e 4f 3g- | 4h 4h 4f 3g-
      4i 4i 4i 3k- | 4l 4l 4l 3k-
   Typus und Datierung: Frühlingslied mit Bezug auf Südtiroler Querelen. Die Naturbeschreibung, die in unkonventioneller Weise konkrete Details aus der Umgebung von Hauenstein einbezieht, steht im Gegensatz zum Ärger über den Plätscher, einen nicht identifizierbaren Widersacher. Der Frühling stärkt die Zuversicht, daß zuletzt die Rechtschaffenheit siegen wird. Der Anlaß ist unbekannt; Müllers Vermutung, das Lied gehöre in den Umkreis von Streitigkeiten zwischen dem Brixener Domkapitel, auf dessen Seite Oswald sich hervortat, und dem Brixener Bischof Ulrich Putsch im Jahre 1427, ist ansprechend, aber nicht beweisbar. Der Stil und der Ort der Aufzeichnung in Handschrift A sprechen jedenfalls für eine Spätdatierung. Ich habe das Lied an den Übergang zwischen den ›autobiographischen‹ und den moralisch-geistlichen Liedern gestellt.

I,1–4] Der Mosmair ist vermutlich identisch mit Hainz Mosmair in Kl. 81,5. Bei diesem handelt es sich wahrscheinlich um den Brixener Bürger Hainrich Mosmair, der zwischen 1418 und 1440 ein paarmal urkundlich erwähnt ist, u. a. 1427 als Prokurator des Brixener Domkapitels. Was genau der Mosmair gesagt haben soll, ist unsicher. Man denkt zunächst an Z. 1–3 als wörtliche Rede. Wenn aber *Flack* die Flaggeralm zwischen Eisacktal und Sarntal meint (so Okken/Cox, S. 368), so könnte die Berufung auf den Mosmair auch nur für diese entferntere Alm gelten. I,11 *die musik brechen*] Der Ausdruck meint sicher nicht Arpeggio, das Zerlegen von Akkorden (Spechtler), sondern am ehesten die *fractio modi* der mittelalterlichen Notationslehren, die Zergliederung eines rhythmischen Grundmodells in kleinere Einheiten (Hinweis von Stefan Morent).

I,13 f.] Je nach zugrunde gelegtem Hexachord könnten die Noten als c-a-f, g-e-c oder f-d-b übersetzt werden.

I=II=III,17] *Plätscher* dürfte ein Eigenname sein, denn Platsch/Plätsch ist in Oswalds Zeit und Umgebung mehrfach als Hofname belegt (vgl. zuletzt Lebenszeugnisse Nr. 197). Gleichwohl mag es Oswald willkommen gewesen sein, daß das Wort auch ›Schwätzer‹ bedeuten kann.

II,4] Matze ist als Hof- oder Flurname belegt.

II,5–8] Mutz ist der Inhaber eines Hofs im Bereich Hauenstein-Kastelrut. die Passage kann auf zweierlei Weise verstanden werden: Entweder ist *rai* metaphorisch und *kratzen* wörtlich zu verstehen; dann handelt es sich wohl um Feldarbeiter, die auf Anordnung des Mutz in Zweierteams die Erde aufhacken (weniger wahrscheinlich mehrere Pfluggespanne). Oder es ist umgekehrt; dann spielt Mutz zu einem Tanz auf, bei dem die Paare die Erde ›aufkratzen‹.

III,9] Scherzhafte Umschreibung für Gott.

III,14] Der liturgische Backenstreich bei der Firmung hier als Bild für eine Strafe Gottes.

Literatur: Ulrich Müller, Oswald von Wolkenstein, die ›Heimatlieder‹ über die Tiroler Streitereien, in: ZfdPh 87 (1968), Sonderheft, S. 222–234, bes. S. 229–234; L. Okken / H. L. Cox, Untersuchungen zu dem Wortschatz der Lieder Oswalds von Wolkenstein 81 und 116 [2. Teil], in: Modern Language Notes 89 (1974), S. 367– 387, dazu Anhang zu 116,11–15 von F. V. Spechtler, S. 387–391; Anton Schwob / Ute Monika Schwob, *Ich hör die voglin gros und klain / in meinem wald umb Hauenstain*. Beobachtungen zu den emotionalen Bindungen des Grundherrn Oswald von Wolkenstein an seinen Besitz, in: Röllwagenbüchlein. Fs. Walter Röll, Tübingen 2003, S. 137–151, dort S. 148–151.

33 *O rainer got* = Kl. 95

Überlieferung, Lesarten: A 48[rv], B 39[r], c 76[v]–77[r]. Hier nach A. I,8 *fünde*] sünde B; I,13 *Das*] Des A; I,14 *bedencke* A; I,16 *bencke* A; II,16 *hulde* A; II,17 *beweisen*] breysen B; II,18 *gar* B] fehlt A; III,4 *geleichen* A; III,8 *käm* B; III,13 *vast* B] fehlt A; III,16 *seim* A.

Metrische Form: Oswalds zweite Variante von Regenbogens Grauem Ton, s. zu Lied 20. Die Reimfolge des Aufgesangs ist in dieser Variante verändert, vgl.

```
20   a b- c b- c d        33   a b- c d- e f
     a e- f e- f d              a b- c d- e f
```

Nur in Handschrift A sind in I,14.16 und II,16 gegen das sonst gültige Schema weibliche Reime eingesetzt; da A in II,14 und III,14.16 und B in den entsprechenden Versen überall männliche Reime hat, halte ich das für einen Schreiberirrtum. Zum Fehlen eines Reims in Strophe I vgl. zu I,5; 11.

Melodie: In A und B stehen nur Melodieincipits, in A Z. 1–3, 5. Note, in B Z. 1–3, 7. Note). In A (jedoch nicht in B) am Schluß des Liedes Verweis auf die vollständige Melodie, die bei Kl. 11 steht (A 3^v–4^r, B 4^v–5^r). Es handelt sich um eine Kanzone AAB (A = Z. 1–6 / 7–12, B = Z. 13–18). Die in beiden Handschriften ausgeschriebenen Stollenmelodien weichen in A (nicht aber in B) vielfach voneinander ab (absichtlich?).

Typus: Klage über die Herrschaft der Falschheit auf der Welt, besonders bei den Fürsten. Trost gewährt die Aussicht auf die gute oder schlechte Nachrede der Menschen nach dem Tod und auf Gottes ausgleichende Gerechtigkeit im Jenseits.

I,5: 11] Der vom Schema geforderte Reim fehlt in beiden Handschriften. Zu erwägen ist etwa, in I,11 *verkart* durch *verlacht* zu ersetzen. Aber es kann auch eine Nachlässigkeit des Dichters vorliegen.
I,15–17] Vgl. TPMA Stuhl 1.
II,7] Gemeint sind die Totengräber.
II,8 f.] Marold 1926, S. 236, schlägt vor, die Rede auf die vier Totengräber zu verteilen.
II,17] Die Kurzform *niemt* (belegt Kl. 115,58) würde den Vers glätten.

34 *Durch toren weis* = Kl. 32

Überlieferung und Text: A 27^v, B 14^v, c 37^v–38^v. Hier nach A. II,6 *räzz* A, *raiss* B; II,10 B] *wurd* A; III,3 *feur* A, *fewr nicht* B; IV,2 *snödem smach in wildem zawn* B; IV,5 *rouber brenns* B; IV,12 B] *es* A; V,2 B] *wurm* A; V,3 *häsig* B, *hästig* A; *wůcher* B.

Melodie: Einstimmiges Lied der Form AABC (Handschrift A) bzw. AABB (Handschrift B). In beiden Handschriften steht die Melodie beim Kalenderlied Kl. 28. Die Wiederholungen sind dort ausgeschrieben. Zum vorliegenden Lied sind in A und B nur Melodiemarken notiert, in A Z. 1–2, 2. Note, in B Z. 1–3, 8. Note. Nach der selben Melodie gehen, z. T. mit variierender Reimordnung, fünf weitere Lieder, darunter hier Lied 40.

Metrische Form:
2a 2a 4a 2a 3b-
2c 2c 4c 2c 3b-
4d 6d 2d 3e-
4f 6f 2f 3e-

Dieser Ton ist eine verkürzte Variante des Tons von Kl. 16 und 17, dieser wiederum ist eine variierende Adaptation eines Tons, der als Peters von Arberg Große Tageweise bekannt ist. Vgl. Walter Röll, Oswald von Wolkenstein und Graf Peter von Arberg, in: ZfdA 97 (1968), S. 219–234, wieder abgedruckt mit Nachbemerkung in: WdF 1980, S. 143–159.

Typus, Quellen: Darstellung der Hölle, in der verschiedene Sünden in sieben Kammern ihre je eigene Strafe finden; eingeleitet von einem Bekenntnis eigener Sündigkeit. Die Vorstellungen schöpfen aus einer breiten Tradition mittelalterlicher Höllen- und Fegfeuerdarstellungen, wie sie vor allem in der Visionsliteratur verbreitet waren (Marold, S. 125 f.; s. auch Gerhard Bauer, *Claustrum animae*, Bd. 1, München 1973, S. 158,

Anm. 51). Die unmittelbare Quelle ist unbekannt, Parallelen zu Dantes *Divina comedia* gehen nicht über verbreitete Züge hinaus. Die Siebenzahl legt den Gedanken an die sieben Hauptsünden nahe, und die beiden ersten Kammern entsprechen dieser Erwartung; hier werden *luxuria*/Wollust und *invidia*/Neid bestraft. Bei der fünften Kammer klingt *superbia*/Hochmut an, wird aber auf Eitelkeit und Verschwendung eingeschränkt, *avaritia*/Habgier ist auf die vierte und sechste Kammer verteilt. In den Vordergrund getreten sind seit der dritten Kammer konkret vorstellbare Personengruppen.

I,3] Das Eis bedeutet wohl die trügerische Welt.
I, 5–7] Der Eingang zur Hölle ist häufig als Drachenmaul dargestellt.
I,10] Sapientiae [Weisheit] 11,17 *per quae peccat quis, per haec et torquetur* ›Womit jemand sündigt, damit wird er auch geplagt‹.
II,1] Als irdische Rechtsregel Exodus [2. Mose] 21,23–25, Leviticus [3. Mose] 24,20.
II,5] Ich stelle *tam* zu mhd. *toum*. Anders Marold, S. 125.
II,11 *nach seinem lehen*] Gemeint sein kann wohl nicht ›ein jeder nach den ihm verliehenen Gaben‹ (Marold, S. 125), da dem Sünder ja zurückgegeben wird. Ich nehme an, daß *lehen* hier als Meßeinheit gebraucht ist, vgl. Deutsches Rechtswörterbuch 8, 1984–91, Sp. 893.
III,2 *gewammer*] Nach Marold, S. 125.
III,3 *getammer*] Wörtlich ›klopfender Lärm‹, mhd. *getemere*.
IV,3 *alraun*] Wurzel der Mandragora officinalis, der magische Kräfte zugeschrieben wurden.
IV,8] *schrickhen* fasse ich als substantivierten Infinitiv auf, *schauzen* als Genitiv Plural.
IV,12] Marold, S. 125, vermutet in *sneiden* eine Anspielung auf *chlaid*: ›zuschneiden‹.
V,4 *fürchauf*] Aufkauf und Hortung von Waren (z. B. einer ganzen Getreideernte) zum Zwecke der Verknappung und Verteuerung, vgl. LMA 4, Sp. 1027 f.
V,5] Die genaue Bedeutung von *tätz* ist nicht klar.
V,9 *vermärt*] Ich stelle das Wort zu mhd. *marren, merren*. **Literatur:** Marold 1926, S. 124–127.

Literatur: Franz-Josef Holznagel/Hartmut Möller, Zur Übernahme der ›Großen Tagweise‹ des Peter von Arberg im Werk Oswalds von Wolkenstein, in: Bennewitz/Brunner 2013, S. 273–319.

35 *Mein sünd und schuld eu, priester, klag* = Kl. 39

Überlieferung, Lesarten: A 48ʳ, B 16v, c 42ʳ–43ʳ. Hier nach B. I,6 *ich hin ker* A; I,11 *eren reich* BA (Reim aus literarischer Tradition, den Schreibern aus ihrer Sprache fremd); II,4 *füegt*] *ist* A; II,11 *vil essen* A; III,4 A] *tailhäfftig* B; III,6 *nie*] *nicht* A; III,12 *mit* B, *nicht* A; IV,1 *kunst*] *prunst* A; IV,3 *kunst* AB; IV,4 *nie*] *nicht* A; IV,6 *und*] *mein* A; IV,7 *nim*] *halt* A; V,1 *sechen vnd hören* A; V,11 A] *verfliegen* B; V,12 *tüt* A; VI,1 *pott* A; VI,2 *große*] *michel* A; VI,3 *sünd*] *synn* A; VI,5 *die hailgen werck der b.* A; VI,12 *gaistlich*] *in got* A.

Melodie: Einstimmige Kanzone AAB. Der Ausgabe ist die Fassung B zugrunde gelegt. Der 2. Stollen ist nur in B notiert.
Metrische Form: 4a 4a 4a 3b- | 4c 4c 4c 3b- ‖ 4d 4e 4d 4e
Typus und Aufbau: Beichtspiegel. Prosaische Beichtspiegel mit ähnlichen Katalogen von verschiedenen Sündensystemen sind aus dem Spätmittelalter in großer Zahl überliefert; vgl. P. Egino Weidenhiller, Untersuchungen zur deutschsprachigen katechetischen Literatur des späten Mittelalters, München 1965 (MTU 10). Obwohl als Ichrede vor dem Priester formuliert, dienen sie der möglichst umfassenden Gewissenserforschung vor dem Vollzug der Einzelbeichte. Literarische Adaptationen des Typus sind auch sonst belegt (vgl. Jones), doch dürfte Oswald sich eher an einem Prosatext orientiert haben. Die Umformung zum öffentlich gesungenen Lied mit Autorsignatur *Wolkenstainer* bedingt in Strophe V eine Verschiebung der Ichrolle vom paradigmatischen Sünder zum Lehrer, Sänger und Autor. Angesprochen ist damit nicht wirklich (wie I,1 und wieder VI,8 inszeniert) der Priester, sondern die Hofgesellschaft (V,9) in der aktuellen Situation der Bedrohung und Glaubensverunsicherung durch die Hussiten (V,10–12).

Die einzelnen Sündensysteme, die die Schlußstrophe mit ihren üblichen Bezeichnungen benennt, sind im Sündenkatalog für ein vorgebildetes Publikum, wie man es voraussetzen darf, im allgemeinen wohl erkennbar, s. u. Sie sind aber teilweise erweitert oder verkürzt und manchmal so verdichtet formuliert, daß eher der Eindruck einer kaum noch überschaubaren Fülle von Sünden entsteht und die Aufmerksamkeit auch auf die sprachliche Gestaltung gelenkt wird.

I,1–8] Umsetzung der Regeln für eine richtige Einstellung zur Beichte.
I,9 – II,4] Die zehn Gebote in der Reihenfolge 1, 2, 4, 7, 5, 9, 10, 3, 8; das sechste Gebot fehlt, vgl. aber II,10 und IV,5.
II,5–7] Kein etablierter Katalog, eher Entfaltung aus verschiedenen Geboten.
II,8–12] Die sieben Hauptsünden, hier in der Reihenfolge *superbia, avaritia, ira, luxuria, gula, acedia, invidia; spot* ist wohl als Untersünde aus *ira* entfaltet.
III,1–4] Die vier fremden Sünden, d. h. Verantwortung für die Sünden anderer.
III,5–8] Mißachtung der Werke der Barmherzigkeit nach Matthäus 25, erweitert um das Bestatten der Toten.
III,9–12] Vier himmelschreiende Sünden, vgl. Weidenhiller (s. o.), S. 22. Unter der Sünde Sodoms verstand man die Homosexualität. IV,1–4] Mißachtung der sieben Gaben des Heiligen Geistes nach Isaias [Jesaja] 11,2 f.; dabei ist *inprunst* hinzugefügt und *pietas* zu *lieb, güet* entfaltet.
IV,5–8] Die sieben Sakramente.
IV,9–12] Hier müssen die acht Seligkeiten nach Matthäus 5,3–10 gemeint sein, die in der Schlußstrophe genannt sind. Es stimmen aber nur wenige Stichwörter überein.
V1–4] Mißbrauch der fünf Sinne.
V,11 f.] Nach der gängigen Etymologie Hus = Gans sind die Hussiten gemeint. Ihre Glaubensabweichung wird als Verirren *in der heut* charakterisiert (so nur Handschrift A). Das bedeutet wohl, daß sie sich in ihrer eigenen Haut nicht mehr auskennen

(Variante zu ›aus der Haut fahren‹), weil sie ihr rechtgläubiges Christsein aufgeben. In Handschrift B hat das Gänsemotiv *verfliegen* hervorgelockt. So aber kann ich das Bild nicht mehr verstehen.

Literatur: Marold 1926, S. 138–141; George Fenwick Jones, Oswald von Wolkenstein's *Mein sünd und schuld* and the *Beichtlied* Tradition, in: Modern Language Notes 85 (1970), S. 635–651, wieder in WdF 1980, S. 241–261; Timm 1972, S. 117 f.; Regina Toepfer, Oswald von Wolkenstein und sein Sprecher-Ich. Spiel mit autobiographischen Elementen in den Liedern Kl 3, 33 und 39, in: Bennewitz/Brunner 2013, S. 225–240, dort S. 234–237.

36 *Benedicite – Gracias* = Kl. 14/15

Überlieferung, Lesarten: A 5^v–6^r, B 6^{rv}, c 15^{rv}. Hier nach A. Benedicite: 3 *maglich* AB; 8 B] *lieblich* A; 8 f. *vns hye send schier* B; 15 *genad* A. Gracias: I,4; III,7 *rv̊* A, *rew* B.
    Melodie: Die Wiederholungen im Benedicite sind in A und B ausgeschrieben. Im Gracias ist in A der Schlüssel in Z. 1–3, 1. Note falsch gesetzt. In B steht der Schlüssel durchweg an falscher Stelle. Timm 1972, S. 87, hält es für möglich, daß es sich bei den beiden Melodien um Einzelstimmen aus mehrstimmigen Sätzen handelt.
    Metrische Form:
        Benedicite (Kanzone AAB):
        4a 4b 4a 1c⌣1c 4b
        4d 4e 4d 1f⌣1f 4e
        2g 2g 3h 2i 2h 3i 4?k 4k
        Gracias (durchkomponiert):
        4a 4a 4a 4b 4b 4b 4K^1 3K^2

Typus: Zwei formal unterschiedliche Lieder, die aber durch Thematik und fortlaufende Aufzeichnung in den Handschriften aufeinander bezogen sind, Tischsegen vor und Danksagung nach der Mahlzeit. Die lateinischen Überschriften dürften an die klösterlichen Bräuche des Tischgebets erinnern. Der Gedanke, deutsche Tischgebete in Liedform zu verfassen, ist aber zweifellos angeregt durch den außerordentlich weit verbreiteten gesungenen Tischsegen des Mönchs von Salzburg G 42. Oswalds Text läßt den Anlaß der Mahlzeit noch weiter hinter sich als der des Mönchs.

Benedicite 8] Anläßlich der irdischen Speise wird auch um die Eucharistie in der Todesstunde gebeten.
Gracias I,1–5] Die Engel und die Heiligen sollen in den Dank und Lobpreis einstimmen.
II,1] Wörtlich ›ohne böses Hetzen‹.
II,2] Christus als Geliebter Marias nach gängiger Hoheliedexegese.
II,3] In Maria gibt es Schutz vor dem Teufel, vgl. auch den Bildtyp der Schutzmantelmadonna.
III,7] Das Kleid der ewigen Ruhe soll das Kleid der Angst (III,2) ersetzen.

Literatur: Franz Viktor Spechtler, Beiträge zum deutschen geistlichen Lied des Mittelalters II: Oswald von Wolkenstein, in: Kühebacher 1974, S. 272–284, dort S. 279–283.

37 *In Suria ain braiten hall* = Kl. 35

Überlieferung, Lesarten: A 36ᵛ, B 15ᵛ, c 40ʳ. Hier nach A. I,3 *frewt* AB; *da*] dort A; I,8 *von rechtem*] *durch zornes* B; I,9 *dick*] *tieff* B; II,3 *lebentigñ* A; II,10 *Als mentzsch ye ward geporen* A, *Als sy ye ward erkoren* B; II,12 B] *Do sy dich erkoren* A.
    Metrische Form und Melodie: Eines von vier Liedern im Ton von Lied 20, s. dort. Vgl. auch Lied 39.
    Typus: Weihnachtslied mit Reminiszenz des Bethlehem-Pilgers.

I,1] *Suria* ist weiter gefaßt als das heutige Syrien und schließt das Heilige Land mit ein.
I,4 *helle*] die Vorhölle, in der die Frommen des Alten Testaments auf die Erlösung warten.
I,9–12] Die Legende ist sonst nicht bezeugt. Wahrscheinlich handelt es sich um eine ungenaue, von Oswald dann zurechtgemodelte Reminiszenz an eine Legende, die den Besuchern der über der Geburtsgrotte erbauten Kirche erzählt wurde: Als ein Sultan kostbare Marmortafeln aus der Kirche wegnehmen wollte, sei eine Schlange gekommen und habe die Tafeln entzweigebissen; da habe der Sultan sein Vorhaben aufgegeben, die Tafeln aber zeugten noch von der Geschichte. Vgl. Marold 1995, S. 130 f.; Felix Fabri, Evagatorium in Terrae Sanctae, Arabiae et Aegypti Peregrinationem, ed. Cunradus Dietericus Hassler, Bd. 1, Stuttgart 1843 (Bibliothek d. lit. Vereins 2), S. 474 f.; P. Bellarmino Bagatti, Gli antichi edifici sacri di Betlemme, Jerusalem 1952, S. 57 f.
II,10/12] Der Text von A ist gestört, denn *erkoren* kann auf Maria wohl nur im Passiv bezogen werden. Ich habe versucht, in Z. 10 dennoch nahe bei A zu bleiben.

Literatur: Freimut Löser, Oswalds von Wolkenstein geistliche Dichtung, in: Bennewitz/Brunner 2013, S. 5–30, dort S. 17 f.

38 *Keuschlich geboren* = Kl. 38

Überlieferung, Lesarten: A 46ʳ, B 16ʳ, c 41ᵛ–42ʳ. Hier nach A. I,17 *alle* B; I,8 B] *all sein* A; II,16 *alles ding* B; II,18 *tymms trawren wymms* B; III,4 *der*] *den* B; III,14 B] *des* A.
    Metrische Form und Melodie: Das Lied benutzt den Ton von Lied 5, s. dort. In B ist es im Anschluß ans Tonvorbild melodielos aufgezeichnet, in A ist der Anfang der Tenorstimme (Z. 1–4) notiert, am Ende steht ein Verweis auf den Tonsatz von Lied 5.
    Typus: Marienpreis im Ton eines Frühlingsreihens (daher die Frühjahrs- und Tanzmotive in I,13–20). Geistliche Lieder mit dem Titel ›Reien‹ und meist auch mit Frühjahrs- und Tanzmotiven gab es in der spätmittelalterlichen Meisterliedertradition öfter,

vgl. Horst Brunner, Die alten Meister, München 1975 (MTU 54), S. 159 u. ö. (Register), und Frieder Schanze, Meisterliche Liedkunst zwischen Heinrich von Mügeln und Hans Sachs, Bd. I, München 1983 (Register). Oswald könnte am ehesten den ›Goldenen Reihen‹ des Harder gekannt haben, vgl. Frieder Schanze, in: ²VL 3, 1981, Sp. 470. Das Lied ist eines der schwierigsten Lieder Oswalds. Übersetzung und Kommentar bieten nicht mehr als den Versuch einer Annäherung.

I,2 *küene*] Vgl. zu II,8 f.

I,6] *erlait* stelle ich zu *erlegen*, nicht wie Schatz 1930 zu *erlaiden*. Ein Reim *ai<age* : *ai<ege* scheint mir bei Oswald nicht problematisch.

I,13 f.] Marolds Versuch, die Stelle unter der Annahme reiner Reime zu erklären, führt zu keinem überzeugenden Ergebnis. Ich nehme Augenreime (d. h. in der gesprochenen Sprache unreine Reime) an.

II,8 f.] Vgl. Psalm 19,6 *et ipse quasi sponsus procedens de thalamo suo exultavit ut fortis ad currendam viam* ›und dieselbe (die Sonne) geht heraus wie ein Bräutigam aus seiner Kammer und freut sich, wie ein Held zu laufen den Weg‹. Die Stelle wurde u. a. im Weihnachtshymnus ›Veni redemptor gentium‹ (›Nu komm der Heiden Heiland‹) auf Christi Geburt bezogen.

II,10] Daß Maria ohne Schmerzen geboren habe, ist alte Tradition. II,16 f.] Marolds Versuch, *flünt* mit *flinder* ›Flitter‹ zu verknüpfen, überzeugt mich nicht. Mittelniederländisch *vlint* ›Feuerstein‹ paßt dagegen ausgezeichnet für das Paradox der jungfräulichen Geburt (das Ausweichen auf eine fremde Sprachform ist Oswald zuzutrauen): Der Zunder (Maria) brachte ohne fremden Funken den Feuerstein (Gott) hervor, der sie bereits entzündet (befruchtet) hatte.

II,17 f.] Maria seit ihrer Aufnahme in den Himmel.

III,6–10] Marold, S. 138: »›Nie drang auch nur eine Spur seiner Werke durch irgend eine Tür‹ (bildl.), d. h. die undurchdringliche Mauer des Geheimnisses um seine Werke öffnete sich nirgend, ›so vollkommen und über die Maßen unzählbar‹ (waren die Werke).« Trotz erheblicher Zweifel folge ich dieser Deutung, da ich keine bessere anzubieten habe.

III,13–20] Am Anfang der Passage ist zweifellos Maria angeredet: *dein geperen* muß aktivisch verstanden werden (Marias Gebären, nicht Christi Geborenwerden); *steren* meint wohl *maris stella* ›Meerstern‹, die traditionelle Marienmetapher, könnte aber auch an den Stern von Bethlehem denken lassen. Schwieriger ist die Frage, ob auch am Ende der Passage noch Maria oder etwa Gott angeredet ist. Ich habe mich für Maria entschieden, nicht nur weil ein Wechsel der Anrede nicht markiert ist, sondern auch weil Z. 18 dann näher auf den biblischen Wortlaut zu beziehen ist. Sicherheit beansprucht meine Deutung nicht.

III,14] *meren* bedeutet ›vermehren, wachsen lassen, fördern‹, Objekt ist *sterbens geren*. Daß Maria Christi Todesbereitschaft gefördert hätte, widerspräche freilich gefestigter Tradition, nach der sie ihn eher vom Tod abzuhalten versuchte. Ich verstehe daher *sterbens geren* als Chiffre für die Person Christi.

III,16] Marias Leibesfrucht Christus am Kreuzesbaum; *guft* dürfte der Todesschrei Christi sein (Matthäus 27,50); da *guft* sonst eher für Kampf-, Freuden- und Prahlrufe gebraucht wird, könnte der Schrei als Siegesschrei aufgefaßt sein.

III,17] Erlösung Evas als Erlösung aller Menschen.

III,18–20] Es liegt nahe, *die du jat aus deinem garten* zu verbinden und an die Vertreibung aus dem Paradies zu denken. Angeredet wäre dann Gott. Ich habe mich für die andere mögliche Deutung entschieden. Angespielt ist auf Genesis [1. Mose] 3,15, wo Gott nach dem Sündenfall zur Schlange sagt: *inimicitias ponam inter te et mulierem et semen tuum et semen illius, et ipsa conteret caput tuum et tu insidiaberis calcaneo eius.* ›Ich will Feindschaft setzen zwischen dir und dem Weibe und zwischen deinem Samen und ihrem Samen. Derselbe soll dir den Kopf zertreten, und du wirst ihn in die Ferse stechen.‹ Die Stelle wurde seit je als Prophezeiung der Passion verstanden. Hier ist Christus als Samen (*sat*) Marias, des Gegentypus zu Eva, aufgefaßt. Zu Christus als Weizenkorn, das sterben muß, damit es Frucht bringt, vgl. Johannes 12,24. Schwierig bleibt *jat*. Objekt zu *jeten* ›jäten‹ kann nicht nur das Unkraut sein, sondern auch das Beet oder Feld, das durch Jäten gepflegt wird; diese Verwendung habe ich hier angenommen.

Literatur: Marold 1926, S. 136–138.

39 *Es leucht durch grau die fein lasur* = Kl. 34

Überlieferung, Lesarten: A 34^r, B 15^r, c 39^v. Hier nach A. – I,6 *blasnyeren* B; *füssel* B; I,7 B] er A; I,8 *grüssel* B; I,9 *auf*] *mit* B; II,5 *und tröstlich*] *trostlichen* B; II,10 *frucht*] *sun* B; III,1 *erd lufft wynd* B; III,2 *gestaine* B; III,5 *hochst* A(B).

Metrische Form und Melodie: Eines von vier Liedern im Ton von Lied 20, s. dort. Vgl. auch Lied 37. Das vorliegende Lied ist in B melodielos aufgezeichnet, in A findet sich nur das Melodieincipit (Z. 1 und 2).

Typus: Marienpreis mit Motiven aus Tagelied und Minnewerbung. Nachweise zu den weltlichen und geistlichen Traditionen der Motive bei Hartmann.

I,3] Die Formel *plick durch die prau* wurde wohl vom Mönch von Salzburg (W 2,I,2) in erotischem Kontext geprägt und von Oswald auch fürs weltliche Tagelied gebraucht (9,I,3).

I,5] Nach dem erotischen Anfang fällt hier die erste Metapher, die nur mit marianischen Traditionen verknüpft werden kann; *jan* ist wörtlich eine Reihe gemähten Getreides. Hinweise zu Garben und Ähren als Mariensymbolen bei Hartmann, S. 28 Anm. 8.

I,6] Ich habe den heraldischen Terminus beibehalten; *blasonieren* bedeutet ›ein Wappen kunstgerecht malen oder erklären‹. Der Ausdruck zielt hier offenbar sowohl auf die künstlerische Gestaltung wie auf die geistliche Sinngebung, die bei Maria gefordert wäre, aber von keinem Menschen adäquat geleistet werden kann.

I,7] In Handschrift A bezieht sich das Pronomen *er* auf *jan* (Z. 5; das ist zwar möglich, aber sehr hart, da bereits mit dem Füßlein sich wieder die Vorstellung der weiblichen Gestalt in den Vordergrund gedrängt hat und der Satz mit dem weiblichen Pronomen fortfährt.

II,7] Die Vorstellung eines von Menschen geflochtenen Maikranzes stünde hier etwas isoliert. Daher habe ich die Phrase versuchsweise als Apposition zu *plüemlin spranz* aufgefaßt: die in der Natur sprießenden Blumen bilden selbst den Kranz für den personifiziert gedachten Mai.

II,9] Krone ist Synekdoche für Maria als Himmelskönigin.

III,1] Die Handschrift B nennt neben den vier Elementen noch den Wind; auf Parallelen zu solcher Erweiterung verweist Timm 1972, S. 101.

III,2] Zu den magischen Kräften der Edelsteine vgl. die bei Hartmann, S. 32 Anm. 24 zitierte Literatur.

III,8 f.] Das alte Marienbild des verschlossenen Gartens (*hortus conclusus*, Canticum [Hoheslied] 4,12) zieht hier in ungewöhnlicher Verkürzung die heilende Kraft von Christi Auferstehung nach sich. Die Präposition *durch* ›um willen‹ ist dabei wohl nicht im Sinne einer glaubensgewissen Berufung, sondern final zu verstehen: ›damit das Heilkraut wachsen kann‹. Der schützende Garten mag vielleicht auch heilsgeschichtlich an das Heranwachsen Jesu im Leib Marias erinnern; vor allem aber geht es hier wohl um das Wirksamwerden der rettenden Auferstehung für den Betenden.

Literatur: Sieglinde Hartmann, Zur Einheit des Marienliedes Kl. 34. Eine Stilstudie mit Übersetzung und Kommentar, in: JOWG 3 (1984/85), S. 25–43 (Lit.); Wachinger 2001; Hartmann 2005, S. 363 f.

40 *Der oben swebt und niden hebt* = Kl. 31

Überlieferung, Lesarten: A 36ᵛ, B 14ʳᵛ, c 37ʳᵛ. Hier nach A. I,11 *ser darin*] *dorjn ser* B; II,9 *ir* B] *sein* A; B] *ewssent* A; III,11 *damit mich kainer*] *das mich jr kains* B.

Melodie und metrische Form wie Lied 34, s. dort. Zu diesem Lied finden sich in A und B nur Incipits der Melodie, in A Z. 1–3, 3. Note, in B Z. 1–3, 6. Note.

Typus und Aufbau: Gottespreis, bestehend aus einer langen Sequenz rühmender Relativsätze, deren abschließender Hauptsatz erst wenige Zeilen vor dem Schluß des Liedes einsetzt.

III,1 f.] Gedacht ist wohl an den Kosmos, in dessen Mitte die Erdkugel frei schwebt.

III,3] Zu mittelalterlichen Vorstellungen über die unterirdischen Wege des Wassers vgl. z. B. Konrad von Megenberg, Das Buch der Natur, hrsg. von Franz Pfeiffer, Stuttgart 1861, S. 102.

III,8] Mit *cristenliche wat* ist wohl die durch die Taufe bewirkte Zugehörigkeit zur Kirche gemeint.

Literatur: Ursula Schulze, Syntaktische Strukturen in den Liedern Oswalds von Wolkenstein, in: Bennewitz/Brunner 2013, S. 389–403, dort S. 393–395.

41 *Wol auf und wacht, acht, ser betracht* = Kl. 118

Überlieferung und Datierung: B 48ᵛ, c 93ᵛ–94ʳ. Hier nach B. Das Lied ist in B als letztes Stück eingetragen, einige Seiten nach einem auf 1438 datierten Gedicht. Es ist wahrscheinlich, daß es nicht etwa aus einer alten, vorher vergessenen Vorlage abgeschrieben wurde, sondern erst so spät entstanden ist, daß es sich also um das späteste erhaltene Lied Oswalds von Wolkenstein handelt. Zwei Irregularitäten der letzten Strophe könnten darauf deuten, daß Oswald an die Vorlage noch nicht die letzte Hand angelegt hatte; die Strophe ist nämlich um zwei Verse zu kurz, und am Ende stehen zwei Wörter, die beide den Kornreim bilden können, entweder als noch unentschiedene Varianten oder als Notiz für eine weitere geplante Strophe: *haisser lëne ran pran*.

Melodie und metrische Form: Einstimmiges Lied mit durchkomponierter Strophe. Eine Zäsur der zweiteiligen Melodie nach Z. 5 ist im Text durch Großbuchstaben markiert. Die b-Vorzeichnung findet sich in der Handschrift. Vgl. zur Melodie Stäblein 1970, S. 190 f., Stäblein 1972, S. 158–160, Loenertz, S. 293 f.

Metrische Form:

2a‿a2a 2a‿3b- °4b- °4b- °4c-
°4c- °4c- °1c-‿°3c- °4c- °4c- °5K

Die ersten zwei (in Strophe I die ersten drei) Zeilen haben Auftakt, die übrigen Zeilen sind auftaktlos. II,2 ist um einen Takt zu lang. Zu Strophe V s. oben.

Typus: Sündenmahnung mit Elementen der Zeitklage, inszeniert als Wächterlied mit Tagelied-Anklängen. Das Schwanken der Adressierungen – du, ihr, wir – ist typisch für geistliche Mahnungen. Die Wächter-Prediger-Rolle aber ist durch die Akzentuierung des Singens und durch die Namensnennung individualisiert.

I,5] Der Teufel als Löwe z. B. I Petrus 5,8. I,8] Wörtlich: ›um es nie wieder zu brauen‹.
I,9–10] Der Alt-Junge ist Gott; die *gueten treuwen* sind entweder die Nächsten, an denen man gesündigt hat, oder die Priester, vor denen man beichten soll. Marold 1926, S. 276, deutet *pei den gueten treuwen* adverbiell als mhd. *entriuwen* ›aufrichtig‹; dann müßte man in Z. 11 *die und den* auf Gott, den Alten und den Jungen, der zwei und doch nur einer ist, beziehen, was mir schwierig scheint, da die Frage der Einheit der göttlichen Personen hier wenig explizit ist.
II,4] Nach Schnyder, S. 318, ist wohl an den Kuß bei der Lehensübergabe gedacht.
II,5 f.] Den Kuß leihen und zurückerhalten, vgl. schon bei Reinmar dem Alten den Kuß rauben und wieder zurückgeben (MF 159,37 ff.).
II,8] Das Bild von den (Rad-)Naben ist bislang nicht befriedigend erklärt. Oder ist an mhd. *nâwe* ›kleines Schiff‹ zu denken? Allerdings wäre auch dieses Bild erklärungsbedürftig.

II,11] Gemeint ist Maria. Zu Maria als Blume vgl. Anselm Salzer, Die Sinnbilder und Beiworte Mariens [...], Darmstadt 1967, S. 66 f.
III,1] Zu anderen Interpunktions- und Deutungsmöglichkeiten s. Schnyder, S. 318.
III,2] Die Dornenkrone ist Synekdoche für Christus. III,4] Die Hölle als gehörntes Untier.
III,11] Vgl. die verbreitete Vorstellung vom Kreuz als Baum des Lebens.
IV,2] Vgl. Matthäus 5,37.
IV,4 f.] Mehrere Subjekte, Verbum im Singular: die Inkongruenz ist hier erleichtert durch den Letztbezug auf den Singular *gepäre*.
IV,8] Gegen Schnyder halte ich *wert* für eine bairische Form des Indikativs von *werden*, wie sie noch heute verbreitet ist.
IV,10] Marold 1995, S. 276, schlägt die Konjektur *pös in pas* vor; sie krankt daran, daß hier das Adjektiv *guet* oder *pesser* zu erwarten wäre, nicht das Adverb *pas*. Die Schwierigkeit der Stelle liegt wohl daran, daß hier nicht *in* mit Akkusativ vorliegt, wie man zunächst meint (*verkeret in*), sondern *in* mit Dativ (›Böses im Bösen‹ wie heute ›Grau in Grau‹).
V,5] Eine kühne Verbindung: die gefürchtete eigene Handlungsweise erscheint als Bedrohung von außen.
V,8 f.] Wörtlich bedeutet *vergrießen* ›mit Sand oder Kies bedecken‹; das Bild von der höllischen Feuerlawine ist also wohl eher von einem Erdrutsch als von einer Schneelawine entlehnt.

Literatur: André Schnyder, Das geistliche Tagelied des späten Mittelalters und der frühen Neuzeit. Textsammlung, Kommentar und Umrisse einer Gattungsgeschichte, Tübingen, Basel 2004, S. 131 f. (Text) und 317–320 (Kommentar) (Lit.).

Literaturhinweise

Ausgaben

Regelmäßig zitiert:
Kl: Die Lieder Oswalds von Wolkenstein, hrsg. von Karl Kurt Klein, 4., grundlegend neu bearbeitete Auflage von Burghart Wachinger, Berlin/Boston 2015 (ATB 55).
Pelnar, Ed.: Ivana Pelnar, Die mehrstimmigen Lieder Oswalds von Wolkenstein. Edition, Tutzing 1981 (Münchner Editionen zur Musikgeschichte).
Lukassen, Ed.: Valerie Lukassen, Die einstimmigen Lieder Oswalds von Wolkenstein. Edition der Melodien und Kommentar. 2. (allein gültige!) Auflage, Wiesbaden 2020 (Imagines medii aevi 46).

Weitere Ausgaben:
Oswald von Wolkenstein, Geistliche und weltliche Lieder, ein- und mehrstimmig, bearb. von Josef Schatz (Text) und Oswald Koller (Musik), Wien 1902, Nachdruck Graz 1959 (Denkmäler der Tonkunst in Österreich IX/1, Bd. 18).
Die Gedichte Oswalds von Wolkenstein, hrsg. von Josef Schatz, 2. Aufl. Göttingen 1904.
Oswald von Wolkenstein, Frölich geschray so well wir machen. Melodien und Texte, ausgewählt, übertragen und erprobt von Johannes Heimrath und Michael Korth, München 1975, ^{2}1978.
Oswald von Wolkenstein-Liederbuch. Eine Auswahl von Melodien, hrsg. von Hans Ganser und Rainer Herpichböhm, Göppingen 1978 (GAG 240).
Oswald von Wolkenstein, Die Lieder, in Text und Melodien neu übertragen und kommentiert von Klaus J. Schönmetzler, München 1979.
Elke Maria Loenertz, Text und Musik bei Oswald von Wolkenstein. Edition und Interpretation der 40 einstimmigen, einfach textierten Lieder in Fassung der Handschrift B, Frankfurt a. M. 2003 (Europ. Hochschulschr. I/1837).
Oswald von Wolkenstein. Das poetische Werk. Gesamtübersetzung in neuhochdeutsche Prosa mit Übersetzungskommentaren und Textbibliographien, hrsg. von Wernfried Hofmeister, Berlin u. a. 2011 (de Gruyter Texte).

Allgemeine und mehrfach zitierte Literatur über Oswald von Wolkenstein

Ackerschott 2013: Julia Ackerschott, Die Tagelieder Oswalds von Wolkenstein. Kommunikation, Rolle und Funktion, Trier.
Bennewitz/Brunner 2013: Oswald von Wolkenstein im Kontext der Liedkunst seiner Zeit, hrsg. von Ingrid Bennewitz und Horst Brunner, Wiesbaden (JOWG 19).
Bußmann 2020: Britta Bußmann, Das Ich im Fokus. Sprecher-Inszenierungen in den geistlichen Liedern Oswalds von Wolkenstein, in: Geistliche Liederdichter zwischen Liturgie und Volkssprache, hrsg. von Andreas Kraß und Matthias Standke, Berlin, Boston, S. 125–143 (Liturgie und Volkssprache 5).
Classen 1987: Albrecht Classen, Zur Rezeption norditalienischer Kultur des Trecento im Werk Oswalds von Wolkenstein (1376/77–1445), Göppingen (GAG 471).
Classen 1991: Albrecht Classen, Die autobiographische Lyrik des europäischen Spätmittelalters. Studien zu Hugo von Montfort, Oswald von Wolkenstein, Antonio Pucci, Charles d'Orléans, Thomas Hoccleve, Michel Beheim, Hans Rosenplüt und Alfonso Alvarez de Villasandino, Amsterdam, Atlanta (Amsterdamer Publikationen zur Sprache und Literatur 91).

Ges. Vorträge 1978: Gesammelte Vorträge der 600-Jahrfeier Oswalds von Wolkenstein, Seis am Schlern 1977, hrsg. von Hans-Dieter Mück und Ulrich Müller, Göppingen (GAG 206).

Hartmann 1980: Sieglinde Hartmann, Altersdichtung und Selbstdarstellung bei Oswald von Wolkenstein, Göppingen (GAG 288).

Hartmann 2005: Sieglinde Hartmann, Oswald von Wolkenstein heute: Traditionen und Innovationen in seiner Lyrik, in: JOWG 15, S. 349–372.

Hirschberg/Ragotzky 1984/85: Dagmar Hirschberg und Hedda Ragotzky, Zum Verhältnis von Minnethematik und biographischer Realität bei Oswald von Wolkenstein: *Ain anefangk* (Kl. 1) und *Es fügt sich* (Kl. 18), in: JOWG 3, S. 79–114.

Jones/Mück/Müller 1973: George Fenwick Jones, Hans-Dieter Mück, Ulrich Müller, Verskonkordanz zu den Liedern Oswalds von Wolkenstein (Hss. B und A), 2 Bde., Göppingen (GAG 40.41).

Kellner 2022: Beate Kellner, Perspektivierungen des Ich in den geistlichen Liedern Oswalds von Wolkenstein am Beispiel von *Wach, menschlich tier* (Kl 2), in: JOWG 23 (2020/21), S. 150–165.

Kl.: s. Ausgaben.

Kokott 2011: *...singen fa, sol, la und tichten hoflich von den schönen weiben*. Die Frauen des Oswald von Wolkenstein, Göppingen (GAG 761).

Kraß 2022: Andreas Kraß, Schiffbruch und Weinfass. Daseinsmetaphorik bei Oswald von Wolkenstein und Sebastian Brant, GRM 72 (2022), S. 7–25.

Kröll 2016: David Kröll, Zwischen den Wundern Gottes und den Abenteuern der Welt. Narrationen der Fremdheit und des Reisens in der Lyrik von Oswald von Wolkenstein und Paul Fleming, Marburg.

Kühebacher 1974: Oswald von Wolkenstein. Beiträge der philologisch-musikwissenschaftlichen Tagung in Neustift bei Brixen 1973, hrsg. von Egon Kühebacher, Innsbruck (Innsbrucker Beitr. z. Kulturwiss. Germanist. Reihe 1).

Kühn 1977: Dieter Kühn, Ich Wolkenstein. Eine Biographie, Frankfurt a. M. (²1988).

Lebenszeugnisse 1999–2011: Die Lebenszeugnisse Oswalds von Wolkenstein. Edition und Kommentar, hrsg. von Anton Schwob unter Mitarbeit von Karin Kranich-Hofbauer, Ute Monika Schwob, Brigitte Spreitzer, 5 Bde., Wien, Köln, Weimar.

Linden 2012: Sandra Linden, für singen hüst ich durch die kel. Das Memento mori in den Liedern Oswalds von Wolkenstein, in: Alterszäsuren. Zeit und Lebensalter in Literatur, Theologie und Geschichte, hrsg. von Thorsten Fitzon, Berlin, S. 323–353.

Loenertz: s. Ausgaben.

Marold 1926: Werner Marold, Kommentar zu den Liedern Oswalds von Wolkenstein, bearb. und hrsg. von Alan Robertshaw, Innsbruck 1995 (Innsbrucker Beitr. z. Kulturwiss. Germanistische Reihe 52) [aufbereitete Fassung der masch. Diss. Göttingen 1926].

Mayr 1961: Norbert Mayr, Die Reiselieder und Reisen Oswalds von Wolkenstein, Innsbruck (Schlern-Schriften 215).

Mohr 1969: Wolfgang Mohr, Die Natur im mittelalterlichen Liede, in: Geschichte – Deutung – Kritik. Fs. Werner Kohlschmidt, Bern, S. 45–68.

Mück 1980: Hans-Dieter Mück, Untersuchungen zur Überlieferung und Rezeption spätmittelalterlicher Lieder und Spruchgedichte im 15. und 16. Jahrhundert. Die ›Streuüberlieferung‹ von Liedern und Reimpaarrede Oswalds von Wolkenstein, Bd. I: Untersuchungen, Bd. II: Synoptische Edition, Göppingen (GAG 263).

Müller 1968: Ulrich Müller, »Dichtung« und »Wahrheit« in den Liedern Oswalds von Wolkenstein: Die autobiogaphischen Lieder von den Reisen, Göppingen (GAG 1).

Müller/Springeth 2011: Oswald von Wolkenstein. Leben – Werk – Rezeption, hrsg. von Ulrich Müller und Margarethe Springeth, Berlin, New York (de Gruyter Studium).

Okken/Mück 1981: Lambertus Okken und Hans-Dieter Mück, Die satirischen Lieder Oswalds von Wolkenstein wider die Bauern. Untersuchungen zum Wortschatz und zur literarhistorischen Einordnung, Göppingen (GAG 316).

Pelnar, Ed.: s. Ausgaben.

Pelnar 1982: Ivana Pelnar, Die mehrstimmigen Lieder Oswalds von Wolkenstein. Textband, Tutzing (Münchner Veröffentlichungen zur Musikgeschichte 32).
Ranke 1934: Friedrich Ranke, Lieder Oswalds von Wolkenstein auf der Wanderung, in: Volkskundliche Gaben, John Meier zum siebzigsten Geburtstag dargebracht, Berlin, Leipzig, S. 157–166.
Robertshaw 1977: Alan Robertshaw, Oswald von Wolkenstein. The Myth and the Man, Göppingen (GAG 178).
Röll 1968: Walter Röll, Oswald-Kommentar (Klein 1–20), Habilschr. Hamburg (masch.).
Röll 1981: Walter Röll, Oswald von Wolkenstein, Darmstadt (Erträge der Forschung 160).
Schatz 1930: Josef Schatz, Sprache und Wortschatz der Gedichte Oswalds von Wolkenstein. Wien, Leipzig (Ak. d. Wiss. in Wien, Phil.-hist. Kl., Denkschriften 69,2).
Schwanholz 1985: Wilfried Schwanholz, Volksliedhafte Züge im Werk Oswalds von Wolkenstein. Die Trinklieder, Frankfurt a. M., Bern, New York (Germanist. Arbeiten zu Sprache und Kulturgesch. 6).
Schwob 1977: Anton Schwob, Oswald von Wolkenstein. Eine Biographie, Bozen (Schriftenreihe des Südtiroler Kulturinstitutes 4) (^{3}1979).
Schwob 1979: Anton Schwob, Historische Realität und literarische Umsetzung. Beobachtungen zur Stilisierung der Gefangenschaft in den Liedern Oswalds von Wolkenstein, Innsbruck (Innsbrucker Beiträge zur Kulturwissenschaft. Germanistische Reihe 9).
Schwob/Schwob 2014: Anton Schwob und Ute Monika Schwob, Ausgewählte Studien zu Oswald von Wolkenstein, Innsbruck (Innsbrucker Beiträge zur Kulturwissenschaft. Germanistische Reihe 79).
Spicker 1993: Johannes Spicker, Literarische Stilisierung und artistische Kompetenz bei Oswald von Wolkenstein, Stuttgart, Leipzig.
Spicker 2007: Johannes Spicker, Oswald von Wolkenstein. Die Lieder, Berlin (Klassiker Lektüren 10).
Stäblein 1970: Bruno Stäblein, Das Verhältnis von textlich-musikalischer Gestalt zum Inhalt bei Oswald von Wolkenstein, in: Formen mittelalterlicher Literatur. Fs. f. Siegfried Beyschlag, hrsg. von Otmar Werner und Bernd Naumann, Göppingen (GAG 25), S. 179–195.
Stäblein 1972: Bruno Stäblein, Oswald von Wolkenstein, der Schöpfer des Individualliedes, in: DVjs. 46, S. 115–160.
Timm 1972: Erika Timm, Die Überlieferung der Lieder Oswalds von Wolkenstein, Lübeck, Hamburg (Germanische Studien 242).
Treichler 1968: Hans Peter Treichler, Studien zu den Tageliedern Oswalds von Wolkenstein, Diss. Zürich.
Wachinger 1977: Burghart Wachinger, Sprachmischung bei Oswald von Wolkenstein, in: ZfdA 106, S. 277–296 [auch in Wachinger 2011, S. 259–277].
Wachinger 1989: B. Wachinger, Oswald von Wolkenstein, in: ^{2}VL 7, Sp. 134–169.
Wachinger 2001: Burghart Wachinger, *Blick durch die braw*. Maria als Geliebte bei Oswald von Wolkenstein, in: Fragen der Liedinterpretation, hrsg. von Hedda Ragotzky, Gisela Vollmann-Profe und Gerhard Wolf, Stuttgart, S. 103–117. [auch in Wachinger 2011, S. 297–310].
Wachinger 2010: Burghart Wachinger, Textgattungen und Musikgattungen beim Mönch von Salzburg und bei Oswald von Wolkenstein, in: PBB 132 (2010), 385–406.
Wachinger 2011: Burghart Wachinger, Lieder und Liederbücher. Gesammelte Aufsätze zur mittelhochdeutschen Lyrik, Berlin und New York.
Wachinger 2012: Burghart Wachinger, Zwei Desiderate zu Oswald von Wolkenstein: Revision der Textausgabe und Kommentar, in: ZfdPh 131, S. 321–341.
WdF 1980: Oswald von Wolkenstein, hrsg. von Ulrich Müller, Darmstadt (Wege der Forschung 526).
Welker 1987: Lorenz Welker, New light on Oswald von Wolkenstein. Central European traditions and Burgundian polyphony, in: Early Music history 7, S. 187–226.
Welker 1990/91: Lorenz Welker, Mehrstimmige Sätze bei Oswald von Wolkenstein: eine kommentierte Übersicht, in: JOWG 6, S. 255–266.

Abgekürzt zitierte Hilfsmittel, Ausgaben anderer Werke, Zeitschriften, Buchreihen

AfdA: Anzeiger für deutsches Altertum und deutsche Literatur. ATB: Altdeutsche Textbibliothek.
DTM: Deutsche Texte des Mittelalters.
DVjs: Deutsche Vierteljahrsschrift für Literaturwissenschaft und Geistesgeschichte.
DWb: Deutsches Wörterbuch von Jacob Grimm und Wilhelm Grimm, Leipzig 1854–1960, Quellenverzeichnis 1971, Nachdruck 1984. [Angegeben wird die offizielle Bandzahl der Originalausgabe und nach Schrägstrich die Bandzahl des Nachdrucks.]
²DWb: Deutsches Wörterbuch von Jacob Grimm und Wilhelm. Grimm. Neubearbeitung, Leipzig (und Stuttgart) 1983ff.
Freidank: Freidankes Bescheidenheit, hrsg. von H. E. Bezzenberger. Neudruck der Ausgabe 1872, Aalen 1962.
GAG: Göppinger Arbeiten zur Germanistik.
GRM: Germanisch-romanische Monatsschrift.
JOWG: Jahrbuch der Oswald von Wolkenstein Gesellschaft.
KLD: Deutsche Liederdichter des 13. Jahrhunderts, hrsg. von Carl von Kraus, 2. Aufl., durchgesehen von Gisela Kornrumpf, 2 Bde. Tübingen 1978.
LMA: Lexikon des Mittelalters, 10 Bde, München, Zürich 1980 – Stuttgart, Weimar 1999.
MF: Des Minnesangs Frühling, unter Benutzung der Ausgaben von Karl Lachmann und Moriz Haupt, Friedrich Vogt und Carl von Kraus bearbeitet von Hugo Moser und Helmut Tervooren, 38. Aufl. Stuttgart 1988. [Zitiert nach der alten Zählung.]
Mönch von Salzburg G: Die geistlichen Lieder des Mönchs von Salzburg, hrsg. von Franz Viktor Spechtler, Berlin, New York 1972 (Quellen und Forschungen 51/175).
Mönch von Salzburg W: Die weltlichen Lieder des Mönchs von Salzburg. Texte und Melodien, hrsg. von Christoph März, Tübingen 1999 (MTU 114).
MTU: Münchener Texte und Untersuchungen zur deutschen Literatur des Mittelalters.
Neidhart: Neidharts Lieder, hrsg. von Moriz Haupt, 2. Aufl. neu bearb. von Edmund Wießner, Leipzig 1923; Nachdruck [mit Ergänzungen] hrsg. von Ingrid Bennewitz-Behr, Ulrich Müller und Franz Viktor Spechtler, Stuttgart 1986.
PBB: [Paul/Braune] Beiträge zur Geschichte der deutschen Sprache und Literatur.
Schmeller: J. Andreas Schmeller, Bayerisches Wörterbuch, 2. Aufl. bearb. von G. Karl Frommann, München 1877, Nachdruck München 1985.
Schweizerdt. Wb.: Schweizerisches Idiotikon. Wörterbuch der schweizerdeutschen Sprache, Frauenfeld 1881–1990.
SM: Die Schweizer Minnesänger, nach der Ausg. von Karl Bartsch neu bearb. und hrsg. von Max Schiendorfer, Bd. 1: Texte, Tübingen 1990.
TPMA: Thesaurus proverbiorum medii aevi, Berlin, New York 1995–2002.
²VL: Die deutsche Literatur des Mittelalters. Verfasserlexikon, 2. Aufl. hrsg. von Kurt Ruh (Bd. 1–8) und Burghart Wachinger (Bd. 9–14), Berlin, New York 1978–2008.
ZfdA: Zeitschrift für deutsches Altertum und deutsche Literatur.
ZfdPh: Zeitschrift für deutsche Philologie.

Hinweise auf Bibelstellen beziehen sich auf: Biblia sacra iuxta vulgatam versionem, rec. Robertus Weber OSB, emend. Bonifatius Fischer OSB, Stuttgart ³1983. Wenn die Luther-Bibel oder die katholisch-evangelische Einheitsübersetzung in Buchbenennung oder Zählung von der Vulgata abweichen, werden deren Angaben in eckigen Klammern zugefügt.

Nachwort

Das Leben Oswalds von Wolkenstein

Über das Leben Oswalds von Wolkenstein wissen wir viel, mehr als von jedem anderen deutschen Autor des Mittelalters. Viele Lieder enthalten autobiographische Aussagen. Diese sind zwar offensichtlich vielfach überformt, sie lassen sich aber nicht als reine Fiktionen abtun. Daneben gibt es den Denkstein am Brixener Dom, die Porträts, die den in seinem Auftrag hergestellten Handschriften A und B vorgebunden sind, und eine Fülle von archivalischen Materialien, historische Zeugnisse, an denen die Aussagen der Lieder teilweise kontrolliert werden können. Allerdings sind die nichtpoetischen Lebenszeugnisse nur lückenhaft erhalten, erhellen überwiegend andere Aspekte des Lebens und bedürfen ebenfalls der Interpretation. So sind trotz der ungewöhnlichen Datenfülle und trotz intensiver biographischer Forschung, vorangetrieben in den letzten Jahrzehnten vor allem durch Anton Schwob und sein Team, viele Fragen zu Oswalds Biographie noch ungeklärt. Hier können nur die Grunddaten und die für die ausgewählten Lieder wichtigsten Stationen seines Lebens referiert werden.

Oswald von Wolkenstein stammte aus der Südtiroler Adelsfamilie der Herren von Vilanders und Wolkenstein. Geboren wurde er um das Jahr 1376.[2] Ob ein Schaden am rechten Auge, den die Bildnisse zeigen und einige Lieder erwähnen, angeboren war oder früh erworben, ist unbekannt. In jungen Jahren muß er viel in Europa und im Vorderen Orient herumgekommen sein.[3] Eine ›Preußenfahrt‹, Teilnahme an Kriegszügen des Deutschen Ordens im Baltikum und in der Ukraine, vermutlich im Dienst eines vermögenden Adligen, ist wahrscheinlich 1399 anzusetzen, aber 1402 scheint Oswald noch einmal beim Deutschen Orden gewesen zu sein.[4] 1401 hat er (nach 18,II,2–4) am Italienzug König Ruprechts teilgenommen. Wann eine Pilgerfahrt ins Heilige Land, die mehrere Lieder erwähnen und die ein späterer Brief voraussetzt,[5] stattgefunden hat, bleibt bis auf weiteres ungewiß.

Der Tod des Vaters im Jahre 1400 bedeutete offenbar einen gewissen Einschnitt in dieser Jugend- und Abenteuerzeit. Erst von da an erscheint der Dichter immer wieder in Tiroler Archivalien. Aber da der ältere Bruder Michael nicht an eine Erbteilung dachte, waren Oswalds wirtschaftliche Verhältnisse zweifellos auch in den Jahren nach 1400 sehr beengt. In dieser Zeit muß vorgefallen sein, was viele Jahre später die Aufzeichnung eines Zeugen festhielt: Oswald und sein jüngerer Bruder Leonhard stahlen Geld und Schmuck von Michaels Frau und verleumdeten diese, sie habe den Schatz

---

2 Vgl. aber zu 18,VII,1.
3 Vgl. die Rückblicke in 18, 27 und 28.
4 Lebenszeugnisse, Nr. 5, 10 und 18.
5 Vor allem Lied 37,I,12 und Lebenszeugnisse, Nr. 163; vgl. auch zu Lied 3, 17 und 18,IV.

mit Liebhabern durchgebracht. Als die Sache entdeckt wurde, kam es zwischen den Brüdern zu einem heftigen Streit, in dem Oswald schwer verletzt wurde.[6]

Erst 1407 wurde das Erbe geteilt und Oswald erhielt seinen bescheidenen Anteil zu eigener Verfügung: ein Drittel der Burg Hauenstein am Schlern, belastet durch einen alten Vermögensstreit, dazu eine Reihe von verpachteten Höfen, Häusern und Almrechten sowie einen Anteil Salz. Im selben Jahr noch stiftete er für den Brixener Dom eine St.-Oswald-Kapelle mit zwei Benefiziatenstellen. Nach dem Bericht eines Nachfahren ließ er sie mit einer Darstellung seiner Rettung nach einem Schiffbruch ausmalen.[7] Vermutlich für diese Kapelle wurde auch der heute noch erhaltene Denkstein angefertigt, der ihn als Ritter mit Kreuzfahne und drei Wappen aus seiner Familie zeigt.[8] Zum Bischof von Brixen stand Oswald durch Hauenstein in einem Lehensverhältnis. 1409 wurde er Hauptmann des Gotteshauses Brixen (d. h. weltlicher Stellvertreter des Bischofs bei dessen Abwesenheit). 1412 nahm er überdies ein bezahltes Dienstverhältnis zum Bischof an. 1411 erwarb er für sich und zwei Knechte ein Wohn- und Unterhaltsrecht auf Lebenszeit in Kloster Neustift bei Brixen. 1412/13 hat er möglicherweise am venezianischen Feldzug König Sigmunds teilgenommen.[9] Unter den vielerlei Rechtsgeschäften, an denen er in jenen Jahren seinem Stand gemäß beteiligt war, erweckt eines besondere Aufmerksamkeit: Am 25. Mai 1409 beglaubigte Oswald durch sein Siegel eine fromme Stiftung der Anna Hausmann, Tochter des verstorbenen Brixener Schulmeisters Hans Hausmann.[10] Bei ihr handelt es sich zweifellos um die Hausmannin, die später im Streit um Hauenstein auf der Seite der Gegner Oswalds agierte. Damals aber könnte sie durchaus seine Geliebte gewesen sein, wie es die späteren Lieder in verbittertem Rückblick darstellen.

Während des Konstanzer Konzils nahm König Sigmund am 16. Februar 1415 den Dichter für einen Jahressold von 300 ungarischen Gulden in seine Dienste.[11] Oswalds künstlerische Fähigkeiten mögen dabei eine Rolle gespielt haben (vgl. 18,VII,10); entscheidend aber dürfte gewesen sein, daß der Wolkensteiner in den politischen Spannungen zwischen dem König und Herzog Friedrich von Österreich eine geeignete Kontaktperson zur Tiroler Adelspartei sein konnte. Friedrich, Landesfürst von Tirol und Vorderösterreich, hatte den König erzürnt, weil er Johannes (XXIII.), dem einen der drei konkurrierenden Päpste, deren Absetzung das Konzil betrieb, zur Flucht aus Konstanz verholfen hatte. Die Adelspartei aber erhoffte sich vom König eine Stärkung der alten Adelsrechte oder gar Reichsunmittelbarkeit gegen den Landesherrn, der österreichisches Territorialrecht durchsetzen wollte.

---

6 Lebenszeugnisse, Nr. 218; vgl. Lied 29,II,25–32.
7 Vgl. 18,II,12–16 und 29,II,17–24.
8 Zur Problematik der ikonographischen und heraldischen Darstellung vgl. Frank Fürbeth, in: JOWG 14 (2003/04), S. 271–302. Über die Datierung ist damit wohl noch nicht das letzte Wort gesprochen.
9 Nahegelegt durch 18,II,2–4.
10 Lebenszeugnisse, Nr. 46.
11 Lebenszeugnisse, Nr. 70.

Zunächst freilich führte der neue Dienst Oswald auf eine Gesandtschaftsreise nach Westeuropa. Nach 28,II,2 war er dabei, als im August 1415 die Portugiesen das arabische Ceuta eroberten. Im September traf er in Perpignan wieder mit dem König zusammen und erlebte dort die schwierigen Verhandlungen um die Beendigung des Schismas, insbesondere die vergeblichen Versuche, den Gegenpapst Benedikt (XIII., Pedro de Luna) zum Rücktritt zu bewegen. Am Rande der politischen Ereignisse wurden ihm glanzvolle Ehrungen zuteil. Was in 18,III erzählt wird, mag eher dem Künstler gegolten haben. Nicht erzählt wird dort eine andere Ehrung: Auf den Bildnissen der Handschriften A und B trägt Oswald die Kette des aragonesischen Kannen- und Greifenordens. Die Aufnahme in diesen Orden, eine Auszeichnung für ritterliche Taten, besonders gegen Ungläubige, kann nur damals erfolgt sein. Von Perpignan aus zog Oswald mit dem König und dessen Gefolge noch bis Paris mit.[12] Aber schon im Frühjahr 1416 mußte er wegen einer dringenden Angelegenheit[13] nach Tirol zurück, und von da an scheint er, teils von Tirol, teils von Konstanz aus, als Verbindungsmann zwischen dem Tiroler Adelsbund und König Sigmund gewirkt zu haben, bis dieser sich im Mai 1418 mit dem Herzog arrangierte. 1419 reiste Oswald nach Ungarn und Böhmen, vielleicht um beim König seinen Jahressold zu erbitten.[14] Im Oktober 1420 war nach einem späteren Chronikbericht ein Wolkensteiner, vermutlich Oswald, unter der königstreuen Besatzung von Burg Wyschehrad bei Prag, die von Hussiten belagert wurde; am 1. November mußten die Verteidiger die Burg aufgeben und abziehen.[15] Mitten in dieser unruhigen Zeit, vielleicht 1417, heiratete Oswald die schwäbische Adlige Margarete von Schwangau, die *Gret* vieler seiner Liebeslieder.[16] Sie hat ihm im Lauf der Jahre sechs Kinder geboren.[17]

1421 eskalierte der Vermögensstreit um Burg Hauenstein, vermutlich nicht ohne Oswalds Schuld. Da griff Martin Jäger, Ehemann der Erbin der anderen zwei Drittel von Hauenstein und damals Pfleger der Starkenbergschen Burg Forst bei Meran, zur Selbsthilfe und setzte Oswald auf Forst gefangen. In nicht näher geklärter Weise stand auch die Hausmannin auf der Seite der Jägerschen Partei; Oswald macht sie in seinen Liedern zur einzigen Akteurin.[18] Die Starkenberger als Herren von Forst mischten sich ein, und der Fall geriet in politische Zusammenhänge.[19] Der Herzog übernahm den Gefangenen und ließ ihn am 18. März 1422 gegen eine hohe Bürgschaft von Verwandten frei mit der Auflage, sich bis zum 24. August einem Schiedsgericht zu stellen.[20] Nach einem Schieds-

---

12 Nach Kl. 19.
13 Kl. 19,201 *ehafft not*; Schwob, Lebenszeugnisse, Nr. 73, möchte das auf politische Verhältnisse in Tirol beziehen.
14 Lebenszeugnisse, Nr. 90 f.
15 Lebenszeugnisse, Nr. 97.
16 Vgl. Lied 19–21.
17 Vgl. 27,II,22–30.
18 Hier 22–24.
19 Lebenszeugnisse, Nr. 102–105.
20 Lebenszeugnisse, Nr. 106–109, 111–112, 114–121.

verfahren im Juli fand Oswald einen Anlaß, sich beim Herzog zu beschweren und ein neues Schiedsgericht durch auswärtige Fürsten vorzuschlagen, was dem an der Durchsetzung seiner Territorialherrschaft interessierten Herzog nicht gefallen konnte.[21] Es gelang Oswald, auch den König zu interessieren, der seinen Fall mit anderen Konflikten zwischen Herzog und Adel in Verbindung brachte,[22] und so blieb der Rechtsstreit mit Martin Jäger in der Schwebe. Aber auf die Dauer half Oswald sein Taktieren nicht viel. Als 1423 der Adel einen neuen Konflikt zwischen König und Herzog nutzen wollte und es zu Fehdehandlungen kam,[23] setzte sich der Herzog weitgehend durch, der Adelsbund wurde aufgelöst, nur die mit den Wolkensteinern befreundeten Starkenberger leisteten noch Widerstand. 1424 scheint Oswald nochmals nach Ungarn zum König gereist zu sein, um Unterstützung zu suchen, diesmal ohne Erfolg.[24] 1425 beklagte sich Martin Jäger beim Herzog, dieser mahnte, Oswald zeigte sich in seiner Antwort uneinsichtig.[25] Nebenbei erfahren wir aus diesen Dokumenten, daß die Hausmannin um diese Zeit gestorben ist. Im selben Jahr 1425 ließ Oswald den Grundstock seiner Liederhandschrift A schreiben.

In den folgenden Jahren geriet der Dichter zunehmend in Bedrängnis und Isolation.[26] Als Herzog Friedrich für den 16. März 1427 zu einem Landtag nach Bozen lud, versuchte Oswald, außer Landes zu gehen, wurde aber auf Bitten Martin Jägers vom Herzog aufgegriffen und festgesetzt.[27] Am 1. Mai 1427 wurde der Konflikt mit Jäger durch eine Reihe von Urkunden beigelegt und Oswald freigelassen.[28] Wirtschaftlich kam er bei diesem Rechtsakt relativ gut weg, politisch mußte er sich weitgehend beugen, und die Bürgschaftsbriefe blieben beim Herzog. Erst zwanzig Jahre nach Oswalds Tod zahlte die Familie dem Nachfolger des Herzogs eine Summe, um die alte Bürgschaft endlich zu tilgen; und mit Hans von Vilanders, einem entfernten Verwandten, der sich 1421 von Oswald für seine Bürgschaft Sicherheiten hatte geben lassen, gab es noch einen jahrelangen Rechtsstreit.

Die Jahre nach 1427 waren bestimmt vor allem durch vielerlei wirtschaftliche, rechtliche und regionalpolitische Aktivitäten, wie sie für einen Adligen der Zeit typisch waren. Gegen seinen Landesherrn hat Oswald nicht mehr offen agiert, allerdings vermied er es, seine Streitigkeiten vor ihn zu bringen. Im Jahre 1428 ließ er sich auf einer Reise nach Westfalen in die Geheimnisse der Feme einführen, sicher um als Freischöffe noch Rechtsmöglichkeiten jenseits des herzoglichen Rechts zu finden.[29] 1429 kam es

---

21 Lebenszeugnisse, Nr. 130 f.
22 Lebenszeugnisse, Nr. 135–141, 144–145.
23 Vgl. auch zu Lied 26.
24 Kl. 30. Von einem Reiseunfall unterwegs berichtet 29,III,17–30.
25 Lebenszeugnisse, Nr. 147, 153–156.
26 Vgl. Lied 27.
27 Lebenszeugnisse, Nr. 165–167.
28 Lebenszeugnisse, Nr. 168–172 und Lied 28.
29 Lebenszeugnisse, Nr. 195.

zu einem Konflikt des Domkapitels und der laikalen Amtsträger des Bischofs mit dem neuen, vom Herzog gestützten Bischof Ulrich Putsch. Bei der vorübergehenden Festsetzung des Bischofs tat sich Oswald durch einen Faustschlag hervor.[30] An der im gleichen Zusammenhang erfolgten Ermordung des Hans von Annenberg scheint Oswald nicht beteiligt gewesen zu sein, wohl aber ein Diener von ihm, und bei der Verfolgung des Falls durch die Feme wurde auch er selbst vorübergehend verdächtigt.[31] Das Verhältnis zum Bischof und seinen Anhängern blieb für einige Zeit gestört.[32]

Erfreulicher, wenn auch wohl teilweise beschwerlich, war da der Königsdienst. 1430 reiste Oswald zu einem Hoftag, 1431 zu einem Reichstag nach Nürnberg, beide Male erhielt er auch Willkommensgaben der Stadt.[33] Im Winter 1430/31 war er beim König in Überlingen und Konstanz.[34] Um 1431 wurde er in den Drachenorden König Sigmunds aufgenommen.[35] Im Januar 1432 rief ihn der König für einige Sonderaufträge nach Piacenza.[36] Er blieb auch in Rom und Parma in der Umgebung des Königs und wurde dann im Mai zur Begleitung von Dr. Nikolaus Stock zum Basler Konzil geschickt. In diesen Jahren sind offenbar mehrere Städtelieder entstanden,[37] die letzten seiner Dichtungen mit autobiographischen Bezügen. Auf den 30. August 1432 ist auch der Abschluß der Handschrift B datiert (einige wenige Nachträge erfolgten noch bis 1438), und das prachtvolle Porträt dieser Handschrift hat Oswald wohl während der Italienreise von 1432 anfertigen lassen.

Aus Oswalds letzten Lebensjahren sei nur noch das Wichtigste erwähnt. König Sigmund sah er noch einmal am Ulmer Reichstag 1434; da wurde er von ihm mit den Schwangauer Reichslehen aus Margaretes Erbe belehnt und erhielt ein kleines erbliches Schutzamt für Kloster Neustift. Im selben Jahr nahm ihn Graf Heinrich von Görz für jährlich hundert Golddukaten als Diener an. Von da an scheint Oswald das Tiroler und Görzer Gebiet nicht mehr verlassen zu haben. Er war vielfach tätig als Verwalter und hartnäckiger Mehrer seines Besitzes und als Schlichter oder Zeuge bei Rechtsakten und Geschäften. Er engagierte sich für das Brixener Hochstift, für Kloster Neustift und für den Grafen von Görz. In der Landespolitik spielte er erst ab 1442 noch einmal eine bedeutende Rolle, als der Tiroler Adel gegen König Friedrich III. erreichen wollte, daß Tirol selbständig blieb und der beim Tod des Vaters minderjährige Sohn Herzog Friedrichs sein Erbe als Landesfürst antreten konnte. Den Erfolg dieser Politik hat Oswald nicht mehr erlebt. Während eines Landtags ist er am 2. August 1445 in Meran gestorben.

---

30 Lebenszeugnisse, Nr. 199–201.
31 Lebenszeugnisse, Nr. 205–209, 211–212, 217.
32 Vgl. Kl. 104; in diese Situation gehört möglicherweise auch Lied 32.
33 Lebenszeugnisse, Nr. 214 und 220. Vgl. Kl. 99.
34 Lebenszeugnisse, Nr. 219.
35 Vgl. Lebenszeugnisse, Nr. 222, und das obere Emblem auf der Schärpe im Porträt von Handschrift B.
36 Lebenszeugnisse, Nr. 231; vgl. Lied 31.
37 Vgl. zu Lied 30 und 31.

Bei großer Hitze wurde sein Leichnam nach Neustift überführt und in der Klosterkirche beigesetzt.

Oswald von Wolkenstein und die Liedkunst des späten Mittelalters

Das Œuvre Oswalds von Wolkenstein ragt aus der Fülle der Liedtraditionen des deutschen Spätmittelalters heraus durch Vielfalt der Themen und Formen, durch Eigenart der poetischen Sprache und Intensität der lyrischen Aussagen und durch hohe musikalische Ansprüche. Auch wenn sich hier wie sonst literarischer Rang nicht erklären läßt, einige Züge dieses Œuvres scheinen doch verständlicher zu werden, wenn man sich die kulturellen Bedingungen vor Augen führt, unter denen es entstanden ist. Oswald stammte aus einem Grenzgebiet zwischen deutscher und romanischer Kultur, ist weit herumgekommen, hat ein wenig vom internationalen Flair des Konstanzer Konzils erlebt, war an bedeutenden europäischen Höfen zu Gast und hat später einige Reichstage besucht. Er war andererseits eingebunden in die Südtiroler Adelsgesellschaft, stand im Kontakt mit den Augustinerchorherren von Neustift und mit dem Bischofshof von Brixen. Alle diese Beziehungen und Begegnungen haben ihm zweifellos eine Fülle von musikalischen und literarischen Anregungen vermittelt. Aber er hatte wohl keine gründliche Schulbildung genossen, und die Eindrücke der großen Welt waren immer von begrenzter Dauer. Im Verhältnis zum etablierten deutschsprachigen Literaturbetrieb blieb Oswald, sicher auch aus ständischen und regionalen Gründen, ein Außenseiter. Er hat zwar die vielfältigen Traditionen der deutschen Liedkunst sehr gut gekannt, hat sich aber ihren Konventionen gegenüber immer wieder auch Freiheiten geleistet. Ein Überblick über die von ihm verarbeiteten Liedtypen und Themen mag das verdeutlichen.

Meisterlieder. Von den beiden lyrischen Hauptgattungen des späten 12. und des 13. Jahrhunderts, Minnesang und Sangspruchdichtung, ist zu Oswalds Zeit nur die zweite noch als feste Tradition greifbar im sogenannten Meisterlied. Gepflegt wurde dieser Liedtypus teils von Dilettanten, die die Töne (d. h. die Strophenbaumuster und Melodien) der alten Meister für neue Lieder benutzten und sich vielleicht schon hie und da in Vorformen der späteren Meistersingergesellschaften trafen. Daneben gab es immer noch Berufsdichter, die meist auch in eigenen Tönen dichteten und sangen, so etwa Muskatblut, Oswalds bekannter Zeitgenosse, dem er z. B. 1415 auf dem Konstanzer Konzil oder 1431 auf dem Nürnberger Reichstag begegnet sein könnte. Gemeinsam war Dilettanten und Berufsmeistern, daß dem korrekten Ausfüllen der einmal gewählten Töne ein hoher Stellenwert zukam. Diese Töne waren vers- und reimtechnisch oft recht kompliziert, folgten aber im Grundriß fast immer dem alten Kanzonenschema (Stollen – Stollen – Abgesang: AAB) und einigen daraus abgeleiteten Mustern. Die Melodien waren, wie von der Tradition vorgegeben, immer einstimmig. Inhaltlich waren die Töne für vieles offen, doch dominierten moralische und geistliche Themen. Aus dieser

Tradition hat Oswald u. a. Regenbogens Grauen Ton entlehnt und ihn, durchaus gattungsgemäß, für elf mehrstrophige Lieder verwendet, in denen geistliche und moralische Themen vorherrschen (Kl. 1–7, 11, 12, 95, 111, in der vorliegenden Auswahl Lied 22, 24, 25, 33). Aber er hat dabei Versgrenzen verschoben und Reimfolgen variiert und hat zwei verschiedene neue Melodien für den Ton erfunden. Und einige der Lieder, so vor allem das mit Bedacht an den Anfang beider Haupthandschriften gestellte *Ain anefank* (22 = Kl. 1), sind in einer für die Gattung bis dahin unerhörten Weise auf Erschütterungen des eigenen Lebens bezogen.

Liebeslieder in Ich-Form. Wenn man Oswald den letzten Minnesänger genannt hat, so hat das eine gewisse Berechtigung insofern, als im 15. Jahrhundert kein anderer Dichter einzelne Motive und Vorstellungen des klassischen Minnesangs noch einmal so zum Leuchten gebracht hat wie er; genannt seien nur das Verstummen und Erstarren beim Anblick der geliebten Frau (1,II,6–8; 19,II und III), die Traumerscheinung der Geliebten (4,II,6–13) und das Flehen um Gnade (17,II). Aber die alten Motive stehen doch in verändertem Kontext. Oswalds Liebeslieder gehobenen Stils sind denn auch nicht mehr primär vor dem Hintergrund des klassischen Minnesangs zu beurteilen, sondern im Vergleich mit der Liebesliedkunst um 1400. In ihr war der Haupttypus des alten Minnelieds mit seinem aufwärts blickenden Werben um eine Dame, die noch kein Zeichen der Gunst gegeben hat, abgelöst worden durch Lieder, in denen eine gegenseitige Liebe besungen wurde, eine Liebe, die allenfalls durch Liebesfeinde (*klaffer, melder*), durch Trennung oder durch Untreue eines Partners bedroht wurde. Und in diesem neuen Rahmen hatten auch alte Motive wie das Dienen um Liebe einen neuen Klang erhalten. Deutlich greifbar wird für uns der neue Typus des Liebeslieds zuerst im Liedercorpus des Mönchs von Salzburg und seines Kreises gegen Ende des 14. Jahrhunderts. Oswald hat wahrscheinlich einige konkrete Lieder dieses Corpus gekannt und geschätzt, mindestens war ihm der Typus vertraut. Manche Formeln der Liebessprache (*zart liebste frau, mein höchster hort*) waren ihm aus dieser Tradition geläufig. Aber seine Texte bleiben nicht so im Formelhaften stecken wie viele Lieder des Mönch-Corpus. Klagen und Sehnen werden drastischer geschildert, die sinnlichen Elemente im Schönheitspreis verstärkt, die gesellschaftliche Gefährdung der Liebe an den Rand gedrängt. Einige Lieder richten sich sogar an die Verlobte und Ehefrau Margarete, was man sich im Umkreis des Mönchs am erzbischöflichen Hof von Salzburg wohl noch nicht hätte vorstellen können. Liebeslieder an die Ehefrau hat wohl zuerst Oswalds etwas älterer Zeitgenosse Graf Hugo von Montfort verfaßt; Oswald dürfte sie nicht gekannt haben.

Liebesdialoge. Liebe mit dem Anspruch auf Gegenseitigkeit und Treue hat Oswald nicht nur in Ich-Liedern thematisiert, sondern ungewöhnlich häufig auch in Dialogen zwischen den Liebenden. In den relativ wenigen Minnedialogen des 12./13. Jahrhunderts war zwar die Liebe Thema, aber zwischen den Dialogpartnern, dem werbenden Mann und der Dame, herrschte gattungstypisch deutliche Distanz. Sie fehlt bei Oswald meist völlig, und solche spannungslosen Liebesbeteuerungen gehören darum auch nicht zu den besten Dichtungen Oswalds. Da so gut wie alle derartigen Dialoge zwei- oder mehrstimmig konzipiert sind, in einigen die Partner sogar gleichzeitig singen, sind sie wohl als Inszenierungen von Harmonie (›Liebesduette‹) zu verstehen. Die Anregung zu diesem Typus dürfte wieder vom Mönch von Salzburg gekommen sein, der in W 4 und W 5 erstmals die Zweistimmigkeit für Liebesbeteuerungen im Dialog genutzt hat, freilich formelhafter und kurzatmiger in der Gesprächsführung. Von den ausgewählten Dialogen deutet der eine (7) nur ein kleines Zögern der Frau an. Der andere (8), nicht in den Haupthandschriften überliefert, ist weniger typisch, ein Werbungsgespräch fast in der klassischen Distanzsituation der hohen Minne, und doch ist selbst hier eine gewisse Vertrautheit von Anfang an gegeben.

Tagelieder. Der Abschied der Liebenden am Morgen nach gemeinsamer Nacht, lyrisches Thema in vielen Kulturen, war im Deutschen seit dem frühen Minnesang als Tagelied fest etabliert. Oswalds Tagelieder haben teil an der spätmittelalterlichen Entwicklung der Gattung u. a. darin, daß spezifisch ständische Indikatoren (*ritter*) zurückgenommen sind. Auch hier sind wie im Ich-Lied Konflikte zwischen Liebenden und Gesellschaft zurückgedrängt. In den beiden ausgewählten Tageliedern (9 und 10) dominiert, auch durch die Musik, das Atmosphärische von Tagesanbruch und Abschied. Neben ›reinen‹ Tageliedern hat Oswald aber auch verschiedene Umkehrungen und Transpositionen des Typus gedichtet, wie sie teilweise schon vor ihm erprobt worden waren: Inszenierung in bäurisch-grobianischem Milieu (11), Umkehr im Lied von der einsamen Nacht (20), geistliches Wecklied (41). Mehrfach spielt er auf die Tageliedsituation nur an, so im neidischen Blick auf die Liebenden, die immerhin beisammen waren (3), in Tagesanbruchmotiven beim Frühlingsreigen (5), im Liebeslied an Maria (39). Der im Wachtraum ausgemalte Besuch bei der erwachenden Geliebten in 4 ist wohl angeregt durch das ›Taghorn‹ des Mönchs von Salzburg (W 2), läßt das Vorbild aber durch sprachliche und motivische Phantasie weit hinter sich zurück.

›Niedere Liebe‹. Literarische Gegenpositionen zur hohen Minne im ständisch Niedrigen und im sexuell Anzüglichen oder Groben waren in Deutschland lange dominiert durch Neidhart und die von ihm ausgehende Tradition. Oswald hat in Lied 11 auch einen Neidhartschen Typus aufgegriffen, hat ihn aber kombiniert mit der Tageliedsituation und benutzt dazu einen romanischen Musiksatz, der es erlaubt, vor allem das Klangbild der simultan gesungenen Scheltreden auszukosten. Er gestaltet aber auch eine ganze Reihe weiterer Varianten ›niedriger‹ Situationen, meist in Szenen. Sie reichen vom vergeblichen Werbungsversuch eines bäurischen Tölpels (14) bis zum fast bukolischen Liebesdialog zwischen Hirt und Hirtin (12), von einer dörflichen Tanz- und Saufszene (15) über einen Aufbruch der Zecher in Wir-Form (16) bis zum raffinierten Erotikon in Ich-Form (13). Mögliche Anknüpfungspunkte gibt es wohl hie und da in der deutschen Dichtung, in einem Fall ist das Vorbild einer provenzalischen Pastourelle wahrscheinlich; Anregungen lateinischer Scholarendichtung, wie auch immer vermittelt, sind denkbar, aber bislang nicht konkret nachgewiesen. Spott des Edelmanns über die groben Bauern ist gewiß manchmal am Werk, steht aber keineswegs hinter allen solchen Liedern. Zu spüren ist eine vitale Lust am Durchspielen verschiedener Situationen in kunstvollen Formen, Freude am Sprachwitz, manchmal auch am musikalisch gestalteten Durcheinanderrufen. Die in älterer Dichtung bei ›niederer‹ Liebe ausgeprägte Gattungsopposition zur hohen Liebesdichtung ist nur vereinzelt leise zu spüren. Die Gegensätze sind ja auch dadurch verwischt, daß die Rede von sexueller Erregung bei Oswald auch im Liebeslied höheren Stils nicht mehr verpönt ist (vgl. 20).

Frühlingsreigen. Auf der Grenze zwischen ›hohem‹, gesellschaftlich ernst genommenem, und ›niederem‹, durch Komik und Sprachwitz lizenziertem Reden von Liebe, hat Oswald den Typus des Frühlingsreigens angesiedelt (5, 21, vgl. auch 4). Anregungen zu diesem Typus gab es wohl hie und da in der Tradition, die besondere Ausprägung ist Oswalds Eigentum. In diesen Liedern wird die Frühjahrsnatur nicht mehr nur als Hintergrund für den Tanz und für die Liebe des Sängers benutzt. Eher wird die erotische Lust eingebunden in die umfassende Lust der Natur, so daß man fast sagen könnte, daß hier zum ersten Mal in der deutschen Literatur das Naturempfinden das eigentliche Thema ist. Im Vogelruflied (6) werden Tier- und Menschenstimmen sogar ohne erotische Nebentöne zum reinen Naturklangbild, ganz im Gegensatz zum altfranzösischen Vorbild, das auf den Gegensatz von höfischem und unhöfischem Liebeswerben bezogen war.

Politisches. Den relativ jungen Typus des historisch-politischen Schlacht- und Parteilieds greift Oswald im Lied von Ausfall aus Burg Greifenstein auf (26), formal und stilistisch anspruchsvoller als in der Gattung üblich. Wo er sonst Politisches zum Hauptthema macht – Hussitenpolemik, Stände- und Rechtsdidaktik, hier nicht ausgewählt –, tut er es ohne Anschluß an einen etablierten Liedtypus.

Geistliche Lieder. Das Spektrum geistlicher Liedtypen war im Spätmittelalter breit und, soweit man sich nicht an lateinischen Gattungen oder am Meisterlied orientierte, wenig fest. Sieht man ab von zwei Hymnenübertragungen, die nur außerhalb der Haupthandschriften überliefert sind, so finden sich bei Oswald geistliche Lieder in Meisterlied- und anderen Kunstliedformen, öfter in Tönen, die zuerst für weltliche Lieder verwendet worden waren, gelegentlich auch mit motivischen Rückbezügen auf weltliche Typen (38 Frühlingsreigen, 39 und 41 Tagelied). Kontrafakturen mit präzisem Bezug auf ein bestimmtes Lied hat Oswald aber nicht gedichtet. Thematisch dominieren Sündenangst und Marienfrömmigkeit. Zweimal sind geistliche Gebrauchstexttypen im Lied artistisch überhöht (35, 36).

Autobiographische Erzähllieder und Situationsschilderungen. Daß man nicht überall, wo Oswald ›ich‹ sagt, Autobiographisches vermuten darf, ist mittlerweile selbstverständlich. Einzelne Elemente aus Oswalds realem Leben sind allerdings in Liedern verschiedener Gattungen vorausgesetzt oder angesprochen, so der Augenschaden in einem Liebeslied (1,I,4) oder eine Pilgererinnerung in einem Weihnachtslied (37,I,12). Die Liebeslieder an die Braut und Ehefrau (19, 20) und eine Frühlingsbadeszene mit ihr (21) lassen sich zwar grob in die Biographie einordnen, sind aber bei aller Besonderheit der Gestaltung generellen Beziehungsmustern so verpflichtet, daß man sie nicht eigentlich autobiographisch nennen möchte. Eine reflektierende Verarbeitung des Schockerlebnisses der ersten Gefangenschaft findet vor allem in einem Meisterliedton statt (22, 24, s. oben). Neben all diesen Varianten des Autobiographischen hat Oswald aber auch Erzähllieder und Situationsschilderungen verfaßt, in denen Selbsterlebtes ausgebreitet wird. Für diese Lieder gibt es so gut wie keine Vorbilder in der spätmittelalterlichen Liedkunst. Erst in der nächsten Generation hat der Meisterlieddichter Michel Beheim – sehr viel trockener – wieder etwas Derartiges gewagt, möglicherweise sogar in Kenntnis eines Oswald-Lieds (vgl. zu 29). Den Rahmen für Oswalds Lieder dieses Typs liefern mehrfach Reiseabläufe (28, vgl. Kl. 19, 41), öfter noch sind einzelne Situationen thematisiert, die Beengtheit und Bedrängtheit auf Hauenstein etwa (27) oder mehr oder weniger erfreuliche Erlebnisse in fremden Städten (30, 31). Einmal bildet ein Katalog der Todesgefahren das Gerüst des Lieds (29), wie Oswald ja auch sonst gelegentlich Kataloge als Strukturgerüst wählt (34, Kl. 117). Am kühnsten sind in Lied 18 ganz verschiedene Erlebnisse zusammenmontiert als Hintergrund einer Entscheidungssituation. Allenthalben ist bei diesen Ich-Darstellungen eine starke Neigung zu Komik und Selbstironie zu spüren. Sie wirken besonders intensivierend und verschärfend, wo der Gedanke an den Tod und das Seelenheil letztlich die Perspektive bestimmt.

Sprachtraditionen. In all diesen sehr verschiedenen Liedtypen hat sich Oswald mit einer ungewöhnlich reichen und modulationsfähigen Sprachkunst artikuliert. Grundlage seines Dichtens war die gehobene Sprache seiner Südtiroler Heimat, die sich z. T. an der eher mittelbairisch geprägten bairisch-österreichischen Literatursprache der Zeit orientierte. Die Register dieser Sprache hat Oswald genutzt und erweitert, oft geleitet von seiner Vorliebe für gehäufte Reimklänge, auch wenn diese nicht immer schulmäßig rein waren. Konventionelle literarische Formeln und Bilder fehlen nicht, aber neben sie treten Metaphern aus geistlichen Traditionen ebenso wie aus Obszönreden, nicht selten eigenwillig umgeprägt. Der rhetorisch geschulten *gravitas* metaphorischen Redeschmucks, wie sie im Spätmittelalter beliebt war, scheint Oswald fernzustehen. Wohl aber zieht er konventionelle Metaphern gelegentlich durch Wörtlichnehmen ins Komische oder Sarkastische. Klangmalereien, tändelnd leichte Sprachspielereien, aber auch Sprichwörter, Redensarten und Sentenzen mit der ihnen eigenen Prägnanz bereichern die Palette. Den Übersetzer, der vor allem den Sinn der Texte vermitteln will, stellen kühne Wortneubildungen, Ausgriffe auf schlecht belegten dialektalen Wortschatz und eine Syntax, die mitunter Ordnungssignale wie Hilfsverben, Artikel und Flexionsendungen einspart, manchmal vor kaum überwindbare Schwierigkeiten.

Zehn Sprachen will Oswald auf seinen vielen Reisen gebraucht haben (18,II,5–7), und so verwundert es nicht, daß er auch in seinen Dichtungen mehrfach über die oberdeutsche Literatursprache hinausgreift. Das sonst so vielfach geübte Einstreuen lateinischer Zitate und Wendungen spielt bei diesem ungelehrten Dichter keine große Rolle. Aber in Reiseerinnerungen markieren fremdsprachige Splitter Lokalkolorit. Einzelne Lieder sind ganz in einem Pseudo-Flämisch gedichtet (3), und es gibt auch zwei Lieder, die ganz aus Brocken verschiedener Sprachen montiert sind (Kl. 69 und 119).

Fremdsprachige Liedtraditionen. Auf seinen Reisen hat Oswald zweifellos nicht nur Sprachbrocken aufgeschnappt, sondern auch Vorträge fremdsprachiger Liedkunst gehört. Das führt noch einmal zu der Frage nach den Traditionen, die hinter seinen Liedern und Liedtypen stehen. Für eine ganze Reihe von Oswalds mehrstimmigen Liedsätzen ist französischer oder italienischer Ursprung nachgewiesen, für weitere wird er vermutet. Allerdings scheinen ihm die Kompositionen meist über deutsche Zwischenquellen verfügbar geworden zu sein. Nur in einem einzigen Fall (6) verrät Oswalds Neutextierung wenigstens vage Kenntnis des ursprünglichen Textes, das Ergebnis aber ist meilenweit vom Vorbild entfernt. Sonstige Beziehungen zur romanischen Liedkunst sind dürftig. Recht wahrscheinlich ist, daß Oswald eine zweisprachige Pastourelle des Provenzalen Raimbaut de Vaqueiras gekannt hat (s. zu 14). Was aber als Einflüsse aus der italienischen Trecento-Lyrik geltend gemacht wurde, hat nicht überzeugen können, vielleicht nur, weil aus weit verbreiteten Motiven und Haltungen allzu punktuelle Schlüsse gezogen worden sind. Sehr wahrscheinlich ist immerhin ein gewisser Einfluß der italienischen Caccia. Dabei ist nicht so sehr an bestimmte Texte, etwa von Franco Sacchetti oder Niccolò Soldanieri, zu denken, auch nicht an die spezifische Kompositionstechnik des Kanons über einer Grundstimme. Aber der Höreindruck der lebhaften Jagd- und Marktszenen mit ihrem Stimmengewirr könnte Oswald angeregt oder ermutigt haben zu seinen frei arrangierten Klangbildern, die aus deutscher Tradition allein kaum verständlich sind.

Musikalische Gestaltung. Die gleiche Souveränität, ja Unbekümmertheit, die Oswalds Umgang mit den überlieferten Texttypen auszeichnet, begegnet auch bei der musikalischen Gestaltung seiner Lieder. Mit mehr als zwei Dritteln der insgesamt 128 Lieder steht er in der Tradition des einstimmigen deutschen Liedes, die weit über das Mittelalter hinaus reicht. Die meisten dieser Lieder bedienen sich der dreiteiligen Kanzonenform aus zwei metrisch-musikalisch identischen Stollen, die zusammen den Aufgesang bilden, und einem davon abweichenden Abgesang (Schema: AAB) oder einer der Abwandlungen dieser Form, die im späten 12. Jahrhundert nach romanischem Vorbild in die deutsche Literatur eingeführt worden war und seither weitaus am häufigsten gebraucht wurde. Nicht selten erweitert Oswald die Grundform um einen Refrain, z. B. 3, 13, 19. Von ihm ebenfalls benutzte Varianten des Schemas sind vor allem die (in der älteren Liedichtung eher seltene) Form mit metrisch-musikalischer Verdopplung des Abgesangs (AABB, Kanzone mit repetiertem Abgesang, Repetitionskanzone), z. B. 18, 27, 29, außerdem die Form AABBC, z. B. 20, 22, 28, ferner AABBCC, z. B. 32 (mit CC als Refrain). Dagegen begegnet die seit dem 13. Jahrhundert sehr beliebte Form der Kanzone mit drittem Stollen (AABA) selten, in unserer Auswahl nur in einem zweistimmigen Lied (17). Durchkomponierte, manchmal deutlich zweiteilige Formen (AB) finden sich relativ selten, z. B. 1, 12, 26, 36/2, 41.

Mittelalterliche Liedmelodik ist durch Formelhaftigkeit charakterisiert, die von der jeweiligen Tonart, dem Modus, bestimmt wird. Die Kunst zeigt sich darin, wie sinnvoll und überzeugend der Komponist die Formeln verwendet und aneinanderbindet und wie er daraus eine Strophenmelodie baut. Oswald zeichnet auch auf diesem Gebiet großes Kunstvermögen aus. Seit längerem hat man hervorgehoben, daß es bei ihm immer wieder Zusammenhänge zwischen dem Text (vornehmlich der jeweils ersten Strophe) und der Musik gibt, Beziehungen, die der älteren deutschen Einstimmigkeit – soweit dies angesichts der äußerst lückenhaften Melodieüberlieferung beurteilt werden kann – eher fremd waren. So ist etwa der Seufzer in Z. 10 von Lied 20 auch ganz deutlich musikalisch ausgedrückt, oder es wird im geistlichen Wächterlied 41 zu Beginn der Aufruf zum Wachsein fanfarenartig mit der wiederholten fallenden Quarte c g zum Ausdruck gebracht – dieselbe Quarte findet sich in weltlichem Zusammenhang, jedoch mit gleicher Sinngebung zu Beginn von 10. Eingesetzt werden im übrigen auch rhythmische Mittel. Nicht verwunderlich und durchaus traditionell ist, daß Dreierrhythmus mit der Abfolge kurz (in der Ausgabe Achtelnote) – lang (Viertelnote) eine intendierte oder lediglich imaginierte Tanzsituation markiert, vgl. z. B. 23. Ganz anders verwendet wird der Dreierrhythmus indes in der Sehnsuchtsklage 1. Vor allem die vieltönigen Melismen in Z. 1 und 5 machen die Klage auch in der Melodie sinnfällig, der unversehens in Z. 6 und 7 erscheinende Dreierrhythmus bringt hingegen die beklagte Ruhelosigkeit zum Ausdruck, in Z. 8 beruhigt die Melodie sich dann wieder. Zur Besonderheit von Oswalds Liedschaffen gehört die Verwendung der Mehrstimmigkeit, die bis dahin innerhalb des deutschen Liedes in weltlichem Zusammenhang lediglich ganz vereinzelt beim Mönch von Salzburg aufgetreten war. Erst seit etwa der Mitte des 15. Jahrhunderts – nach Oswald – wird Mehrstimmigkeit in der deutschen Liedüberlieferung in Gestalt des Tenorliedes, in dem die ›eigentliche‹ Liedmelodie, der Ténor, von weiteren Stimmen begleitet wird, neben der weiterhin dominierenden Einstimmigkeit heimisch. 39 Lieder Oswalds sind in 38 zwei- bis vierstimmigen Tonsätzen überliefert. Diese wurden (von Ivana Pelnar) unterschiedlich klassifiziert. Zur ersten Gruppe der »bodenständigen« Tenorlieder, in denen Elemente schriftlosen, improvisierten Singens (wie es ähnlich beim Mönch von Salzburg zu finden ist) und organaler Zweistimmigkeit (die Stimmen bewegen sich gleichzeitig, oft in parallelen Quinten und Oktaven oder in Gegenbewegung) anzutreffen sind, gehören in unserer Auswahl die Lieder 5, 14, 16, 17, 21. Eine zweite Gruppe stellen Kanons und Tenorlieder dar, in denen Merkmale genuiner, d. h. artifizieller westlicher Mehrstimmigkeit begegnen. Kanons (in den Oswald-Handschriften als Fugen bezeichnet) sind 7 und 15, ein hier einzuordnendes Tenorlied ist 9. Die dritte Gruppe schließlich bilden Tonsätze, die durch romanische, vorwiegend französische Mehrstimmigkeit charakterisiert sind; hierher gehören die mehrtextigen Lieder 10 und 11 und die Tenorlieder 2, 4, 8 und 31.

Viele dieser mehrstimmigen Liedsätze hat Oswald freilich nicht selbst geschaffen. Es ist mittlerweile fraglich geworden, ob er über die Tonsätze der ersten Gruppe hinaus überhaupt in der Lage war, mehrstimmig zu komponieren. Nach derzeitigem Forschungsstand hat er mindestens 16 seiner mehrstimmigen Sätze übernommen, sie allerdings nach seinen Bedürfnissen bearbeitet. Übrigens weiß man seit kurzem, daß das bei Oswald einstimmige Lied Kl. 100 den Tenor eines dreistimmigen Rondeaus von Gilles Binchois benutzt; möglicherweise hat er also auch bei einstimmigen Liedern in größerem Umfang als bisher bekannt Melodien anderer Komponisten verwendet (vgl. Rainer Böhm in: JOWG 13 [2001/02], S. 269–278). Insgesamt sechs der in die Auswahl aufgenommenen Kompositionen hat Oswald aus der Romania bezogen: 4 und 11 adaptieren anonym überlieferte französische Rondeaus, in 6 ist ein Virelai Jean Vaillants verwendet, in 8 eine Ballade von Gilles Binchois, in 31 ein Rondeau des Nicolas Grenon.

Die Adaptation der Tonsätze scheint, wie schon angedeutet, überwiegend (wenn nicht ausschließlich) über in Süddeutschland verfügbare schriftliche Quellen erfolgt zu sein (vgl. Timm 1972, ferner Welker 1990/91). Aus musikgeschichtlicher Sicht ist sehr bedauerlich, daß Oswalds Umgang mit mehrstimmigen Quellen im deutschen Bereich nicht Schule gemacht hat. Er blieb auch auf diesem Gebiet ein Einzelfall.

Alphabetisches Verzeichnis der Liedanfänge

(Die Seitenzahlen beziehen sich auf Text und Kommentar.)

Ach got, wer eck ein belgerin Nr. 3	13	274
Ach senleiches leiden Nr. 17	102	291
Ain anefangk Nr. 22	132	301
Ain jetterin, junk, frisch, frei, fruet Nr. 13	80	285
Ain mensch von achzehen jaren klueg Nr. 1	3	274
Ain tunkle farb in occident Nr. 20	120	298
Der mai mit lieber zal Nr. 6	33	324
Der oben swebt und niden hebt Nr. 40	257	277
Des himels trone Nr. 5	23	328
Durch abenteuer tal und perg Nr. 28	173	276
Durch Barbarei, Arabia Nr. 27	164	312
Durch toren weis so wird ich greis Nr. 34	222	310
Es fuegt sich, do ich was von zehen jaren alt Nr. 18	106	321
Es leucht durch grau die fein lasur Nr. 39	252	292
Es nahent gein der vasennacht Nr. 23	142	327
Freu dich, du weltlich creatur Nr. 2	6	303
Fro, fröleich so wil ich aber singen Nr. 14	86	274
Frölich, zärtlich, lieplich und klärlich Nr. 4	17	287
Gar wunniklich hat si mein herz besessen Nr. 7	45	275
Gesegent sei die frucht Nr. 36	234	280
Her wiert, uns dürstet also sere Nr. 15	93	288
Ich sich und hör Nr. 25	154	306
In Suria ain braiten hal Nr. 37	240	325
Keuschlich geboren Nr. 38	245	325
Los, frau, und hör des hornes schal Nr. 10	62	282
Mein sünd und schuld eu, priester, klag Nr. 35	228	322
Mir dringet, zwinget, frau, dein güet Nr. 8	50	280
›Nu huss!‹ sprach der Michel von Wolkenstain Nr. 26	161	307
O rainer got Nr. 33	215	320
Rot, weiss ain frölich angesicht Nr. 19	114	297
Stand auf, Maredel, liebes Gredel Nr. 11	68	283
Treib her Nr. 12	75	284
Wach auf, mein hort, es leucht dort her Nr. 9	59	281
Wenn ich betracht Nr. 24	148	304
Wer die ougen wil verschüren mit den brenden Nr. 31	202	318
Wer machen well den peutel ring Nr. 30	194	316
Wie vil ich sing und tichte Nr. 29	184	315
Wol auf, als das zue himel sei Nr. 36	234	280
Wol auf und wacht, acht, ser betracht Nr. 41	260	329
Wol auf, wir wellen slaffen Nr. 16	97	290
Wol auf, wol an Nr. 21	125	300
Zergangen ist meins herzen we Nr. 32	207	319

Konkordanz der Zählung nach Klein und Brunner/Wachinger

1 – 22	34 – 39	53 – 4	90 – 3
3 – 24	35 – 37	57 – 1	92 – 12
5 – 25	37 – 5	60 – 23	95 – 33
14 – 36	38 – 38	64 – 7	101 – 9
15 – 36	39 – 35	70 – 15	103 – 31
18 – 18	44 – 27	75 – 21	116 – 32
23 – 29	45 – 30	79 – 14	118 – 41
26 – 28	48 – 11	83 – 13	120 – 2
31 – 40	49 – 10	84 – 16	131 – 8
32 – 34	50 – 6	85 – 26	
33 – 20	51 – 17	87 – 19	

www.ingramcontent.com/pod-product-compliance
Lightning Source LLC
Chambersburg PA
CBHW080421230426
43662CB00015B/2175